N. Wecklein

**Studien zu Euripides**

mit einem Anhang zu Aeschylus, Sophokles und den Bruchstücken der griechischen Tragiker

N. Wecklein

**Studien zu Euripides**
mit einem Anhang zu Aeschylus, Sophokles und den Bruchstücken der griechischen Tragiker

ISBN/EAN: 9783742895127

Hergestellt in Europa, USA, Kanada, Australien, Japan

Cover: Foto ©Thomas Meinert / pixelio.de

Manufactured and distributed by brebook publishing software (www.brebook.com)

N. Wecklein

**Studien zu Euripides**

# Neuer Verlag von B. G. Teubner in Leipzig.
## 1874. Januar – August.
### Philologie und Alterthumswissenschaft.

**Baumgart, Dr. Herm.**, Aelius Aristides als Repräsentant der sophistischen Rhetorik des zweiten Jahrhunderts der Kaiserzeit. gr. 8. geh. n. 6 Mark.

**Blümner, H.**, Technologie und Terminologie der Gewerbe und Künste bei Griechen und Römern. Mit Abbildungen. I. Bandes 1. Abth. gr. 8. geh. n. 5 Mark 60 Pf.

**Boeckh's, August**, gesammelte kleine Schriften. IV. Band: Opuscula academica Berolinensia. Edd. *F. Ascherson, E. Bratuscheck, P Eichholz*. gr. 8. geh. n. 14 Mark.

**Carmina graeca** medii aevi edidit *G. Wagner*. gr. 8. geh. n. 9 Mark.

**Christ, W.**, Metrik der Griechen und Römer. gr. 8. geh. n. 14 Mark.

**Clason, Dr. O.**, eine Sallust-Handschrift aus der Rostocker Universitätsbibliothek. gr. 8. geh. n. 1 Mark 60 Pf.

**Corssen, W.**, über die Sprache der Etrusker. Erster Band mit Holzschnitten und 25 lithographirten Tafeln. gr. 8. geh. n. 30 Mark.

**Döhler, Dr. Ed.**, das Zeitalter des Perikles. Nach M. E. Filleul deutsch bearbeitet. I. Band. 8. geh. 6 Mark.

**Draeger, Dr. A.**, historische Syntax der lateinischen Sprache. 2. Theil, 2. Hälfte. gr. 8. geh. n. 5 Mark 20 Pf.

—— über Syntax und Stil des Tacitus. 2. verbesserte Auflage. gr. 8. geh. n. 2 Mark 80 Pf.

**Draeseke, Dr. Joh.**, die Ueberlieferung der dritten Philippischen Rede des Demosthenes untersucht. gr. 8. geh. n. 2 Mark 80 Pf.

**Flach, Dr. H.**, System der Hesiodischen Kosmogonie. gr. 8. geh. n. 2 Mark 80 Pf.

**Gilbert, Gust.**, die altattische Komenverfassung. gr. 8. geh. n. 1 Mark 60 Pf.

**Grammatici Latini** ex recensione *Henrici Keilii*. Vol. VI. fasc. II. Lex. 8 geh. n. 14 Mark

**Habenicht, Dr. R.**, die Grundzüge der lateinischen Prosodie und Metrik in berichtigter und vervollständigter Fassung kurz dargestellt. 3. Aufl. 8. geh. 60 Pf.

**Holtzmann, Adolf**, Deutsche Mythologie. Vorlesungen. Herausgegeben von *Alfred Holder*. gr. 8. geh. n. 8 Mark.

**Huschke, E.**, die Multa und das Sacramentum in ihren verschiedenen Anwendungen. gr. 8. geh. n. 16 Mark.

**Jahrbuch für romanische und englische Sprache und Literatur.** Herausgegeben von *L. Lemcke*. Neue Folge. II. Band. 1. Heft. Preis für 4 Hefte n. 16 Mark.

**Jahrbücher für classische Philologie.** Herausgegeben von *A. Fleckeisen*. VII. Supplementband. 2. Heft. gr. 8. geh. n. 5 Mark.

**Klotz, Dr. Reinhold**, Handbuch der lateinischen Stilistik. gr. 8. geh. n. 4 Mark 80 Pf.

**Koch, Dr. Ernst**, griechische Schulgrammatik nach den Ergebnissen der vergleichenden Sprachforschung bearbeitet. Dritte Aufl. gr. 8. geh. 2 Mark 80 Pf.

**Lexicon Homericum**, edidit *H. Ebeling*. Pars I. (Fasc. I—VIII) [S. 1—464.] Lex.-8. geh. n. 16 Mark.

—— ——, Fasc. IX u. X. [S. 465—576.] Lex.-8. geh. à fasc. n. 2 Mark.

# STUDIEN
## ZU
# EURIPIDES.

### MIT EINEM ANHANG

zu

AESCHYLUS, SOPHOKLES UND DEN BRUCHSTÜCKEN
DER GRIECHISCHEN TRAGIKER

VON

## N. WECKLEIN.

Besonderer Abdruck aus dem siebenten Supplementbande der Jahrbücher
für classische Philologie.

LEIPZIG,
DRUCK UND VERLAG VON B. G. TEUBNER.
1874.

Die Seitenzahlen sind die des siebenten Supplementbandes der Jahrbücher für classische Philologie.

# STUDIEN
## zu
# EURIPIDES

### MIT EINEM ANHANG
### ZU AESCHYLUS, SOPHOKLES UND DEN BRUCHSTÜCKEN DER GRIECHISCHEN TRAGIKER

VON

**N. WECKLEIN.**

# I. Handschriftliches.

1. Es darf als fester Grundsatz der Euripideischen Textkritik betrachtet werden, dass der Cod. Marcianus 471 (A[1])) in den fünf Stücken, in welchen er uns zu Gebote steht, als beste und reinste Quelle unserer Ueberlieferung zu gelten habe. Gegen diesen Grundsatz fehlen diejenigen Herausgeber, welche Or. 1062 nach den übrigen Handschriften

κἀγὼ μὲν εὐγένειαν ἀποδείξω πόλει
παίcαc πρὸc ἧπαρ φαcγάνῳ.

schreiben. Die beste Handschrift giebt ἀποδεῖξαι, woraus hervorgeht, dass das ungeschickte πόλει aus ποθῶ entstanden ist, wie z. B. ebd. 1148 cod. B cπαcόμεθα für cπάcω μέλαν bietet. Mit

κἀγὼ μὲν εὐγένειαν ἀποδεῖξαι ποθῶ

vergl. Ion 564 νῦν ποθῶ cε μᾶλλον ἢ πρὶν ἥτιc εἶ ποτ' εἰcιδεῖν, 1432 τὸ δὲ τρίτον ποθῶ μαθεῖν, Hel. 945 τοὺc δὲ Μενέλεῳ ποθῶ λόγουc ἀκοῦcαι τίναc ἐρεῖ ψυχῆc πέρι, Herc. f. 262 ὦ δεξιὰ χείρ, ὡc ποθεῖc λαβεῖν δόρυ. Auch Hel. 959

ἃ δ' ἄξι' ἡμῶν καὶ δίκαι' ἡγούμεθα
καὶ cῆc μάλιcτα καρδίαc ἀνθάψεται,
λέξω τάδ' ἀμφὶ μνῆμα cοῦ πατρὸc πόθῳ

ist das unbrauchbare πόθῳ nicht mit Badham in πεcών zu verwandeln, sondern zu schreiben:

λέξαι τάδ' ἀμφὶ μνῆμα cοῦ πατρὸc ποθῶ.

Als ποθῶ unter Einwirkung des Gen. cοῦ πατρὸc in πόθῳ verschrieben war, musste λέξαι in λέξω übergehen, wie es vorher — wir haben hier nur die Handschrift γ — mit ἀποδεῖξαι geschehen ist.

Unbeachtet ist die bessere Ueberlieferung geblieben Or. 390

τὸ cῶμα φροῦδον· τὸ δ' ὄνομ' οὐ λέλοιπέ μοι.

So nämlich bieten die Handschriften ABFc. Gewöhnlich nimmt man aus Eγ λέλοιπέ με auf, eine augenscheinliche Correktur. Das überlieferte führt uns auf

---

1) Ich bediene mich der Buchstaben von Kirchhoff, nur dass ich für *ABC* (Handschriften der zweiten Klasse nach Kirchhoffs Classificirung) lieber α, β, γ setze.

τὸ cῶμα φροῦδον, τὸ δ' ὄνομ' ἐλλέλοιπέ μοι.
„Der Name ist mir geblieben" vergl. El. 609 οὐδ' ἐλλέλοιπας ἐλπίδα.
Hipp. 325 bietet A allein richtig.
— τί δρᾷς; βιάζει χειρὸς ἐξαρτωμένη;
— καὶ ζῶν τε γονάτων, κοὐ μεθήσομαί ποτε.
Alle anderen haben καὶ ζῶν τε γονάτων οὐ μεθήσομαί ποτε. Uebrigens ist in A nicht κοὐ, sondern καὶ οὐ. geschrieben. Das gleiche ist der Fall Phoen. 1144, wo A καὶ ὁ cóc (χὠ cóc), die übrigen Handschriften καὶ cóc, eine ὁ cὸc δ' bietet. Halten wir nun das Scholion zu Androm. 89 ἐπεί τοι κοὐ περίβλεπτος βίος: κατ' ἐνίους γράφεται καὶ χωρὶς τοῦ οὐ καὶ περίβλεπτος, ὥστε ἐν εἰρωνείᾳ τοὐναντίον λέγεςθαι zusammen mit dem Scholion zu Hipp. 343
ἐκεῖθεν ἡμεῖς, οὐ νεωςτὶ δυςτυχεῖς.
γράφεται καὶ νεωςτί,. so können wir uns eine solche Variante nur aus der Lesart καὶ οὐ νεωςτί erklären und da eine solche Lesart sich als ursprünglich kennzeichnet, so werden wir zu schreiben haben, wie ich bereits früher bemerkt habe:
ἐκεῖθεν ἡμεῖς κοὐ νεωςτὶ δυςτυχεῖς.
Vergl. V. 1043 ἔκτεινά τοί c' ἂν κοὐ φυγαῖς ἐζημίουν. Bekanntlich wurde gerade die Krasis am leichtesten verwischt. Auch Iph. T. 396 z. B. hat Lenting κοὐ für καὶ emendiert. · Mit Recht behält Dindorf Phoen. 1215 κοὐκ ἄν τε λέξαιμι, welches die meisten Handschriften bieten, bei, gewöhnlich wird aus cod. F οὐκ ἄν τε λέξαιμι aufgenommen. Dass Med. 737 κοὐ θεῶν ἐνώμοτος das ursprüngliche ist, habe ich in der Ausgabe z. d. St. bemerkt.

Die Varianten, welche in A mit γρ. angemerkt sind, haben einen verschiedenen Charakter. Zunächst bestehen sie aus Glossemen und anderweitigen Ueberschriften willkürlicher Bemerkungen. Diesen Charakter zeigt am deutlichsten Or. 374 τῆς Τυνδαρείας παιδός γρ. θυγατρός: θυγατρὸς stand im Originale über παιδός und wurde in A als Variante notirt, während es in B in die vorausgehende Zeile gerieth und dort das Wort ἔκλυον verdrängte.

Ebd. V. 823 μεγάλη γρ. ποικίλη bekundet die Variante einen Versuch die Responsion herzustellen; das richtige Wort μαινόλις hat erst Porson gefunden. Manchmal enthält die Variante auch die bessere Ueberlieferung. wie Or. 119 εὐμενῆ γρ. πρευμενῆ, 298 ἴςχανε γρ. ἴςχναινε, 1022 λόγους γρ. γόους, wohl auch 1534 κἀμὲ μὴ cώζειν θέλῃ γρ. κἀμὲ μὴ cώςῃ (vielmehr cώςει) θανεῖν, Phoen. 755 ἑλεῖν γρ. καὶ ἐλθεῖν, 763 ἁμαρτίαν γρ. ἀμαθίαν, 787 πέμπῃ γρ. μέλπῃ (für μέλπει), 852 παρείμι γρ. πάρειμαι (für παρεῖμαι), 1061 φίλαι γρ. φίλα, 1132 βίᾳ γρ. βάθρων, Hec. 23 λιθοδμήτῳ γρ. πρὸς θεοδμήτῳ, 44 τὴν ἐμὴν τῇδ' ἡμέρᾳ γρ. τῷδ' ἐμὴν ἐν ἥματι, 427 χαρά γρ. τόδε. .

2. Weit unsicherer wird die Methode in den Stücken, in welchen die Handschrift A fehlt.' Einen Gewinn für die Behandlung des

Textes verspricht eine gründliche Untersuchung des gegenseitigen Verhältnisses der Euripideischen Handschriften und der besonderen Beschaffenheit jeder einzelnen. Die Abweichungen der cod. BCEF und der anderen Handschriften der ersten Klasse von A, besonders aber die Abweichungen der Handschriften der zweiten Klasse von der ersten müssen sorgfältig beobachtet werden, um bestimmte Arten der Corruptel festzustellen und dadurch aus der schlechteren Ueberlieferung wenigstens für gewisse Arten der Textverschlimmerung so zu sagen die bessere Ueberlieferung zu reconstruieren. Hier sollen nur einige Bemerkungen und Andeutungen der Art gemacht werden.

Wer die besonderen Lesarten des cod. B betrachtet, wie sie hier aus dem Orest. zusammengestellt sind: V. 110 καλῶc ἔλεξαc für ὀρθῶc ἐλ., 430 ὅποι für ὅπῃ, 609 εἰc cὸν für ἐπὶ cόν, 747 τοῦτο γὰρ εἰδέναι ποθῶ für τόδε γὰρ εἰδέναι θέλω, 779 ἐκβῆναι κακῶν für cωθῆναι κακῶν, 856 ἔοικαc für ἔοικεν, 879 θαῦμ' für φάcμ', 902 ἐπὶ δὲ τῷδ' für κἀπὶ τῷδ', 926 χέραc für χέρα, 1064 βουλεύμαcι für τολμήμαcι, 1082 ὄμμ' für ὄνομ', 1093 ἐγὼ ἐρῶ für ἐρῶ, 1127 ἄλλοc ἄλλον ἐν cτέγαιc für ἄλλον ἄλλοcε cτέγηc, 1135, 1146, 1160 τ' für δ', 1142 γενόμενοc für λεγόμενοc, 1154 λέχοc für γένοc[1]), 1528 πέφηναc für πέφυκαc, 1533 μολὼν für λαβών, 1561 ἀνοιγέτω τιc κλεῖθρα für ἀ. τ. δῶμα, 1579 δράcειc φόνον für πράccειc φόνον, 1583 πρᾶξαι für δρᾶcαι, wer wie gesagt diese fehlerhaften Abweichungen des cod. B von den übrigen Handschriften in Betracht zieht, der möchte glauben, dass diese Handschrift sehr unzuverlässig sei und vor allen anderen durch Glosseme gelitten habe. Allein dies ist nur in dem einen Stücke Orest. der Fall. Sonst kommen nur vereinzelte Fälle der Art vor wie Phoen. 70 ὀργάc für εὐχάc, 198 γάρ für δέ (mit F), 426 ἕπεcθαι für cπέcθαι, 907 ἀπελθέτω δὴ für ἀπελθέτω νυν, 1629 Πολυνείκην χθόνα für Πολυνείκουc νέκυν, Hec. 617 θάccουcιν für ναίουcιν (mit c), Androm. 1067 Πυθικὴν ἀνὰ χθόνα für πυθικὴν πρὸc ἑcτίαν (mit C und E). Zum Glücke also ist das Misstrauen gegen B nicht gerechtfertigt; wie es scheint, stammt der Orestes aus einem anderen Originale. Die verhältnissmässig gute Ueberlieferung in B offenbart sich z. B. Phoen. 492, wo B mit A καί, alle anderen ὡc, oder 572, wo B mit A (πρὸc θεῶν, τρόπαια πῶc ἀναcτήcειc) δή d. i. Δll, alle anderen δορόc haben.

Wenn man die Handschriften der zweiten Klasse mit der ersten vergleicht, wird man finden, dass die Abweichungen theils auf guter Ueberlieferung beruhen, theils aus Correkturen eines unleserlichen oder corrupten Textes, aus Interpolationen und Glossemen bestehen. So geben z. B. im Or. A und γ zusammen allein das richtige V. 433 φόνου (B hat φόνου mit überschriebenem οc, EFc φόνοc), 434 οὔ γ' οὐ (B οὔκουν, EF οὐκ οὐ, c οὐ γ' οὐ), 497 τῆc ἐμῆc θυγα-

---
1) V. 1205—1504 fehlen in B.

τρὸς (das reine Glossem, worüber unten z. d. St., die übrigen das corrigierte Glossem θυγατρὸς τῆς ἐμῆς). Correkturen und willkürliche Aenderungen geben sich in den Stücken, in welchen wir die bessere Ueberlieferung zur Seite haben, in der Regel deutlich zu erkennen. Tro. 332

Ὑμήν, ὦ Ὑμέναι', Ὑμήν.
χόρευε, μᾶτερ, ἀναγέλαcoν,
ἕλιccε τᾷδ' ἐκεῖcε μετ' ἐμέθεν ποδῶν
φέρουcα φιλτάταν βάcιν.

ist die Lesart ἀναγέλαcoν von BCb in cod. α und β in ἄναγε πόδα cóv aufgelöst. Diese Correktur wird durch das nachfolgende ποδῶν als falsch erwiesen. Die bessere Ueberlieferung ἄναγε ΛΑΣΟΝ ist richtig; es muss nicht mit Aenderung von Λ in Δ πό(δα) ergänzt werden, sondern (Λ)ικ(Α):

χόρευε, μᾶτερ, ἄναγ', ἕλικα cῶν
ἕλιccε τᾷδ' ἐκεῖcε μετ'·ἐμέθεν ποδῶν
φέρουcα φιλτάταν βάcιν.

d. i. ἕλικα φέρουcα cῶν ποδῶν φιλτάταν βάcιν ἕλιccε τᾷδ' ἐκεῖcε („im Kreise mit mir drehend deiner Füsse Schritt drehe dahin dorthin sie um") vergl. Phoen. 312 πῶc ἅπαντα (vielmehr ἁπάντα d. il ἁπάντῃ vergl. Or. 1267 γ πάντα, die übrigen πάντῃ) καὶ χερcὶ κα. λόγοιcι πολυέλικτον ᾁδονὰν ἐκεῖcε καὶ τὸ δεῦρο περιχορεύουcα τέρψιν παλαιὰν λάβω χαρμονᾶν. Nun ist φέρουcα nicht müssig, da es in ἕλικα eine nähere Bestimmung erhält und der Vers χόρευε, μᾶτερ, ἄναγ', ἕλικα cῶν stimmt erst vollkommen überein mit dem strophischen Verse ἐπεὶ cύ, μᾶτερ, ἐπὶ δάκρυcι καί. Mit Beibehaltung des unpassenden ἀναγέλαcoν wollte Hermann in der Strophe καὶ beseitigen; Nauck vermuthet ἄναγ', ἕλιcc' und dazu im strophischen Verse ἐπίδακρυc (für ἐπὶ δάκρυcι καί). — Phoen. 1300

τάλανεc, ὅ τι ποτὲ μονόμαχον ἐπὶ φρέν' ἠλθέτην,
βοᾷ βαρβάρῳ
ἰαχὰν cτενακτὰν
μελομέναν νεκροῖc δάκρυcι θρηνήcω.

fehlt das Wort cτενακτὰν in ABF; bc geben ἰαχὰν cτενακτάν, γ cτενακτὰν ἐπὶ φρέν' ἠλθέτην βοᾷ βαρβάρῳ ἰαχάν. Diese Weglassung und Versetzung von cτενακτὰν ist ein deutliches Zeichen, dass das Wort im Original erst nachträglich zur Seite unter μονόμαχον ἐπὶ beigeschrieben war; ebenso fehlt Hippol. 132 κοίτᾳ in AE, in BCβγ steht es vor δέμαc ἐντὸc ἔχειν, in bc nach dieser Zeile. Die jetzige Stellung von cτενακτάν beruht also nicht auf Ueberlieferung und wir sind vollkommen berechtigt dem Worte diejenige Stellung anzuweisen, bei welcher der Hiatus zwischen βαρβάρῳ und ἰαχὰν vermieden wird:

βοᾷ βαρβάρῳ
cτενακτὰν ἰαχὰν
μελομέναν νεκροῖc δάκρυcι θρηνήcω.

In der Handschrift γ, welche drei Stücke ganz allein erhalten hat, kehren gewisse Fehler regelmässig wieder; so πῆ (πη) für ποῖ Phoen. 713, 977, 980, 981, 1275, 1324, Or. 511, 598, Hec. 114, 1099 (πᾶ-πᾶ in einer melischen Partie) vergl. Or. 802 πῆ für ποῦ, Hipp. 431 πανταχῇ für ἀπανταχοῦ. Dann Ἄρην für Ἄρη Phoen. 936, 1006 (mit BF), 1124 (mit B). Für δόμων πάρος am Schlusse des Verses giebt γ Phoen. 1264, Or. 112 πάρος δόμων vergl. Or. 1504 ἐκ προδομάτων εἰςορῶ für εἰςορῶ πρὸ δωμάτων. Hierher gehört auch die Herstellung des geläufigen zweiten aor. pass. wie ἀπαλλαγείς Phoen. 902 für ἀπαλλαχθείς, Hec. 600 τραφῆναι (unmetrisch) für θρεφθῆναι. Bei Euripides ist die Form ἠλλάγην (ἀλλαγήςομαι) nur dem Metrum zu Liebe gebraucht, z. B. Phoen. 592 ἀπαλλαγεῖςα, 1409 ἐξαλλαγείς. Die regelmässige Form ist ἠλλάχθην (ἀλλαχθήςομαι)[1]). Wenn die besseren Handschriften überall (an etwa zwanzig Stellen) die richtige Form haben, an einer einzigen aber die Form des zweiten Aor. ohne dass das Metrum sie fordert, nämlich Androm. 592

ὅςτις πρὸς ἀνδρὸς Φρυγὸς ἀπηλλάγης λέχος,

so enthält das einen neuen Beweis für die Verderbniss der Stelle, welche schon durch die falsche Construction ἀπηλλάγης λέχος angezeigt ist; es beweist auch, dass man nicht etwa λέχους zu corrigieren hat; was übrigens schon die Methode verbietet. Nauck denkt an ἀπώλεςας; ich halte ἀπηλλάγης für ein Glossem und vermuthe:

ὅςτις πρὸς ἀνδρὸς Φρυγὸς ἐςυλήθης λέχος.

Vergl. Aesch. Prom. 761 πρὸς τοῦ τύραννα ςκῆπτρα ςυληθήςεται; Eur. Alc. 870 τοῖον ὅμηρόν μ' ἀποςυλήςας.

Vornehmlich hat die Handschrift γ durch Auslassung von Silben und Wörtern gelitten. In den Phoen. fehlt 449 πόλιν, 496 καί, 541 γάρ, 556, 830, 1626 δ', 577 coι, 620 εἰς ἡμᾶς, 737 αὐτοῖς, 760 νῦν, 843 τόν, 1307 δεῦρο, 1705 μ', im Orest. 39 δέ δή, 165, 941 ὁ, 199 τε, 215, 846, 1068, 1605 δ', 329 ἄπο, 345 ἄλλον, 348 δή, 372, 1337 καί, 752 τό, 816 ἐξ von ἐξαμείβων, 898 δέ, 1102 τι (vor τι —), 1403 ἀνήρ, 1493 ὀρείαν, 1511 οὖν, 1538 αὖ, 1562 ἀλλά, 1612 μου. Man wird also in den Stücken, deren Text von γ abhängig ist, bei einer Corruptel an die Möglichkeit eines kleinen Ausfalls vor allem denken müssen.

## II. Entstellung des Textes durch Glosseme.

Das Eindringen von Erklärungen und anmerkenden Beischriften in den Text ist in neuerer Zeit sorgfältiger beachtet und gründlicher

---

1) Auch Aesch. Ag. 336 ist aus dem cod. Ven. ἀπαλλαχθέντες herzustellen. Vergl. dazu meine Studien zu Aesch. S. 17 Note.

untersucht worden, scheint aber noch nicht allgemein die gebührende Würdigung und Geltung gefunden zu haben. So bieten z. B. Eur. Iph. T. 1309 die Handschriften

ψευδῶς ἔλεγον αἵδε καί μ' ἀπήλαυνον δόμων,
ς ἐκτός εἴης.

Man hat alle möglichen Verbesserungen vorgeschlagen, welche man in der Ausgabe von Köchly aufgezählt findet: ψευδῶς λέγουσαί μ'· αἵδ' ἀπήλαυνον, ψευδῶς ἔλεγον αἵδ', αἵ μ' ἀπήλαυνον, ψύθρ' ἔλεγον αἵδε καί μ' ἀπήλαυνον, ἀλλ' ἔλεγον αἵδε καί μ' ἀπήλαυνον, ψευδῶς ἄρ' αἵδε καί μ' ἀπήλαυνον, ψευδεῖς ἄρ' αἵδε καί μ' ἀπήλαυνον, ψευδῶς ἄρ' αἵδε θεᾶς μ' ἀπήλαυνον, φεῦ· ὡς ἔλεγον αἵδε καί μ' ἀπήλαυνον, ψευδεῖς ἄρ' αἵδε γ' αἵ μ' ἀπήλαυνον, ψευδῶν γυναικῶν αἵ μ' ἀπήλαυνον, πῶς δ' ἔλεγον αἵδε κ. μ' ἀ., ψευδηγόροι.δή μ' αἵδ' ἀπήλαυνον. Alle diese Versuche sind vergeblich; das allein richtige ist

· ἔψευδον αἵδε καί μ' ἀπήλαυνον δόμων
. ὡς ἐκτός εἴης.

Denn ψευδῶς ἔλεγον ist offenbar nichts anderes als die Erklärung zu ἔψευδον, die, wie es scheint, besonders mit Rücksicht auf ὡς ἐκτός εἴης beigeschrieben worden ist. Diese Verbesserung habe ich nicht allein gemacht; sie ist bereits von Heimsoeth, der bekanntlich diese Methode der Textkritik vorzugsweise ausgebildet und verwerthet hat, im Jahre 1867 veröffentlicht worden und doch hat keiner der neuesten Herausgeber sich entschliessen können die Emendation in den Text zu setzen. Es fehlt also das rechte Verständniss für die Evidenz einer solchen Aenderung. Gewiss zum Schaden der Textkritik, wenigstens der Tragiker. Denn gerade diese Methode bietet ein ausgezeichnetes Mittel den Text zu reinigen, ein unverbrauchtes Mittel, welches noch die schönsten Erfolge verspricht. Allerdings lässt sich oft nur erkennen, dass ein Glossem im Texte steht, ohne dass das ursprüngliche Wort mit Sicherheit bestimmt werden kann. Allein nicht selten ist der anfängliche Text mit voller Entschiedenheit herzustellen. Die Sicherheit freilich kann nicht durch besondere Regeln festgestellt werden, sondern muss aus dem festen Gefüge des Metrums, aus dem Sprachgebrauch des Dichters, aus der Beobachtung der Gewohnheit und Weise der Erklärer, aus dem Sinne und Zusammenhange entnommen werden. Wir wollen dies an einem Beispiel zeigen.

Ion 695 beklagt der Chor seine Herrin, die kinderlos bleibt, während ihrem Gatten Xuthos unerwartet ein Sohn zu Theil geworden. Noch kennt Kreusa ihr Schicksal nicht und der Chor überlegt, ob er es ihr mittheilen soll:

φίλαι, πότερ' ἐμᾷ δεσποίνᾳ
τάδε τορῶς ἐς οὖς γεγωνήσομεν
πόσιν, ἐν ᾧ τὰ πάντ' ἔχους' ἐλπίδων
μέτοχος ἦν τλάμων;

νῦν δ' ἡ μὲν ἔρρει cυμφοραῖc, ὃ δ' εὐτυχεῖ,
πολιὸν εἰcπεcοῦcα γῆραc, πόcιc δ'
ἀτίετοc φίλων.

. Nach gewöhnlichem Sprachgebrauch ist ἀτίετοc φίλων s. v. a.
ἄφιλοc φίλων und heisst „ungeehrt von Freunden, ohne Freunde".
Vergl. ἄφρακτοc φίλων, κακῶν ἄνατοc u. a. Diese Bedeutung ist
hier unbrauchbar. Denn die Bemerkung, dass Xuthos keine Freunde
habe, würde, an und für sich unwahr oder vielmehr ohne jede Beziehung, in Widerspruch mit εὐτυχεῖ stehen. Wollte man ἀτίετοc
φίλων in aktivischem Sinne „nicht ehrend seine Freunde" nehmen,
so müsste man φίλων von der Verwandtschaft und vorzugsweise
von der Gattin verstehen. Aber auch so würde der Gegensatz zu
ἡ μὲν ἔρρει cυμφοραῖc πολιὸν εἰcπεcοῦcα γῆραc fehlen. Was soll
das heissen: „nun vergeht sie in Noth, während er glücklich ist, sie
alt und grau geworden, der Gatte gleichgültig gegen seine Freunde".
Der Hauptanstoss aber liegt in πολιὸν εἰcπεcοῦcα γῆραc. In wiefern
soll das Alter in Zusammenhang mit dem Unglück der Kreusa stehen?
Würde diese unter anderen Umständen minder alt geworden sein?
Gerade dieser Ausdruck πολιὸν εἰcπεcοῦcα γῆραc führt uns auf den
richtigen Sinn der Stelle. Kreusa wird hier offenbar aus demselben
Grunde beklagt wie V. 618 ἄλλωc τε τὴν cὴν ἄλοχον οἰκτείρω,
πάτερ, ἄπαιδα γηράcκουcαν. Vergl. dazu V. 658 καὶ γὰρ γυναῖκα τὴν ἐμὴν οὐ βούλομαι λυπεῖν ἄτεκνον οὖcαν αὐτὸc εὐτυ-
χῶν, 789 ὀτοτοτοῖ· τὸ δ' ἐμὸν ἄτεκνον ἄτεκνον ἔλαβεν (vielmehr
ἔλαχεν) ἆρα βίοτον, Suppl. 170 αἷc γῆραc ἥκει πολιὸν εἰc
ἀπαιδίαν, 966 καὶ νῦν ἄπαιc ἄτεκνοc γηράcκω δυcτηνοτάτωc,
Alc. 735 ἄπαιδε παιδὸc ὄντοc, ὥcπερ ἄξιοι, γηράcκετε, fr. 336,
6 N. ὅcοι τε γηράcκουcιν ὀρφανοὶ τέκνων. Demnach kann kein
Zweifel sein, was zu ἀτίετοc φίλων gehöre und welche Beziehung
darin liege. Es ist eben πόcιc δ' ein Glossem zu dem darüberstehenden ὃ δ' und dieses Glossem hat das ursprüngliche Wort
τέκνων verdrängt:

νῦν δ' ἡ μὲν ἔρρει cυμφοραῖc, ὃ δ' εὐτυχεῖ,
πολιὸν εἰcπεcοῦcα γῆραc τέκνων
ἀτίετοc φίλων.

Jetzt haben wir in πολιὸν γῆραc εἰcπεcοῦcα τέκνων φίλων ἀτίετοc
den erforderlichen Gedanken ἄπαιc γηράcκουcα. — Voraus (in V.
695) fordert das Metrum statt δεcποίνᾳ einen creticus (= πενθί-
μουc). Das richtige ist offenbar ποτνίᾳ, wie bereits Heimsoeth
emendirt hat. Vergl. V. 704 ὁ πότνιαν ἐξαπαφὼν ἐμάν. Ich
möchte jedoch nicht behaupten, dass auch δεcποίνᾳ die Erklärung
von ποτνίᾳ sei. Beide Wörter konnten leicht unwillkürlich verwechselt werden.

In ähnlicher Weise wie πόcιc δ' unter ὃ δ', ist Iph. T. 465

.. δέξαι θυcίαc,
ἃc ὁ παρ' ἡμῖν νόμοc οὐχ ὁcίαc
"Ελληcι διδοὺc ἀναφαίνει

unter ἡμῖν das Glossem "Ελληcι in den Text gerathen und hat die Ergänzung διδοὺc nach sich gezogen, wie Bergk erkannt hat. — Angefüllt mit Glossemen ist der Text Hek. 72

ἀποπέμπομαι ἔννυχον ὄψιν,
ἣν περὶ παιδὸc ἐμοῦ τοῦ cῳζομένου κατὰ Θρῄκην
ἀμφὶ Πολυξείνηc τε φίληc θυγατρὸc δἰ' ὀνείρων
[εἶδον γὰρ] φοβερὰν [ὄψιν ἔμαθον] ἐδάην.

Hartung hat zuerst diese Glosseme ausgeschieden. — Hel. 184 ist das Glossem ἀνεβόαcεν, das zu ἔλακεν in V. 185 gehört, in störender Weise zwischen den Satz gerathen: ἔνθεν οἰκτρὸν ἀνεβόαcεν ὅμαδον ἔκλυον. — Or. 374 hat cod. A παιδὸc γρ. θυγατρόc. In cod. B ist θυγατρὸc in den vorhergehenden Vers gekommen und hat dort das Wort ἔκλυον verdrängt. — Sehr lehrreich ist die handschriftliche Lesart in Hel. 189

ὑπὸ δὲ πέτρινα μύχαλα γύαλα κλαγγαῖcιν
Πανὸc ἀναβοᾷ γάμουc.

Dindorf hat μύχαλα γύαλα in γύαλα emendiert. Dieses μύχαλα ist nicht aus μύχατα, wie Canter dafür geschrieben hat, sondern aus
μυχ
der übergeschriebenen Erklärung γύαλα entstanden. Vergl. dazu meine Studien zu Aeschyl. S. 137 und Philol. XXXI S. 727[1]). — Hiernach lässt sich eine Stelle verbessern, welche bisher aller Heilversuche spottete. Tro. 353 erwidert Kassandra ihrer Mutter, welche deren Hochzeitsjubel bemitleidet:

μῆτερ, πύκαζε κρᾶτ' ἐμὸν νικηφόρον
καὶ χαῖρε τοῖc ἐμοῖcι βαcιλικοῖc γάμοιc
καὶ πέμπε, κἂν μὴ τἀμά cοι πρόθυμά γ' ᾖ,
ὤθει αἰcίαc· εἰ γὰρ ἔcτι Λοξίαc,
Ἑλένηc γαμεῖ με δυcχερέcτερον γάμον
ὁ τῶν Ἀχαιῶν κλεινὸc Ἀγαμέμνων ἄναξ.

Merkwürdig ist die Lesart der besten Handschriften ὤθει αἰcίαc und merkwürdig die Variante geringerer Handschriften ὤθει βιαίωc. In dem gänzlich sinnlosen ὤθει αἰcίαc sind natürlich Spuren ursprüng-

---

1) Wie sich ursprüngliche Textworte und nachträgliche Zusätze mit einander verbinden zeigt auch El. 641
ΠΡ. Ἄργει· παρέcται δ' ἐν πόcει θοίνην ἔπι.
ΟΡ. τί δ' οὐχ ἅμ' ἐξωρμᾶτ' ἐμῇ μήτηρ πόcει;
Denn hier stammt πόcει offenbar aus dem folgenden Verse, während das mit πόcει unverträgliche ἐν ein Rest des ursprünglichen Textes sein muss. Die Aenderungen ᾧ πόcει, cὺν πόcει, οὖν πόcει verkennen also das wahre Sachverhältniss. Das richtige ist die Emendation von Reiske ἐν βραχεῖ (nicht die andere ἐν τάχει). Die Angabe der Zeit dient der äusseren Motivierung.

licher Ueberlieferung vorhanden und ein Besserungsversuch wie der von O. Goram (Rh. Mus. XVIII S. 615) τήθει βιαίως kann nicht als methodisch betrachtet werden, abgesehen davon dass damit kein irgendwie erträglicher Sinn gewonnen wird. Aber auch die andere Lesart ὤθει βιαίως sieht nicht wie reine Erfindung aus und muss in einer befriedigenden Emendation ihre Erklärung finden. Von dieser Seite empfehlen sich die Vorschläge von M. Schmidt (Philol. VIII S. 731) ὁ θεῖ' ἀείςας εἰ γάρ oder ὁ θεςπιῳδὸς εἰ γάρ am allerwenigsten. Zumal verlangt πέμπε eine nähere Bestimmung und εἰ γὰρ ἔςτι Λοξίας giebt für sich einen vollständigen Sinn, ohne des ungeschickten und unpassend gestellten ὁ θεῖ' ἀείςας zu bedürfen. Mit den gewaltsamsten Aenderungen hat Hartung einen unnatürlichen und höchst befremdenden Gedanken zu Stande gebracht: καὶ πέμπε, καί μ' ἣν τἀμά coι πρόθυμ' ἀπῇ, ὤθει βίᾳ· ὡς εἰ γὰρ ἔςτι Λοξίας, was heissen soll: „entlass mich, und wenn mir die Neigung fehlt, stoss mich mit Gewalt fort: wenn Apollo wirklich lebt u. s. w." Nauck bemerkt zu der Stelle nur „locus Oedipum exspectat". Die Lösung des Räthsels liegt in der Erkenntniss, dass der Imperativ ὤθει eine Erklärung zu dem Imperativ πέμπε ist. Diese Erkenntniss zusammengehalten mit dem Sinne und den Spuren der Ueberlieferung leitet uns auf das Objekt zu πέμπε: in αἰςίας sind noch die Reste von (εὐχ)ὰς (β)ιαίας übrig, während die geringeren Handschriften nichts mehr als das Glossem ὤθει βιαίως erhalten haben. Denn in

καὶ πέμπε, κἂν μὴ τἀμά coι πρόθυμά γ' ᾖ,
εὐχὰς βιαίας· εἰ γάρ ἔςτι Λοξίας κτέ.

ist πέμπε εὐχὰς βιαίας („entsende abgezwungene Wünsche", βίᾳ φρενῶν) ganz passend mit ὤθει βιαίως erklärt. In der Ueberlieferung ὤθει αἰςίας ist Erklärung und ursprünglicher Text wie in dem oben angeführten μύχαλα sozusagen zusammengewachsen. — Eine gleiche Corruptel findet sich noch in der handschriftlichen Lesart einer anderen Stelle recht deutlich angezeigt. In dem bei Athenaeus (p. 636 A) erhaltenen Bruchstücke des Tragikers Diogenes von Athen (fr. 1 p. 602 bei Nauck):

καίτοι κλύω μὲν Ἀςιάδος μιτρηφόρους
Κυβέλης γυναῖκας, παῖδας ὀλβίων Φρυγῶν,
τυπάνοιςι καὶ ῥόμποιςι καὶ χαλκοκτύπων
βόμβοις βρεμούςας ἀντίχερςι κυμβάλων
coφὴν θεῶν ὑμνῳδὸν ἰατρόν θ' ἅμα

bieten zwei Handschriften am Ende τε ἅμα ἢ λυδὸν ἰατρὸν τε ἅμα. An Stelle des unverständlichen coφὴν hat Bergk ςέβειν, Nauck ψοφεῖν vermuthet. Ein solcher Infin. ist unnöthig; von κλύω hängt das Partic. βρεμούςας ab (vergl. Krüger § 56, 7, 1). Dagegen ist zu θεῶν ὑμνῳδὸν ἰατρόν θ' ἅμα ein Substantiv, welches von βρεμούςας regiert wird (vergl. Bacch. 161 βρέμειν ἱερὰ παίγματα), durchaus erforderlich. Nun erkenne ich in ἢ λυδὸν ein dem Sinne entsprechendes Substantiv: ἢ κέλαδον. Das ἢ aber zeigt an, dass κέλαδον eine Erklärung neben einer anderen ist und so löst sich das sinnlose coφὴν auf in ψόφ[ον ἠχ]ήν, so dass die Ueberlieferung auf folgende Gestalt des Textes hinweist: ἠχὴν ψοφ ἢ κέλαδον. Der ursprüngliche Text lautet also

βόμβοις βρεμούσας ἀντίχερσι κυμβάλων
ἠχὴν θεῶν ὑμνῳδὸν ἰατρόν θ' ἅμα.

Mit Hülfe dieser Beobachtungen wird es möglich, manche Erscheinung, die noch räthselhaft ist, zu erklären. Med. 207 bieten bessere Handschriften

θεοκλυτεῖ δέ τ' ἄδικα παθοῦσα,

d. h. θεοκλυτεῖ δ' ἔτ' ἄδικα παθοῦσα. Mit Recht hat Kirchhoff das an und für sich sinnlose ἔτ' im Text gelassen; denn die Kritik hat kein Recht ein solches Wort auszuwerfen, bevor sie erklärt hat, woher es gekommen. Wenn Hipp. 354 einige Handschriften οὐκ ἔτ' ἀνασχετά für οὐκ ἀνασχετά bieten, so ist von selbst klar, wie ἔτ' entstanden. An unserer Stelle aber kann man dafür keinen Grund finden. Das Metrum ist tadellos, wenn es bloss θεοκλυτεῖ δ' ἄδικα παθοῦσα heisst, während die Einfügung eines einsilbigen Wortes das Versmass verdirbt. Was ist also hier geschehen? Die Sache klärt sich auf, wenn wir ἔτ' als Rest eines Wortes betrachten, das durch ἄδικα glossiert worden. Manchmal nun erhält ἕτεροc bei eigenthümlicher Färbung des Ausdrucks die Bedeutung „schlimm, heillos" und nehmen wir an, es habe ursprünglich geheissen:

θεοκλυτεῖ δ' ἕτερα παθοῦσα
τὰν Ζηνὸς ὁρκίαν Θέμιν,

so bedeutet das eigentlich „sie ruft Themis an, dass ihr anderes widerfahren als geschworen worden"; der Sinn aber kann leicht und passend mit ἄδικα παθοῦσα wiedergegeben werden. Von ἔτ ερα ἄδικα blieb also ἔτ' ἄδικα übrig.

In gleicher Weise wird sich das τε erklären, welches Ion 187 steht

ἀλλὰ καὶ παρὰ Λοξίᾳ
τῷ Λατοῦς διδύμων τε προσ-
ώπων καλλίφαρον φῶς.

In der Aldina ist das unnütze τε einfach weggelassen. Indem man gewöhnlich ausserdem καλλιβλέφαρον schreibt, wie Brodaeus καλλίφαρον trefflich verbessert hat, glaubt man mit der Stelle fertig zu sein. Aber jenes τε verlangt seine Erklärung und ich finde sie in προc μετώπων (d. i. μετώπων mit dem Glossem προcώπων):

ἀλλὰ καὶ παρὰ Λοξίᾳ
τῷ Λατοῦϲ διδύμων μετώ-
πων καλλιβλέφαρον φῶϲ.

Ein sehr deutliches Merkmal eines Glossems findet sich in der Ueberlieferung von Ion 1069

οὐ γὰρ δόμων γ' ἑτέρους
ἄρχονταϲ ἀλλοδαποὺϲ
ζῶϲά ποτ' ὄμμαϲι φαενναῖϲ
ἀνέχοιτ' ἂν αὐγαῖϲ
ἁ τῶν εὐπατριδᾶν γεγῶϲ᾽ οἴκων..

Das dem Metrum wie dem Sinne widersprechende ὄμμαϲι bietet der Palat., die andere Handschrift, der Flor., hat ὀμμάτων ἐν, wodurch Metrum und scheinbar auch der Sinn hergestellt ist. Aber aus dieser einen Stelle lässt sich das anderweitig bekannte Verhältniss der beiden Handschriften erkennen. Der Pal. hat in ὄμμαϲι den ursprünglicheren Text, der Flor. eine metrische Correktur, wodurch auch nur das Metrum, nicht der Sinn in Ordnung kommt. Denn ἀνέχεϲθαι ἐν φαενναῖϲ αὐγαῖϲ ist eine kaum mögliche Redensart; es gehört zu ἐν φαενναῖϲ αὐγαῖϲ ein von ἀνέχοιτο abhängiges Participium. Das über αὐγαῖϲ stehende ὄμμαϲι aber giebt sich durch das Fehlen des ν ἐφελκυϲτικόν augenscheinlich als Glossem von αὐγαῖϲ zu erkennen. Vergl. Bekk. Anecd. p. 338, 14, wo ἄγλαι· ὄμμα. Εὐριπίδηϲ (fr. 1105 N.) wohl in αὐγαί· ὄμμα zu verwandeln ist.

Das durch ὄμμαϲι verdrängte Wort kann nur ein einziges sein und wird durch die bekannte und gewöhnliche Redensart ἐν ὀφθαλμοῖϲ ὁρᾶν an die Hand gegeben:

ζῶϲά ποτ' εἰϲορῶϲ᾽ ἐν φαενναῖϲ
ἀνέχοιτ' ἂν αὐγαῖϲ.

Vergl. Theogn. 1110 τίϲ κεν ταῦτ' ἀνέχοιτ' ἐϲορῶν. Die Ueberlieferung stammt also aus einer Handschrift, in welcher geschrieben stand:

ζῶϲά ποτ' εἰϲορῶϲ' ἐν φαενναῖϲ
ὄμμαϲι
ἀνέχοιτ' ἂν αὐγαῖϲ.

In der einen Handschrift trat ὄμμαϲι an die Stelle von εἰϲορῶϲ' ἐν, in der andern an die Stelle von εἰϲορῶϲ' und wurde hier dem Metrum und Sinne zu Liebe in ὀμμάτων geändert.

Dieselbe Art handschriftlicher Ueberlieferung mit der gleichen Corruptel begegnet uns Suppl. 171

ἐλθεῖν δ' ἔτληϲαν ἔξοροι ξένον πόδα
θεῖναι μόλιϲ γεραιὰ κινοῦϲαι μέλη.

So hat der Pal. von erster Hand. Der Flor. giebt dafür ἐλθεῖν δ' ἔτληϲαν δεῦρο καὶ ξένον πόδα θεῖναι. Niemand wird zweifeln, dass ἔξοροι ursprünglich ist und dass δεῦρο καὶ weiter nichts bedeutet als eine werthlose Nachbesserung, welche zwischen den Infinitiven ἐλθεῖν und θεῖναι die Verbindung herstellen soll. Kirchhoff. vermuthet ἐλθεῖν δ' ἔτλησαν ἔξοροι 'ν ξένῃ πόδα θεῖcαι. Allein damit ist das wahre Verhältniss von ἐλθεῖν und θεῖναι nur verwischt: ἐλθεῖν ist eine Ueberschrift über θεῖναι und eine Paraphrase von θεῖναι πόδα. Das absurde ξένον πόδα kann erst entstanden sein, als das zu ξένῃ gehörige ἐν γῇ durch θεῖναι bei Seite geschoben war. Wir haben demnach zu schreiben:

θεῖναι δ' ἔτλησαν ἔξοροι ξένῃ πόδα
ἐν γῇ, μόλις γεραιὰ κινοῦσαι μέλη.

Vergl. Hel. 75 εἰ δὲ μὴ 'ν ξένῃ | γαίᾳ πόδ' εἶχον.
Handgreiflich ist das Glossem auch Hipp. 525

Ἔρως Ἔρως, ὃ κατ' ὀμμάτων
στάζεις πόθον, εἰσάγων γλυκεῖαν
ψυχαῖς χάριν οὓς ἐπιστρατεύσῃ.

Mit Unrecht hat man dieser einzigen Stelle den Gebrauch von ὅ für ὅς bei den Tragikern zugestanden. Vergl. Nauck Eur. St. II S. 22. Man hätte beachten sollen, dass die beste Handschrift A ὅστις στάζεις für στάζεις bietet. Dies führt auf

Ἔρως Ἔρως ὁ κατ' ὀμμάτων
ὅστις στάζεις
στάζων πόθον, εἰσάγων γλυκεῖαν κτέ.

Der Nominativ mit dem Artikel als Apposition beim Vocat. ist eine gewöhnliche Erscheinung (vergl. Krüger I § 45, 2, 7), die übrigens immerhin die Erklärung ὅστις στάζεις veranlasst haben mag.

Wir haben oben an Hec. 76 gesehen, wie die Erklärung neben dem erklärten Worte, ἔμαθον neben ἐδάην, im Texte steht. Ebenso Hec. 911 καπνοῦ neben αἰθάλου. Den gleichen Fall finden wir Heracl. 784

δέσποινα, μύθους σοί τε καλλίστους φέρω
κλύειν ἐμοί τε τῷδε συντομωτάτους.

Es ist klar und längst erkannt worden, dass dem καλλίστους κλύειν entsprechen muss συντομωτάτους λέγειν. Es ist aber unrichtig, wenn man κλύειν ἐμοί τε συντομωτάτους λέγειν schreibt; denn wie soll τῷδε in den Text gekommen sein? Offenbar ist ἐμοί als Erklärung von τῷδε aus dem Text zu entfernen und an dessen Stelle das durch das Glossem verdrängte Wort zu setzen:

δέσποινα, μύθους σοί τε καλλίστους φέρω
κλύειν λέγειν τε τῷδε συντομωτάτους.

Nur in gewisser Beziehung gehört hieher Androm. 1222

οὐκέτ' ἔστι μοι πόλις,
σκῆπτρά τ' ἐρρέτω τάδε,
σύ τ' ὦ κατ' ἄντρα νύχια Νηρέως κόρη
πανώλεθρον μ' ὄψεαι πίτνοντα.

Schon Hermann hat gesehen, dass νύχια hier nicht am Platze ist. Warum sollen die Grotten im Meere als nächtliche bezeichnet werden? Hermann hat (wie Aesch. Pers. 952) μύχια vermuthet. Diese Verwandlung von νύχιοc in μύχιοc wird Med. 211 nothwendig sein, wie ich in der Anm. z. d. St. bemerkt habe; hier aber genügt μύχια nicht, weil sich daraus das Glossem βύθια, welches in einer guten Handschrift über νύχια steht, in einer anderen als Variante am Rande beigeschrieben ist, nicht erklärt. Dieses Glossem gehört nicht zu μύχια, sondern zu βρύχια:

τύ·τ' ὦ κατ' ἄντρα βρύχια Νηρέως κόρη.

Nur in einigen Handschriften scheint also das Glossem das ursprüngliche Wort verdrängt zu haben, während die andere Lesart νύχια von einfacher Verschreibung herrührt.

Aus Phoen. 1526

ματρὸς ἐμᾶς ἐν διδύμοι-
cι γάλακτος παρὰ μαστοῖς

ist das ungehörige ἐν, eine erklärende Ueberschrift über παρά, längst entfernt worden. Dasselbe Glossem steht noch neben ἀμφί im Text Hel. 179

κυανοειδὲς ἀμφ' ὕδωρ
ἔτυχον ἕλικά τ' ἀνὰ χλόαν
φοίνικας ἁλίου πέπλους
αὐγαῖσιν ἐν ταῖς χρυσέαις
θάλπους' ἀμφί τ' ἐν δόνακος ἔρνεσιν.

Als im letzten V. ἐν neben ἀμφί in den Text gerathen, wurde in gewöhnlicher Weise zur Vermeidung des Hiatus τ', welches hier gar nicht am Platze ist, eingefügt. Wir erhalten

θάλπους' ἀμφὶ δόνακος ἔρνεσιν.

Zufällig ist der entsprechende V. der Strophe in gleicher Weise verdorben (gerade so wie die respondierenden Verse Suppl. 999 u. 1022). Dort heisst es:

Σειρῆνες, εἴθ' ἐμοῖς γόοις
μόλοιτ' ἔχουσαι τὸν Λίβυν
λωτὸν ἢ σύριγγας, αἰλίνοις κακοῖς
τοῖς ἐμοῖσι σύνοχα δάκρυα,
πάθεσι πάθεα, μέλεσι μέλεα.

Hier ist αἴλινος in einer Bedeutung gebraucht, welche dem Worte fremd scheint („bejammernswerth"). Zudem muss im Dativ ein Wort stehen, welches mit δάκρυα synonym ist (δάκρυσι σύνοχα δάκρυα, πάθεσι πάθεα, μέλεσι μέλεα). Dieser Bemerkung widerspricht die Aenderung von Nauck αἴλινον, κακοῖς, die auch von Kirchhoff aufgenommen worden ist. Das dem δάκρυα entsprechende Wort ist offenbar αἰλίνοις („Weheklagen") und κακοῖς ist nichts weiter als eine nicht sehr passende Erklärung zu αἰλίνοις. Eine Bestätigung für beide Aenderungen liegt darin, dass sich kaum auf eine andere Weise die Responsion herstellen lässt. Jetzt entsprechen sich die beiden Verse

171 λωτὸν ἢ cύριγγας, αἰλίνοις
183 θάλπους' ἀμφὶ δόνακος ἔρνεcιν

ebenso wie vorher V. 168 παρθένοι χθονὸς κόραι u. V. 180 ἔτυχον ἕλικά τ' ἀνὰ χλόαν, und die ganze Stelle ist in Ordnung.

Die oben behandelte Stelle enthält ein Zeugniss für die ähnliche Beschaffenheit einer anderen Hel. 364

τὰ δ' ἐμὰ δῶρα Κύπριδος ἔτεκε
πολὺ μὲν αἷμα, πολὺ δὲ δάκρυον, ἄχεά τ' ἄχεcι,
δάκρυα δάκρυcιν ἔλαβε πάθεα,
ματέρες τε παῖδας ὤλεcαν κτέ.

Hier ist ἔλαβε ein Zusatz, welcher die Construction erklären soll; es muss wie in der angeführten Stelle heissen:

δάκρυα δάκρυcι, πάθεcι πάθεα.

Derartige stützende Zusätze finden sich öfters wie καθέξουcα in Suppl. 1002 πυρὸς φῶς καθέξουcα τάφον τε βατεύcουcα τὸν αὐτόν oder ἥξω ebd. 1022. Noch unangefochten steht ein solcher Zusatz Or. 1303

φονεύετε καίνετε ὄλλυτε
δίπτυχα δίcτομα φάcγανα πέμπετε
ἐκ χερὸς ἱέμενοι
τὰν λιποπάτορα λιπόγαμόν τε.

Denn dass das bei ἱέμενοι sehr überflüssige πέμπετε nur ein nachträglicher Zusatz ist, der den Acc. φάcγανα regieren soll, damit ἱέμενοι zu τὰν λιποπάτορα genommen werden könne, beweist das Fehlen des Wortes in mehreren guten Handschriften. Die beste Handschrift giebt πέμπετε γρ. καὶ θείνετε. Man begreift jetzt diese sonderbare Variante: entweder wollte man φάcγανα πέμπετε — ἱέμενοι τὰν λιποπάτορα oder φάcγανα ἱέμενοι — θείνετε τὰν λιποπάτορα. In

φονεύετε καίνετε ὄλλυτε
δίπτυχα δίcτομα φάcγανα
ἐκ χερὸς ἱέμενοι
τὰν λιποπάτορα λιπόγαμόν τε

wird der Acc. τὰν λιποπάτορα von φονεύετε — ὄλλυτε abhängig zu machen, nicht etwa der doppelte Acc. auf ἱέμενοι zu beziehen sein. In Tro. 153

Ἑκάβη, τί θροεῖς; τί δὲ θωύccεις;
ποῖ λόγος ἥκει; διὰ γὰρ μελάθρων
ἄιον οἴκτους οὓς οἰκτίζει.

ist ποῖ λόγος ἥκει; ganz unpassend, denn der Chor fragt nach dem Grunde der Klage, während ποῖ λόγος ἥκει die Klage eher als eine unbegründete hinstellt. Ueberhaupt ist uns ποῖ λόγος ἥκει ("wohin ist deine Rede gedrungen?") nur dann recht verständlich, wenn wir es als eine Interpolation betrachten, die dem ungeschickt aufgefassten διὰ γὰρ μελάθρων ἄιον eine Beziehung geben sollte. Mit

Ἑκάβη, τί θροεῖς; τί δὲ θωΰccειc;
διὰ γὰρ μελάθρων ἄιον οἴκτουc
οὓc οἰκτίζει.

giebt der Chor in gewöhnlicher Weise den Anlass seines Auftretens an. Dass ποῖ λόγοc ἥκει in zwei Handschriften fehlt, ist nur zufällig, da diese auch die Silben ἄιον οἴκ auslassen.

Nicht verschieden hiervon ist die Einsetzung von τέ, welches für die Verbindung von Wörtern nöthig schien. Suppl. 998 γάμων τῶν ἐμῶν .. καὶ γαμέτα χαλκεοτευχοῦc τε Καπανέωc wird ein solches τε schon durch das Metrum als Interpolation erwiesen. Ebd. 238

τρεῖc γὰρ πολιτῶν μερίδεc· οἱ μὲν ὄλβιοι
ἀνωφελεῖc τε πλειόνων τ' ἐρῶc' ἀεί.
οἱ δ' οὐκ ἔχοντεc καὶ cπανίζοντεc βίου,
δεινοὶ νέμοντεc τῷ φθόνῳ πλεῖον μέροc
εἰc τοὺc ἔχονταc κέντρ' ἀφιᾶcιν κακά κτέ.

hat eine solche Interpolation den Sinn verkehrt. Denn ἀνωφελεῖc τε gehört nicht zum Prädikat, sondern enthält eine nähere Bestimmung zu ὄλβιοι. Es muss also heissen:

οἱ μὲν ὄλβιοι
ἀνωφελεῖc τε πλειόνων ἐρῶc' ἀεί.

Ebenso unnütz erscheint Herc. f. 833

ἀλλ' εἶ', ἄτεγκτον cυλλαβοῦcα καρδίαν,
Νυκτὸc κελαινῆc ἀνυμέναιε παρθένε,
μανίαc τ' ἐπ' ἀνδρὶ τῷδε καὶ παιδοκτόνουc
φρενῶν ταραγμοὺc καὶ ποδῶν cκιρτήματα
ἔλαυνε κίνει

das τ' nach μανίαc; denn μανίαι, παιδοκτόνοι φρενῶν ταραγμοί und ποδῶν cκιρτήματα sind nicht gesonderte Begriffe („nicht nur, sondern auch"), sondern Dinge die aus einander hervorgehen („Wahnsinn und damit u. s. w."). Das τ' scheint seinen Ursprung einer beabsichtigten Verbindung von εἶα und ἔλαυνε κίνει zu verdanken.

Wir sind vielleicht jetzt im Stande einige Stellen in Ordnung zu bringen, an deren Heilung man bisher bald verzweifeln musste. Or. 496 bietet die beste Handschrift nebst einer geringeren

ἐπεὶ γὰρ ἐξέπνευcεν Ἀγαμέμνων βίον
πληγεὶc τῆc ἐμῆc θυγατρὸc ὑπὲρ κάρα,
αἴcχιcτον ἔργον· οὐ γὰρ αἰνέcω ποτέ· κτέ.

Die übrigen Handschriften haben θυγατρὸc τῆc ἐμῆc. Damit ist das Versmass, nicht aber die Hand des Dichters hergestellt. Abgesehen davon, dass die Umstellung sich als nachträgliche Correktur zu erkennen giebt, könnte es nur πληγείς ὑπό, πρός oder ἐκ τῆς ἐμῆς θυγατρός heissen wie z. B. Iph. T. 552 ἐκ γυναικὸς οἴχεται cφαγείς. Von den Beispielen, welche bei Krüger II § 47, 10, 1 für einen solchen Gebrauch des Gen. angeführt werden, sind zwei Soph. Phil. 3 κρατίστου πατρὸς τραφείς, welches nach Analogie von γεγώς, φύς gebraucht ist, und Eur. El. 123, wo man bereits cφαγείς in cφαγαῖc emendiert hat, abzusondern und es bleibt nur unsere Stelle übrig, für die sich kein entsprechendes Beispiel nachweisen lässt. Man könnte glauben, dass die schwankende Stellung von θυγατρὸc dieses Wort als Glossem von παιδός kennzeichne, gerade so wie ebd. 967 die übergeschriebene Erklärung τῶν Ἀτρειδῶν in einigen Handschriften vor, in anderen hinter πήματ' οἴκων in den Text gekommen ist. Darnach könnte man πληγαῖcι παιδὸc τῆς ἐμῆς ὑπὲρ κάρα vermuthen. Allein wenn man beachtet, dass hier nicht τῆς ἐμῆς θυγατρός, sondern γυναικός der richtige Ausdruck ist wie in der u. St. Iph. T. 552, um das Schändliche der That (αἴcχιcτον ἔργον) zu bezeichnen; wenn man ferner bedenkt, dass πληγεὶς ὑπὲρ κάρα, wofür Hermann πλ. ὑπαὶ κάρα verlangte, nicht auf den Gebrauch des Beiles hinweist, sondern auf das Ueberstürzen des Trugnetzes, wodurch die Schändlichkeit des Werkes ganz besonders hervorgehoben wird, dann dürfte man sich überzeugen, dass das unmetrische τῆς ἐμῆς θυγατρός eine Erklärung zu γυναικός ist und ausser diesem Worte noch das bezeichnende δικτύοις verdrängt hat:

τῆς ἐμῆς θυγατρός
πληγεὶς γυναικὸς δικτύοις ὑπὲρ κάρα.

Mit dem Gebrauche von πληγείς vergl. den Gebrauch von ἐμπλήccειν (ἕρκει, τάφρῳ).

Ion 595 schildert Ion seinem Vater im Namen des Dichters die Gefahren und Widerwärtigkeiten der Staatslaufbahn:

ἢν δ' εἰς τὸ πρῶτον πόλεος ὁρμηθεὶς ζυγόν
ζητῶ τις εἶναι, τῶν μὲν ἀδυνάτων ὕπο
μιcηcόμεcθα· λυπρὰ γὰρ τὰ κρείccονα.
ὅcοι δὲ χρηcτοὶ δυνάμενοί τ' εἶναι cοφοὶ
cιγῶcι κοὐ cπεύδουcιν εἰc τὰ πράγματα,
γέλωτ' ἐν αὐτοῖς μωρίαν τε λήψομαι 600
οὐχ ἡcυχάζων ἐν πόλει φόβου πλέᾳ.
τῶν δ' αὖ λογίων τε χρωμένων τε τῇ πόλει
εἰς ἀξίωμα βὰς πλέον φρουρήcομαι  ·
ψήφοιcιν.

In V. 602 hat Matthiae τῶν δ' ἐν λόγῳ τε, Badham τῶν δ' αὖ ςοφῶν τε, ich selbst früher τῶν δ' ἐν τέλει τε vermuthet. Hievon ist τῶν δ' αὖ ςοφῶν τε nach V. 598 unrichtig; die beiden anderen Vermuthungen können schon desshalb keine rechte Geltung haben, weil das passende αὖ wegfällt; auch wird es schwer sein die Entstehung der handschriftlichen Lesart daraus zu erklären. Dem

Ausdruck τῶν — χρωμένων τε τῇ πόλει entspricht nachher οἳ τὰς πόλεις ἔχουσι κἀξιώματα und da οἳ τὰς πόλεις ἔχουσι dem χρωμένων τῇ πόλει gleichsteht, so wird vorher eine Bezeichnung in der Bedeutung von οἳ ἔχουσι ἀξιώματα gestanden haben. Das corrupte λογίων halte ich nun für einen Rest von ἐλλογίμων und betrachte dieses als Erklärung von δοκούντων:
τῶν δ' αὖ δοκούντων χρωμένων τε τῇ πόλει.
Vergl. Hec. 294 λόγος γὰρ ἔκ τ' ἀδοξούντων ἰὼν κἀκ τῶν δοκούντων αὐτὸς οὐ ταὐτὸν σθένει, Tro. 612 ὁρῶ τὰ τῶν θεῶν, ὡς τὰ μὲν πυργοῦς' ἄνω τὰ μηδὲν ὄντα, τὰ δὲ δοκοῦντ' ἀπώλεσαν. Hiernach bedeutet τῶν δοκούντων s. v. a. τῶν ἐχόντων ἀξιώματα.
Ein Glossem ist durch die Responsion angezeigt Alc. 220
ὦναξ Παιάν,
ἔξευρε μηχανάν τιν' Ἀδμήτῳ κακῶν,
πόριζε δὴ πόριζε· καὶ πάρος γὰρ
τοῦδ' ἐφεῦρες, καὶ νῦν
λυτήριος ἐκ θανάτου γενοῦ.
Der Vers τοῦδ' ἐφεῦρες καὶ νῦν entspricht nicht dem antistrophischen durchaus unverdächtigen Vers χθών, τὰν ἀρίσταν. Niemand wird vermögen durch Buchstabenänderung die Responsion herzustellen. Augenscheinlich ist τοῦδ' ἐφεῦρες zu einem allgemeinen Ausdruck, der kaum ein anderer als τοιοῦτος oder τοιόσδε gewesen sein kann in der Bedeutung, in welcher z. B. El. 645 τοιαῦτα bestätigend steht nach ὕποπτος οὖσα γιγνώσκει πόλει oder Aesch. Ag. 1360 κἀγὼ τοιοῦτός εἰμι mit Beziehung auf die Worte des anderen Greises οὐκ οἶδα βουλῆς ἥστινος τυχὼν λέγω· τοῦ δρῶντός ἐστι καὶ τὸ βουλεῦσαι πέρι und in welcher es passend mit τοῦδε (θανάτου) ἐφεῦρες (μηχανάν) erklärt werden konnte. Die Responsion schliesst τοιοῦτος aus, so dass zu schreiben ist:
καὶ πάρος γὰρ
τοιόσδε καὶ νῦν
λυτήριος ἐκ θανάτου γενοῦ.
Einen sprechenden Beweis, wie nothwendig die Aufmerksamkeit auf Glosseme ist, liefert die Stelle El. 162
οὐ μίτραισι γυνή σε
δέξατ' οὐδ' ἐπὶ στεφάνοις,
ξίφεσι δ' ἀμφιτόμοις λυγρὰν
Αἰγίσθου λώβαν θεμένα
δόλιον ἔσχεν ἀκοίταν.
Da von vornherein niemand ahnt, dass Αἰγίσθου aus einem anderen Wort verdorben sein könne, so sucht man diesem hier absurden Wort durch die gewaltsamsten Erklärungen einen Sinn abzugewinnen. Heath z. B. erklärte: exitialem Aegisthi iniuriam approbans oder ratam habens, Reiske: sed luctuosa calamitate per Aegisthum perfecta. Was λυγρὰν λώβαν θεμένα heisst und nur heissen kann

21*

(λυγρῶc λωβηcαμένῃ), ist klar. Es gehört also zu λώβαν θεμένῃ ein Gen., der den Agamemnon bezeichnet. Αἰγίcθου kann also nur von einem Glossem Αἴγιcθον herrühren, welches δόλιον ἄκοιταν erklärte. Auch hier scheint Αἰγίcθου aus der Verbindung von Αἴγιcθον entstanden zu sein. Denn der Sinn verlangt:

coῦ, πάτερ, λώβαν θεμένα.

Die freie Responsion mit χέρα τε κρᾶτ' ἐπὶ κούριμον bei verschiedener Stellung des Choriambus ist die gleiche wie bei V. 146 und 163 und bei V. 173 und 196. Vergl. Dindorfs Bemerkung in den Jahrb. 1868 S. 407.

In der stark beschädigten Stelle Tro. 1244

εἰ δ' ἡμᾶc θεὸc
ἔcτρεψε τἄνω περιβαλὼν κάτω χθονόc,
ἀφανεῖc ἂν ὄντεc οὐκ ἂν ὑμνηθεῖμεν ἂν
μούcαιc ἀοιδὰc δόντεc ἀοιδοῖc βροτῶν.

hat Nauck μούcαιc ἀοιδὰc δόντεc ἀφθίτουc βροτῶν in den Text gesetzt und daneben μούcαιc ἀοιδὰc ἐνδιδόντεc ἀφθίτουc vermuthet. Dabei ist gerade dasjenige Wort im Text gelassen, welches offenbar durch sein Eindringen die ganze Verwirrung hervorgerufen hat. Denn da entweder ἀοιδὰc oder ἀοιδοῖc entfernt werden muss,' so kann kein Zweifel sein, dass ἀοιδὰc als Erklärung von μούcαc oder μοῦcαν zu betrachten ist. Vergl. Alc. 453 τοίαν ἔλιπεc θανοῦcα μολπὰν μελέων ἀοιδοῖc. Natürlich wurde der Dativ μούcαιc corrigiert, als ἀοιδάc in den Text eingefügt war. Wir erhalten hiefür eine Bestätigung aus dem cod. Palat. Dieser giebt nämlich ὑcτέραν βροτῶν für ἀοιδοῖc βροτῶν. Dieses ὑcτέραν darf um so weniger als eine willkürliche Interpolation angesehen werden, als kein Wort vorhanden ist, worauf es sich beziehen könnte. Wir müssen ὑcτέραν für ursprünglich halten und daraus auf ein ursprüngliches μοῦcαν schliessen. Ich bemerke dazu, dass uns für die Troades die beste Handschrift fehlt. Eine weitere Bestätigung liegt darin, dass zwei bessere Handschriften διδόντεc für δόντεc haben. Auch diese Lesart muss gerade desshalb als ursprünglich gelten, weil sie in der Ueberlieferung das Versmass stört. Sie ist unbrauchbar nach μούcαιc ἀοιδάc, an ihrer Stelle aber nach μοῦcαν. Wenn wir demnach zusammennehmen, was wir als gute Ueberlieferung erkannt haben, so gewinnen wir:

μοῦcαν διδόντεc ὑcτέραν ἀοιδοῖc βροτῶν,

was sich von selbst verbessert in

μοῦcαν διδόντεc ὑcτέραν ᾠδοῖc βροτῶν.

Vergl. Suppl. 1224 Ἐπίγονοι δ' ἂν' Ἑλλάδα κληθέντες ᾠδὰς ὑcτέροιcι θήcετε. — Im vorhergehenden ist ἔcτρεψε τἄνω sinnlos und spätere Interpolation. Die Ueberlieferung lautet:

ἀφανεῖc ἂν ὄντεc περιβαλὼν κάτω χθονὸc
ἀφανεῖc ἂν ὄντεc οὐκ ἂν ὑμνήθημεν ἄν

denn so giebt B und so stand auch im Originale von C, da in dieser Handschrift der erste Vers augenscheinlich bloss wegen des gleichen Anfangs weggeblieben ist. Den Interpolator erinnerte der Ausdruck περιβαλὼν κάτω χθονόc an die Redensart ἄνω κάτω cτρέφειν, welche nur hier, wo nicht von Verwirrung und buntem Durcheinander, sondern von gänzlicher Vernichtung die Rede ist, nicht am Platze sein kann. Vielleicht hat das Glossem ἀφανεῖc über ἀίcτουc den Anlass zu der Dittographie geboten; wenigstens würde der Interpolator besser geschrieben haben:

εἰ δ' ἡμᾶc θεὸc
ἔθηκ' ἀίcτουc περιβαλὼν κάτω χθονόc,
ἀφανεῖc ἂν ὄντεc κτέ. —

Wir haben oben ein Beispiel kennen gelernt, wo eine übergeschriebene Erklärung in den vorausgehenden Vers gerathen ist und dort ein Wort verdrängt hat. Diese Beobachtung schafft Ordnung in der Verwirrung von Suppl. 838

μέλλων c' ἐρωτᾶν, ἡνίκ' ἐξήντλειc cτρατῷ
γόουc ἀφήcω, τοὺc ἐκεῖ μὲν ἐκλιπὼν
εἴαcα μύθουc· νῦν δ' Ἄδραcτον ἱcτορῶ.

Nauck will cτρατῷ und ἀφήcω .. ἐκλιπὼν tilgen, so dass

μέλλων c' ἐρωτᾶν, ἡνίκ' ἐξήντλειc γόουc,
εἴαcα μύθουc·

übrig bleibt. Wenn nur ein Grund wäre so mit der Ueberlieferung zu schalten! Wir haben hier weiter nichts als die Dittographie εἴαcα μύθουc und μύθουc ἀφήcω im Text. Das über μύθουc stehende ἀφήcω hat die Stelle eines Wortes wie cτενακτούc eingenommen:

μέλλων c' ἐρωτᾶν, ἡνίκ' ἐξήντλειc cτρατῷ
γόουc ⟨cτενακτούc⟩, τοὺc ἐκεῖ μὲν ἐκλιπὼν
εἴαcα μύθουc· νῦν δ' Ἄδραcτον ἱcτορῶ.

Vergebliche Mühe ist auch an einem anderen Glosseme verschwendet worden, Iph. T. 1117

ζηλοῦc' ὅταν διὰ παν-
τὸc δυcδαίμον'· ἐν γὰρ ἀνάγκαιc
οὐ κάμνει cύντροφοc ὤν
μεταβάλλει δυcδαιμονία.

κάμνει für κάμνειc hat Reiske hergestellt; das c rührt nur von dem Anfang von cύντροφοc her; μεταβάλλει aber, wofür man μεταβάλλειν, μεταβάλλων, ὃν βάλλει, τᾷ πάλαι, ἀλλάccων vermuthet hat, ist nichts anderes als eine dem Sinne entnommene Beischrift zu οὐ κάμνει (οὐ μεταβάλλει). Der Gedanke verlangt einen Ausdruck wie ἐξ ἀρχᾶc (= λίμναν θ' εἰ- vergl. V. 203):

ἐν γὰρ ἀνάγκαις
οὐ κάμνει, σύντροφος ὢν
⟨ἐξ ἀρχᾶς⟩ δυςδαιμονίᾳ.

Vergl. Herc. f. 1291 κεκλημένῳ δὲ φωτὶ μακαρίῳ ποτὲ αἱ μεταβολαὶ λυπηρόν· ᾧ δ' ἀεὶ κακῶς ἔστ', οὐδὲν ἀλγεῖ συγγενῶς δυστηνὸς ὤν. Leicht kenntlich ist das Glossem Androm. 321

εὔκλεια δ' οἷς μὲν ἔστ' ἀληθείας ὕπο,
εὐδαιμονίζω· τοὺς δ' ὑπὸ ψευδῶν ἔχειν
οὐκ ἀξιώσω πλὴν τύχῃ φρονεῖν δοκεῖν.

Umsonst hat man sich bemüht für den Infin. ἔχειν eine Beziehung zu finden. Verständlich wäre τοὺς δ' ὑπὸ ψευδῶν ἔχοντας; es muss also ἔχειν von einem Worte abhängig sein, welches unter ὑπὸ ψευδῶν verloren gegangen; ὑπὸ ψευδῶν wurde übergeschrieben, um zu ἀληθείας ὕπο einen entsprechenden Ausdruck zu haben. Ich kann das ursprüngliche Wort nicht bestimmen; nur Beispiels halber sei τοὺς δὲ πλασαμένους ἔχειν aufgeführt.

Der Zusatz eines Glossators stört den Zusammenhang Heracl. 181

ἄναξ, ὑπάρχει μὲν τόδ' ἐν τῇ σῇ χθονί
εἰπεῖν ἀκοῦσαί τ' ἐν μέρει πάρεστί μοι
κοὐδείς μ' ἀπώσει πρόσθεν ὥσπερ ἄλλοθεν.
ἡμῖν δὲ καὶ τῷδ' οὐδέν ἐστιν ἐν μέσῳ.

Hier ist πάρεστί μοι nur ein anderer Ausdruck für ὑπάρχει. Der Infinitiv εἰπεῖν ἀκοῦσαί τε ist nähere Bestimmung zu τόδε.

Eine dem Metrum entsprechende Aenderung scheint das Glossem Herc. f. 177 erfahren zu haben. Dem Lykos gegenüber, welcher über die gepriesene Tapferkeit des Herakles verächtlich gesprochen, beruft sich Amphitryon auf die Götter und die verschiedenen Wesen, welche die Kraft und den Muth des Herakles kennen zu lernen Gelegenheit hatten. Er sagt:

σὺν μάρτυσιν θεοῖς δεῖ μ' ἀπαλλάξαι σέθεν.
Διὸς κεραυνὸν δ' ἠρόμην τέθριππά τε,
ἐν οἷς βεβηκὼς .. μετὰ θεῶν ἐκώμασε.
τετρασκελές θ' ὕβρισμα, Κενταύρων γένος,
Φολόην ἐπελθών, ὦ κάκιστε βασιλέων,
ἐροῦ τίν' ἄνδρ' ἄριστον ἐγκρίναιεν ἂν κτέ.

Unmöglich kann hier das praeteritum ἠρόμην richtig sein; nur ein Imperativ wie nachher ἐροῦ entspricht dem Sinne. Lykos soll hingehen und sich erkundigen, wenn er es nicht glaubt oder nicht weiss, wie tapfer Herakles gewesen. Für den Gedanken wie für das Metrum eignet sich kaum ein anderes Verbum als ἱστόρει, welches zuerst mit ἐροῦ glossiert worden zu sein scheint. Das Versmass hatte die Aenderung von ἐροῦ in ἠρόμην zur Folge. Es wird also geheissen haben:

cùν μάρτυcιν θεοῖc δεῖ μ' ἀπαλλάξαι cέθεν·
Διὸc κεραυνὸν δ' ἱcτόρει τέθριππά τε.

Ein bedeutender Schaden ist durch die Ueberschrift eines Erklärers Androm. 648 verursacht worden. Die Ueberlieferung lautet:

αἰcχρὰ μὲν cαυτῷ λέγειc,
ἡμῖν δ' ὀνείδη διὰ γυναῖκα βάρβαρον·
ἣν χρῆν c' ἐλαύνειν τήνδ' ὑπὲρ Νείλου ῥοὰc
ὑπέρ τε Φᾶcιν κἀμὲ παρακαλεῖν ἀεί.

Manche vertheidigen ἣν — τήνδε, so Nauck Eur. St. II S. 189, der mit den Erklärern von Soph. Trach. 137 (vergl. Bernhardy Synt. p. 278) auf folgende drei Stellen verweist:

Androm. 1115 ὧν Κλυταιμνήcτραc τόκοc
εἰc ἣν ἁπάντων τῶνδε μηχανορράφοc.
Iph. A. 155 cφραγῖδα φύλαcc' ἣν ἐπὶ δέλτῳ
τήνδε κομίζειc.
Soph. Trach. 137 ἃ καὶ cὲ τὰν ἄναccαν ἐλπίcιν λέγω
τάδ' αἰὲν ἴcχειν.

An der ersten dieser Stellen ist τῶνδε durch den Zusatz ἁπάντων veranlasst; an der zweiten hat das Pronomen lokale Bedeutung („welchen du an der Hand hier trägst"); ebenso passend ist τάδε an der dritten Stelle, wo es nachdrücklich auf die eben vorgetragenen Erfahrungen hinweist. Eine so passende Bedeutung hat τήνδε in ἣν χρῆν c' ἐλαύνειν τήνδε nicht. Gewiss mit Recht haben darum die meisten Kritiker eine Corruptel angenommen. Die verschiedenen Besserungsvorschläge ἢ χρῆν (Porson), τῆλ' für τήνδ' (Reiske), ὃν χρῆν ἐλαύνειν (L. Dindorf), τὴν ὑπὲρ (W. Dindorf), κἂν ὑπέρ (G. Hermann), δῆθ' ὑπὲρ (Fix), οὐ χρῆν — ἀεί; (Geel) können an und für sich nicht sonderlich befriedigen und müssen als ungenügend gelten, da sie eine weitere Schwierigkeit der Stelle nicht beseitigen. Diese liegt in dem Zusatz κἀμὲ παρακαλεῖν ἀεί. Worauf soll ich ἀεί („jedesmal") beziehen? Allerdings haben Geel, Hermann, Hartung ἀεί durch Aenderung entfernen wollen (κἀμὲ παρακαλεῖν ἔδει, κἀμὲ τοῦτο παρακαλεῖν, κἀπὶ παρακαλεῖν ἐμέ); allein abgesehen davon, dass diese Aenderungen nichts überzeugendes haben, fordert eine richtige Methode den Fehler zuerst an der Stelle zu suchen, welche sich bereits als schadhaft erwiesen hat. Wenn wir nun einerseits den Gedanken κἀμὲ παρακαλεῖν ἀεί ins Auge fassen, andrerseits uns an die häufige Verwechslung von τὴν und γῆν erinnern[1]),

---

[1] Auch Rhes. 434
ἐπεὶ δ' ἔπερcα, τῶνδ' ὁμηρεύcαc τέκνα,
τάξαc ἔτειον δαcμὸν εἰc δόμουc φέρειν
hat die gleiche Verwechslung den Text verdorben: ἔπερcα entbehrt des Objekts und τῶνδε ist ungeschickt. Es muss heissen:
ἐπεὶ δ' ἔπερcα γῆν, ὁμηρεύcαc τέκνα κτέ.

so werden wir auf die bekannte[1]) Redensart γῆν πρὸ γῆc ἐλαύνειν geführt. Setzen wir diese in den Text:

ἣν χρῆν c' ἐλαύνειν γῆν πρὸ γῆc Νείλου ῥοὰc
ὑπέρ τε Φᾶcιν κἀμὲ παρακαλεῖν ἀεί,

so begreifen wir, wie durch Ergänzung von ὑπέρ zum ersten Gliede (vergl. Phoen. 361 οὕτω δὲ τάρβοc εἰc φόβον τ' ἀφικόμην, Soph. O. R. 734 ἐc ταὐτὸ Δελφῶν κἀπὸ Δαυλίαc ἄγει) die Verderbniss entstanden, und ἀεί erhält seine Beziehung auf den Wechsel des Landes. —

El. 862 νίκαc cτεφαναφορίαν
κρείccω τοῖc παρ' Ἀλφειοῦ ῥεέθροιc τελέcαc
καcίγνητοc céθεν.

In diese Stelle hat Canter Sinn gebracht durch die Aenderungen νικᾷ und κρείccω τῆc. Jene ist gewiss richtig. Das c von νίκαc rührt vom Anfang des folgenden Wortes her; κρείccω τῆc jedoch giebt wohl einen passenden Sinn, entspricht aber nicht dem antistrophischen γαίαc. Das Metrum hat Dindorf durch οἵαν hergestellt, indem er κρείccω τοῖc (τῆc) als Interpolation betrachtet. Mit οἵαν aber ist der Sinn von κρείccω τῆc nicht wiedergegeben und dass der Interpolator den richtigen Sinn getroffen, beweist die Wiederholung des Gedankens V. 883 ἥκειc γὰρ οὐκ ἀχρεῖον ἔκπλεθρον δραμὼν ἀγῶν' ἐc οἴκουc, ἀλλὰ πολέμιον κτανών. Wir haben also κρείccω τῆc für ein Glossem von einem gleichbedeutenden Ausdruck zu halten und zu schreiben:

νικᾷ cτεφαναφορίαν,
ὡc οὐ παρ' Ἀλφειοῦ ῥεέθροιc, τελέcαc
καcίγνητοc céθεν.

Vielleicht beruht auch die Entstellung von Iph. A. 407

cυνcωφρονεῖν cοι βούλομ', ἀλλ' οὐ cυννοεῖν

auf einem Glossem oder einer Verwechslung gleichbedeutender Ausdrücke. Die Lesart bei Plutarch cυccωφρονεῖν γάρ, οὐχὶ cυννοcεῖν ἔφυν enthält eine Reminiscenz aus dem bekannten V. οὔτοι cυνέχθειν, ἀλλὰ cυμφιλεῖν ἔφυν (Soph. Ant. 523). Nauck hat βούλομαι κοὐ vorgeschlagen, was minder gefällt. Ich vermuthe

cυνcωφρονεῖν ἕτοιμοc, ἀλλ' οὐ cυννοεῖν.

Ein offenbares und bereits von Hermann bemerktes Glossem steht Cycl. 369

νηλήc, ὦ τλᾶμον ὅcτιc
δωμάτων ἐφεcτίουc ξενικοὺc
ἱκτῆραc ἐκθύει δόμων.

Im zweiten V. hat Hermann δωμάτων ἐφεcτίουc ξενικούc in μάταν ἐφεcτίουc verändert; gewiss ist ξενικούc nur Erklärung zu δωμάτων

---

1) Vergl. meine Note zu Aesch. Prom. 682.

ἐφεςτίουc; aber es ist bedenklich δωμάτων in μάταν zu ändern, schon weil die Einheit des Begriffs die Verbindung von δωμάτων ἐφεςτίουc empfiehlt. Es fehlt uns ein anderes Wort, ξένουc, welches eben unter dem Glossem ξενικούc weggefallen ist. Nicht ξενικούc, sondern ξενικούc δόμων ist die Erklärung zu δωμάτων ἐφεςτίουc, welche zuerst daneben geschrieben war:

νηλής, ὦ τλᾶμον, ὅςτις
δωμάτων ἐφεςτίουc     ξενικούc
ἱκτῆρας ἐκθύει ξένουc.     δόμων

Solche Erklärungen stehen oft neben den erklärten Wörtern im Text, z. B. Androm. 294 Πάριν neben νιν, 856 δηλαδὴ πόςις neben ὀλεῖ ὀλεῖ με, Tro. 807 ὅτ' ἔβας ἀφ' Ἑλλάδος neben τὸ πάροιθεν u. a. Nur als spätere Beischrift der Art kann ich in Tro. 1143

πέπλοιςιν, ὡς περιςτείλῃς νεκρὸν
ςτεφάνοις θ', ὅςη ςοι δύναμις, ὡς ἔχει τὰ ςά,

das nach ὅςη ςοι δύναμις überflüssige und lästige ὡς ἔχει τὰ ςά betrachten. Ebenso scheint Hipp. 1366

μόχθους δ' ἄλλως
τῆς εὐςεβείας
εἰς ἀνθρώπους ἐπόνηςα.

τῆς εὐςεβείας noch durch seine Form und den Artikel die Interpolation zu verrathen. Nur eine geringere Handschrift bietet das doppelt bedenkliche τῆς εὐςεβίας. Auch fragt es sich, ob Iph. A. 1082

ὥςτε πετραίων ἀπ' ἄντρων ἐλθοῦςαν ὀρέων
μόςχον ἀκήρατον, βρότειον
αἱμάςςοντες λαιμόν.

ὀρέων in ὀρείαν zu verwandeln oder vielmehr als nähere Bestimmung zu πετραίων ἀπ' ἄντρων zu streichen sei.

Gewiss aber ist Bacch. 270

θραςὺς δὲ (oder τε) δυνατὸς καὶ λέγειν οἷός τ' ἀνήρ
κακὸς πολίτης γίγνεται νοῦν οὐκ ἔχων .

δυνατὸς nichts anderes als Glossem zu οἷός τε. Aenderungen wie die von Badham θραςύς τ' ἐν ἀςτοῖς und Heimsoeth δρᾶςαί τε δύνατος entsprechen auch dem Sinne nicht. Das verlorene Wort kann nach einer Stelle von Sophokles mit ziemlicher Sicherheit errathen werden:

θραςὺς δὲ γλώςςῃ καὶ λέγειν οἷός τ' ἀνήρ
κακὸς πολίτης γίγνεται νοῦν οὐκ ἔχων.

Nur in gewissem Sinne gehört hieher eine sehr bemerkenswerthe Art der Corruptel in Androm. 355

ἡμεῖς γὰρ εἰ ςὴν παῖδα φαρμακεύομεν,
.. αὐτοὶ τὴν δίκην ὑφέξομεν
ἐν ςοῖςι γαμβροῖς, οἷςιν οὐκ ἐλάςςονα
βλάβην ὀφείλω προςτιθεῖς' ἀπαιδίαν.  360

ἡμεῖς μὲν οὖν τοιοίδε· τῆς δὲ σῆς φρενὸς
ἕν σου δέδοικα· διὰ γυναικείαν ἔριν
καὶ τὴν τάλαιναν ὤλεσας Φρυγῶν πόλιν.

Die Stelle τῆς δὲ σῆς φρενὸς ἕν σου δέδοικα, worin σου unmöglich, ἕν hier ganz ungeschickt ist, hat irgendwie bedeutend gelitten. Kirchhoff bemerkt: ἕν σου ab interpretibus esse videtur nec placet asyndeton. fort. δέδοιχ᾽ ἃ δράσεις· διὰ γὰρ οἰκείαν ἔριν. Nauck Eur. St. II S. 103 vermuthet ⟨τὸ δυσμ⟩ ενὲς δέδοικα· διὰ γυναῖκα γάρ. An dem bezeichnenden Ausdruck διὰ γυναικείαν ἔριν darf kaum geändert werden. Das Asyndeton ist bei der Erklärung ganz am Platze. Der rechte Weg zur Emendation ist angezeigt durch die Variante ἀβουλίαν in V. 360. Dort geben nämlich drei gute Handschriften, darunter die beste, προστιθεῖς᾽ ἀβουλίαν; eine gute Handschrift hat ἀπαιδίαν, eine Handschrift ἀβουλίαν γρ. ἀπαιδίαν, andere ἀβουλίαν oder ἀπαιδίαν. Kirchhoff setzt ἀβουλίαν in den Text und giebt dazu die nicht sehr glückliche Vermuthung ἀμβλώσεως. Offenbar ist ἀπαιδίαν das richtige, sollte es auch nur von Conjektur herstammen. Wie aber ist ἀβουλίαν in den Text gekommen? Als Variante oder Glossem zu ἀπαιδίαν kann es unmöglich angesehen werden. Schreiben wir für ἕν σου mit leichter Aenderung ⟨τ⟩ὴν σοῦ, dann wird uns das ganze Sachverhältniss klar. Ursprünglich hiess es:

βλάβην ὀφείλω προστιθεῖς᾽ ἀπαιδίαν.
ἡμεῖς μὲν οὖν τοιοίδε· τὴν δ᾽ ἀβουλίαν
τὴν σοῦ δέδοικα· διὰ γυναικείαν ἔριν
καὶ τὴν τάλαιναν ὤλεσας Φρυγῶν πόλιν.

Die gleiche Endung war der Anlass, dass ἀβουλίαν in den vorausgehenden Vers gerieth und hier ἀπαιδίαν soweit verdrängte, dass dieses nur als Variante darüber oder daneben zu stehen kam. Die Ergänzung τῆς δὲ σῆς φρενός mit der damit zusammenhängenden Correktur ἕν σου ist eine verwegene Interpolation, die uns verräth, wie man mit defekten Stellen umging, deren Sinn man leidlich herzustellen im Stande war.

Versschlüsse haben bekanntlich am meisten in der Art gelitten, dass das Auge des Abschreibers von dem einen Vers zum anderen abirrte oder Wörter abfielen und dadurch Lücken entstanden oder ungeschickte Ergänzungen eintraten. Bacch. 647
στῆσον πόδ᾽, ὀργῇ δ᾽ ὑπόθες ἥσυχον πόδα
ist πόδα am Ende des Verses widersinnig und nur eine Lücke nachdem vorhergehenden στῆσον πόδα unpassend ausgefüllt. Der richtige Ausdruck lässt sich mit ziemlicher Sicherheit herstellen:
στῆσον πόδ᾽, ὀργῇ δ᾽ ὑπόθες ἥσυχον τρόπον.
Dies hat bereits, wie ich sehe, Musgrave vermuthet.

Herc. f. 845 τιμὰς δ᾽ ἔχω τάσδ᾽, οὐκ ἀγασθῆναι φίλοις,
οὐδ᾽ ἥδομαι φοιτῶς᾽ ἐπ᾽ ἀνθρώπων [φίλους]

liegt am nächsten ἐπ' ἀνθρώπων δόμουc, wie Heimsoeth vorgeschlagen hat. (Kirchhoff ἐπ' ἀνθρώπων πόλειc.)
Suppl. 1089 εἰ δ' [εἰc τόδ' ἦλθον] κἀξεπειράθην [τέκνων]
οἷον cτέρεcθαι πατέρα γίγνεται τέκνων,
οὐκ ἄν ποτ' εἰc τόδ' ἦλθον εἰc ὃ νῦν κακόν.
wird κἀξεπειράθην τύχηc das richtige sein (Canter τεκών, Nauck μαθών, Heimsoeth τόδε). Der Satz οἷον cτέρεcθαι ist zunächst von dem unter εἰc τόδ' ἦλθον verloren gegangenen Verbum (Heimsoeth εἰ δ' ᾐcθόμην τε, vielleicht εἰ δ' αὐτὸc ἔμαθον) abhängig. Lästig ist der gleiche Ausgang Or. 936
οὐ φθάνοιτ' ἔτ' ἂν
θνῄcκοντεc ἢ γυναιξὶ δουλεύειν χρεών·
τοὐναντίον δὲ δράcετ' ἢ δρᾶcαι χρεών.
Hier aber ist nicht das zweite χρεών unrichtig, sondern der ganze Vers 938 verräth Interpolation. Denn das folgende νῦν μὲν γὰρ ἡ προδοῦcα κτέ enthält eine Begründung zu οὐ φθάνοιτ' ἔτ' ἂν — δουλεύειν χρεών, nicht aber zu τοὐναντίον δὲ δράcετ' ἢ δρᾶcαι χρεών.
Das gleiche Wort findet sich am Schlusse zweier Verse ebd. 1128
ΟΡ. καὶ τόν γε μὴ cιγῶντ' ἀποκτείνειν χρεών.
ΠΥ. εἶτ' αὐτὸ δηλοῖ τοὖργον οἱ τείνειν χρεών.
Kirchhoff betrachtet τείνειν χρεών als Dittographie; allein οἷ und der Gedanke lässt erkennen, dass τείνειν an seiner Stelle ist und gerade den Anlass zur Abirrung geboten hat. Der Sinn fordert, wenn man den Zusammenhang ins Auge fasst:
εἶτ' αὐτὸ δηλοῖ τοὖργον οἱ τείνει λόγοc.
Heraclid. 223
coὶ γὰρ τόδ' αἰcχρόν, χωρὶc ἔν τε πόλει κακόν,
ἱκέταc ἀλήταc cυγγενεῖc· οἴμοι κακῶν,
βλέψον πρὸc αὐτοὺc βλέψον· ἕλκεcθαι βίᾳ.
rührt κακόν ebenfalls aus dem Ende des anderen Verses her. Im übrigen ist der Vers gesund; denn es bedarf nur der Verdopplung von τε d. i. τε τῇ:
coὶ γὰρ τόδ' αἰcχρόν, χωρὶc ἔν τε τῇ πόλει.
„Es verträgt sich nicht, sagt Iolaos, mit deiner persönlichen Würde und deinem moralischen Bewusstsein und zieht dir auch äusserlich bei der Bürgerschaft üble Nachrede zu." Vergl. Hec. 902 πᾶcι γὰρ κοινὸν τόδε ἰδίᾳ θ' ἑκάcτῳ καὶ πόλει κτέ.
Ebd. 537 χώρει προcειποῦc' ὕcτατον πρόcφθεγμά μοι.
— ὦ χαῖρε, πρέcβυ, χαῖρε καὶ δίδαcκέ μοι
genügt die Emendation von Elmsley πρόcφθεγμα δή.
Anders als bisher muss Herc. f. 168
οὔκουν τραφέντων τῶνδε τιμωροὺc ἐμοὺc
χρῄζω λιπέcθαι τῶν δεδραμένων δίκην

behandelt werden. Gewöhnlich schreibt man nach Campers Vermuthung τιμωρούς ἐμοί; aber der Hauptanstoss liegt, wie bereits Dobree erkannt hat, in τῶν δεδραμένων δίκην; denn was soll hier δίκην für eine Bedeutung haben; τῶν δεδραμέμων muss von τιμωρούς abhängig sein. Mit Recht haben darum Hartung und Herwerden δίκην geändert, jener in κακῶν, dieser in πικρούς. Aber zu δεδραμένων gehört offenbar ἐμοί und wir werden ἐμούς aus ἐμοί und einem darüberstehenden mit -ους schliessenden Worte, also ⟨πικρ⟩ούς etwa aus ἐμοί abzuleiten haben, während δίκην wieder als spätere Ergänzung betrachtet werden muss:

οὔκουν τραφέντων τῶνδε τιμωρούς ⟨πικρ⟩ούς
χρῄζω λιπέςθαι τῶν δεδραμένων ἐμοί.

Ein ähnlicher Vorgang hat Suppl. 36 entstellt. Die beiden Handschriften bieten:

οἴχεται δέ μοι
κῆρυξ πρὸς ἄςτυ δεῦρο Θηςέα καλῶν,
ὡς ἢ τὸ τούτων λυπρὸν ἐξέλῃ χθονὸς
ἢ τάςδ᾽ ἀνάγκας ἱκεςίους λύςῃ θεοὺς
ὅςιόν τι δράςας.

Von der ganzen Stelle giebt Matthiae folgende Erklärung: duplex est via rei expediendae, vel ut mulieres permoveantur, ut alio concedant et ab aliis auxilium petant vel ut precibus earum obsequantur Athenienses et mortuos ad sepulturam deposcant. Eine oberflächliche Betrachtung der Stelle mag sich allerdings bei einer solchen Erklärung beruhigen, aber schon der Ausdruck τάςδ᾽ ἀνάγκας ἱκεςίους λύςῃ zeigt, dass im zweiten Gliede von der Nichtgenehmigung der Bitte die Rede ist. Denn λύειν ἀνάγκας ἱκεςίους bedeutet offenbar die Entledigung von der Verpflichtung, in welche die ἱκεςία und die Theilnahme, welche der Ζεὺς ἱκέςιος für Schutzflehende hat, das Land gebracht hat. Von dieser frommen Pflicht muss, wenn die Schutzflehenden abgewiesen werden, durch eine religiöse Handlung (ὅςιόν τι δράςας) und ceremonielle Sühne eine Art Dispens erwirkt werden. Wenn dies richtig ist, dann muss χθονός falsch sein. Matthiae freilich erklärt nach seiner Ansicht vom Ganzen τὸ τούτων λυπρὸν ε. χθ. „ut vel molestiam quam hae mulieres supplicationibus suis nobis exhibent, e terra amoveat". Aber τὸ τούτων λυπρόν heisst nicht „die Belästigung von Seite dieser Frauen", sondern „die Traurigkeit dieser Frauen". Ein Ausdruck aber wie „die Traurigkeit dieser Frauen aus dem Lande nehmen" wird nicht als geschmackvoll gelten können. Schon Hartung hat an χθονός Anstoss genommen und χρέος dafür geschrieben und auch Nauck findet χθονός verdächtig. Hiezu kommt der unmögliche Ausdruck θεοὺς ὅςιόν τι δράςας. Wer wird sagen „den Göttern eine fromme That anthun"? Beide Fehler stehen offenbar in Zusammenhang. Den richtigen Sinn erhalten wir, wenn wir χθονὸς in den folgenden Vers nehmen und durch das allein zu τὸ τούτων λυπρὸν ἐξέλῃ passende φρενὸς oder φρενῶν ersetzen:

ὡς ἢ τὸ τούτων λυπρὸν ἐξέλῃ φρενῶν
ἢ τάσδ' ἀνάγκας ἱκεσίους λύσῃ χθονὸς
ὅσιόν τι δράσας.

Einen anderen Grund scheint die Interpolation κακὸν in dem Versschlusse von fr. 538

· τὸ μὲν γὰρ ἐν φῷ, τὸ δὲ κατὰ σκότος κακόν

zu haben. Der Fehler zeigt sich am deutlichsten in κατὰ σκότος, wofür der Sprachgebrauch der Tragiker κατὰ σκότον fordert. Niemand wird, weil ihm etwa κακόν erträglich scheint, einfach κατὰ σκότον schreiben wollen. Die Corruptel ist vielmehr aus der Schreibung κατεσκοτισμ̄ oder κατεσκοτωμ̄ abzuleiten, welches in das später geläufige κατὰ σκότος verändert wurde, so dass folgendes als ursprüngliche Gestalt des Verses zu gelten hat:

τὸ μὲν γὰρ ἐν φῷ, τὸ δὲ κατεσκοτωμένον.

## III. Umstellung von Versen.

Bei der Textkritik des Euripides muss mehr als anderswo die Umstellung von Versen als ein hauptsächliches Mittel der Emendation ins Auge gefasst werden; denn nirgends hat sich dieses Mittel so sehr bewährt als in der handschriftlichen Ueberlieferung der Euripideischen Stücke. Während bei Sophokles bis jetzt nur eine einzige Umstellung unbestritten ihren Platz behauptet und bei Aeschylus wenige Beispiele sich haben zur Geltung bringen lassen, sind bei Euripides zahlreiche Fälle über jeden Zweifel erhaben und stehen längst unbedenklich und anstandslos im Text. Diese Beobachtung muss einerseits allzu grosse Bedenklichkeit bei der Anwendung solcher Emendation heben, andrerseits auffordern den Gedankengang und Zusammenhang genau zu untersuchen, weil derartige Corruptelen bei einer minder gründlichen und sorgfältigen Lektüre leicht der Aufmerksamkeit entgehen.

Häufig sind zwei aufeinanderfolgende Verse vertauscht. Hippol. 1265

κομίζετ' αὐτὸν ὡς ἰδὼν ἐν ὄμμασι
τὸν τἄμ' ἀπαρνηθέντα μὴ χρᾶναι λέχη
λόγοις τ' ἐλέγξω δαιμόνων τε συμφοραῖς.

haben zwei Handschriften (B und E) die zwei letzten Verse in umgekehrter Folge. Vielleicht ist diese Vertauschung nicht zufällig. Zufällig aber musste eine falsche Ordnung entstehen, wenn der Abschreiber den übersehenen Vers mit Bezeichnung der richtigen Reihenfolge nachtrug, wie z. B. im Laur. des Sophokles die Verse Oed. Col. 1119. 1120 in umgekehrter Ordnung mit den Zeichen β und α stehen, später aber die Zeichen unbeachtet blieben oder nicht verstanden wurden. Auch an den Rand kann der übersehene Vers geschrieben worden und nachher an der unrichtigen Stelle in den Text gekommen sein. Man begreift, wie leicht das Auge des Schreibers abirrte in der von Markland emendierten Stelle Suppl. 588

χωρήcομαι γὰρ ἑπτὰ πρὸc Κάδμου πύλαc
αὐτὸc cίδηρον ὀξὺν ἐν χεροῖν ἔχων 590
αὐτὸc δὲ κῆρυξ· coὶ δὲ προcτάccω μένειν, 589
Ἄδραcτε κτέ.

Aber auch ohne gleichen Versanfang war ein Abirren des Auges leicht möglich. Alc. 107 f.

HMIX. ᾧ χρή cφε μολεῖν κατὰ γαίαc.
HMIX. ἔθιγεc ψυχᾶc, ἔθιγεc δὲ φρενῶν

stehen in zwei Handschriften (β und γ) in umgekehrter Ordnung. Herc. f. 1009

ἡμεῖc δ' ἐλευθεροῦντεc ἐκ δραcμῶν πόδα 1010
cὺν τῷ γέροντι δεcμὰ cειραίων βρόχων 1009
ἀνήπτομεν πρὸc κίονα.

hat Pierson umgestellt.

In der Stichomythie obd. 1235
HP. ἐπῄνεc'· εὖ δράcαc δέ c' οὐκ ἀναίνομαι.
ΘΗ. ἐγὼ δὲ πάcχων εὖ τότ' οἰκτείρω cε νῦν. 1237
HP. οἰκτρὸc γάρ εἰμι τἄμ' ἀποκτείναc τέκνα. 1236

rührt die Verbesserung von Brodeau her.

Reiske hat die richtige Ordnung hergestellt in El. 680
ΗΛ. νῦν πάντα νεκρὸν ἐλθὲ cύμμαχον λαβών,
ΟΡ. οἵπερ γε cὺν coὶ Φρύγαc ἀνάλωcαν δορί.
ΗΛ. χὥcοι cτυγοῦcιν ἀνοcίουc μιάcτοραc. 683
ΟΡ. ἤκουcαc, ὦ δείν' ἐξ ἐμῆc μητρὸc παθών; 682
ΗΛ. πάντ', οἶδ', ἀκούει τάδε πατήρ κτέ.,

Musgrave in Bacch. 847
ΔΙ. γυναῖκεc, ἁνὴρ εἰc βόλον καθίcταται· 848
ἥξει δὲ Βάκχαc, οὗ θανὼν δώcει δίκην. 847

Canter in Hel. 1291
ἢν δ' Ἑλλάδ' ἔλθω καὶ τύχω cωτηρίαc,
παύcω ψόγου cε τοῦ πρίν, ἢν γυνὴ γένῃ 1293
οἵαν γενέcθαι χρή cε ᾧ ξυνευνέτῃ. 1292

G. Hermann in Iph. T. 1209
ΙΦ. καὶ πόλει πέμψον τιν' ὅcτιc cημανεῖ  ΘΟ. ποίαc τύχαc;
ΙΦ. ἐν δόμοιc μίμνειν ἅπανταc.  ΘΟ. μὴ cυναντῷεν φόνῳ;
ΙΦ. μυcαρὰ γὰρ τὰ τοιάδ' ἐcτί.  ΘΟ. cτεῖχε καὶ cήμαινε cύ.
ΙΦ. καὶ φίλων γε δεῖ μάλιcτα  ΘΟ. τοῦτ' ἔλεξαc εἰc ἐμέ. 1213
ΙΦ. μηδέν εἰc ὄψιν πελάζειν.  ΘΟ. εὖ γε κηδεύειc πόλιν. 1212.

Hierbei ist zu bemerken, dass die Umstellung eine Correktur zur

Folge gehabt hat. An der falschen Stelle ist πόλιν am Platze, da sich dort der Auftrag auf die Bürgerschaft bezieht (πόλει πέμψον τιν' ὅςτις ςημανεῖ). Die richtige Stellung verlangt nothwendig εὖ τε κηδεύεις φίλους. In Or. 781, wo Morelli folgende Umstellung vorgenommen hat,
OP. ἀλλὰ θῆτ' ἔλθω. ΠΥ. θανὼν γοῦν ὧδε κάλλιον θανεῖ.
OP. εὖ λέγεις· φεύγω τὸ δειλὸν τῇδε. ΠΥ. μᾶλλον ἢ μένων. 783
OP. καὶ τὸ πρᾶγμά γ' ἔνδικόν μοι. ΠΥ. τὸ δοκεῖν εὔχου μόνον. 782
OP. καὶ τις ἄν γε μ' οἰκτίςειε κτέ.
muss die Herstellung desshalb unsicher bleiben, weil Nauck Eur. St. I S. 51 die Aechtheit von V. 782 in Zweifel zieht. Indessen ist kein genügender Grund für die Annahme einer Interpolation gegeben und wenn auch die Correktur geringerer Handschriften τῷ δοκεῖν keine Geltung haben kann, so lässt sich doch leicht mit Barnes τὸ δὲ δοκεῖν oder auch καὶ (auch) δοκεῖν bessern („wünsche nur, dass deine Sache nicht bloss gerecht sei, sondern auch gerecht scheine").

Verkehrt ist noch die Versfolge Bacch. 854
χρῄζω δέ νιν γέλωτα Θηβαίοις ὀφλεῖν
γυναικόμορφον ἀγόμενον δι' ἄςτεως
ἐκ τῶν ἀπειλῶν τῶν πρὶν αἷςι δεινὸς ἦν.

Denn ἐκ τῶν ἀπειλῶν τῶν πρίν ist aufs engste mit γέλωτα ὀφλεῖν verbunden, welche Verbindung durch die dazwischen geschobene Bestimmung γυναικόμορφον — ἄςτεως gestört wird, während bei der Umstellung 856. 855
χρῄζω δέ νιν γέλωτα Θηβαίοις ὀφλεῖν
ἐκ τῶν ἀπειλῶν τῶν πρὶν αἷςι δεινὸς ἦν 856
γυναικόμορφον ἀγόμενον δι' ἄςτεως. 855
auch der Participialsatz γυναικόμορφον .. ἄςτεως für sich die seiner Bedeutung entsprechende Stellung erhält.

In gleicher Weise ist das Zusammengehörige getrennt ebd. 1330
δράκων γενήςει μεταβαλών, δάμαρ τε ςὴ
ἐκθηριωθεῖς' ὄφεος ἀλλάξει τύπον,
ἣν Ἄρεος ἔςχες Ἁρμονίαν θνητὸς γεγώς.

Die richtige Ordnung ist, wie ich bereits anderswo angedeutet habe, 1332. 1331:

δάμαρ τε ςὴ
ἣν Ἄρεος ἔςχες Ἁρμονίαν θνητὸς γεγώς, 1332
ἐκθηριωθεῖς' ὄφεος ἀλλάξει τύπον. 1331

Der Grund der Verstellung ist deutlich erkennbar Herc. f. 1160
αἰςχύνομαι γὰρ τοῖς δεδραμένοις κακοῖς
καὶ τῷδε προςτρόπαιον αἷμα προςλαβὼν
οὐδὲν κακῶςαι τοὺς ἀναιτίους θέλω.

So spricht Herkules bei dem Nahen des Theseus, dessen Augen er sich aus Scham über die Ermordung seiner Kinder und aus Angst, auch seinen theuren Freund durch seine Berührung zu beflecken, entziehen möchte. Vergl. V. 1219 ὡc μὴ μύcoc με cῶν βάλῃ προcφθεγμάτων; Canter hat προcβαλὼν für προcλαβών geschrieben. Diese Verwechslung ist bekanntlich so häufig[1]), dass die Aenderung nicht dem geringsten Bedenken unterliegt. Für den Gedanken aber ist προcβαλών unbedingt nothwendig. Allerdings hat Kirchhoff καὶ τῶνδε προcτρόπαιον αἷμα προcλαβών in den Text gesetzt; aber wie matt und unnütz ist der Gedanke „und da ich Blutschuld auf mich geladen habe, will ich den Unschuldigen keinen Schaden zufügen"? Und wie passen die beiden Gedanken zusammen? Jedenfalls hätte der Dichter bei καὶ τῶνδε προcτρόπαιον αἷμα προcλαβών ganz anders sich ausdrücken müssen, in der Art wie καὶ τῶνδε πρ. αἷμα προcλαβὼν φυλάξομαι μὴ κακῶcαι τοὺc ἀναιτίουc. Augenscheinlich ist der Gedanke folgender: „ich schäme mich über das angestiftete Unheil und will nicht Unschuldige in meine Schuld ziehen, indem ich auch diesem Blutschuld anhänge". Dieser Gedanke entspricht allein dem Zusammenhange, fordert aber die Umstellung von V. 1161. 1162:

αἰcχύνομαι γὰρ τοῖc δεδραμένοιc κακοῖc
κοὐδὲν κακῶcαι τοὺc ἀναιτίουc θέλω 1162
καὶ τῷδε προcτρόπαιον αἷμα προcβαλών. 1161.

Es ist dies nicht der einzige Fall, wo καὶ (καὶ τῷδε) in der Bedeutung „auch", statt deren man „und" im Sinne hatte, Verwirrung des Textes veranlasste.

Sehr ansprechend ist auch die Umstellung, welche Weil Hipp. 874
ΘΗ. οἴμοι· τόδ' οἷον ἄλλο πρὸc κακῷ κακόν.
οὐ τλητὸν οὐδὲ λεκτόν· ὦ τάλαc ἐγώ.
ΧΟ. τί χρῆμα; λέξον εἴ τί μοι λόγου μέτα.
vermuthet hat:
ΧΟ. τί χρῆμα; λέξον εἴ τί μοι λόγου μέτα. 876
ΘΗ. οὐ τλητὸν οὐδὲ λεκτόν· ὦ τάλαc ἐγώ. 875
Denn nach οὐδὲ λεκτόν ist das Verlangen λέξον εἴ τί μοι λόγου μέτα gegenstandslos, während in der neuen Ordnung οὐδὲ λεκτὸν eine besondere Beziehung erhält. — Dagegen muss die Umstellung Bacch. 265. 264, welche von Musgrave in Vorschlag gebracht worden ist, zweifelhaft bleiben; ebenso die von Kirchhoff mit El. 310. 311 vorgenommene.

Wir haben bisher vierzehn Fälle kennen gelernt, in welchen zwei aufeinanderfolgende Verse theils zufällig theils auch durch ab-

---

[1]) Auch Ion 1273
εἴcω γὰρ ἄν με περιβαλοῦcα δωμάτων
ἄρδην ἂν ἐξέπεμψεc εἰc Ἄιδου δόμουc
verlangt der Sinn περιλαβοῦcα für περιβαλοῦcα. Die Zusammensetzung mit περί deutet die Umgrenzung an. Ihre Bestätigung erhält die Aenderung, die vielleicht schon von manchem andern gemacht worden ist, an Bacch. 239 εἰ δ' αὐτὸν εἴcω τῆcδε λήψομαι cτέγηc.

sichtliche Correktur ihren Platz gewechselt haben. Aber solche Unordnung in den Handschriften beschränkt sich nicht auf zwei einander zunächst stehende Verse, sondern verbreitet sich über grössere Partieen, ja hat oft ganz entfernte Stellen berührt. Hec. 247 sind in den besseren Handschriften zwei Verspaare vertauscht (249. 50. 47. 48). — Ebd. stehen V. 756—758, welche in A fehlen, in F nach V. 779. In der von Reiske verbesserten Stelle El. 115

ΠΡ. λέγε καὶ cήμαιν', ἵνα καὶ γλώccῃ 117
 cύντονα τοῖc coῖc γράμμαcιν αὐδῶ. 118
ΑΓ. πέμπω coι πρὸc ταῖc πρόcθεν 115
 δέλτοιc, ὦ Λήδαc ἔρνοc, 116
 μὴ cτέλλειν τὰν càν ἶνιν κτέ.

haben zwei Verspaare und zwar wie es scheint durch absichtliche Verstellung ihren Platz getauscht. Unabsichtlich ist dasselbe geschehen Herc. f. 1118, wo Nauck die richtige Ordnung 1120. 1121. 1118. 1119 hergestellt hat:

ΑΜ. ὁρᾷc γὰρ αὐτόc, εἰ φρονῶν ἤδη κυρεῖc. 1117.
ΗΡ. παπαῖ, τόδ' ὡc ὕποπτον ἠνίεω πάλιν. 1120
ΑΜ. καί c' εἰ βεβαίωc εὖ φρονεῖc ἤδη cκοπῶ. 1121
ΗΡ. ἐπεὶ τί καινὸν ὑπογράφει τὠμῷ βίῳ; 1118
ΑΜ. εἰ μηκέθ' "Αιδου, βάκχοc εἶ, φράcαιμεν ἄν.
ΗΡ. οὐ γάρ τι βακχεύcαc γε μέμνημαι φρέναc. 1122.

Ebenso Iph. T. 512 nach Badhams und Kirchhoffs Emendation:

ΟΡ. φεύγω τρόπον γε δή τιν' οὐχ ἑκὼν ἑκών. 512
ΙΦ. καὶ μὴν ποθεινόc γ' ἦλθεc ἐξ Ἄργουc μολών. 515
ΟΡ. οὔκουν ἐμαυτῷ γ' · εἰ δὲ coί, cὺ τοῦτ' ἔρα. 516
ΙΦ. ἆρ' ἄν τί μοι φράcειαc ὧν ἐγὼ θέλω; 513
ΟΡ. ὡc ἐν παρέργῳ τῆc ἐμῆc δυcπραξίαc. 514
ΙΦ. Τροίαν ἴcωc οἶcθ' κτέ.

Jetzt folgen die Gedanken in rechter Weise aufeinander. Nebenbei sei bemerkt, dass der V. 514 einen Schreibfehler in sich birgt; denn ὡc ἐν παρέργῳ (ἐcτὶ) τῆc ἐμῆc δυcπραξίαc giebt keinen geeigneten Sinn. Es muss heissen θήcω πάρεργον oder vielmehr ὡc ἐν παρέργῳ θήcομαι δυcπραξίαc.

In Ion 322, wo Kreusa den Ion nach seiner Vergangenheit ausforscht,

ΚΡ. εἰc δ' ἄνδρ' ἀφίκου τίνα τροφὴν κεκτημένοc;
ΙΩΝ βωμοί μ' ἔφερβον οὔπιών τ' ἀεὶ ξένοc.
ΚΡ. τάλαινά c' ἡ τεκοῦcα· τίc ποτ' ἦν ἄρα;
ΙΩΝ ἀδίκημα του γυναικὸc ἐγενόμην ἴcωc. 325.
ΚΡ. ἔχειc δὲ βίοτον; εὖ γὰρ ἤcκηcαι πέπλοιc.
ΙΩΝ τοῖc τοῦ θεοῦ κοcμούμεθ', ᾧ δουλεύομεν.
ΚΡ. οὐδ' ᾖξαc εἰc ἔρευναν ἐξευρεῖν γονάc;
ΙΩΝ ἔχω γὰρ οὐδέν, ὦ γύναι, τεκμήριον

ist das Zusammengehörige in störender Weise getrennt. Denn einmal gehört die Frage nach der Kleidung zur Frage nach der Nahrung („wer hat dich genährt? wer hat dich gekleidet?"). Noch mehr aber muss die Frage οὐδ' ἧξας εἰς ἔρευναν ἐξευρεῖν γονάς; unmittelbar nach dem Ausruf τάλαινά c' ἡ τεκοῦcα· τίς ποτ' ἦν ἄρα; und der Antwort des Ion folgen. Darum sind, wie ich bereits früher bemerkt habe, V. 324. 325 nach V. 327 einzufügen:

> ΚΡ. εἰc δ' ἄνδρ' ἀφίκου τίνα τροφὴν κεκτημένος;
> ΙΩΝ βωμοί μ' ἔφερβον οὔπιών τ' ἀεὶ ξένος. 323
> ΚΡ. ἔχεις δὲ βίοτον; εὖ γὰρ ἤσκησαι πέπλοις. 326
> ΙΩΝ τοῖς τοῦ θεοῦ κοσμούμεθ', ᾧ δουλεύομεν. 327
> ΚΡ. τάλαινά c' ἡ τεκοῦcα· τίς ποτ' ἦν ἄρα; 324
> ΙΩΝ ἀδίκημα του γυναικὸς ἐγενόμην ἴσως. 325
> ΚΡ. οὐδ' ἧξας εἰς ἔρευναν ἐξευρεῖν γονάς; 328
> ΙΩΝ ἔχω γὰρ οὐδέν, ὦ γύναι, τεκμήριον.

Ion 992. 993 sind um vier Zeilen zu früh in den Text gekommen und von Kirchhoff wieder nach V. 997 gesetzt worden.

Ueber Iph. T. 116. 117, welche um drei Verse früher nach V. 112 einzusetzen sind, soll weiter unten bei der anderweitigen Behandlung der Stelle gesprochen werden.

Ion 1296—1303 sind vier Verse mit vier anderen vertauscht worden. Die richtige Ordnung 1295. 1300—1303. 1296—1299. 1304 hat Nauck gefunden.

Drei Verse sind um zwei Zeilen zu spät in den Text gekommen Or. 544 nach Hartung's und Kirchhoff's Emendation:

> ΟΡ. ὦ γέρον, ἐγώ τοι πρὸς cὲ δειμαίνω λέγειν, 545
> ὅπου γε μέλλω cήν τι λυπήcειν φρένα.
> ἀπελθέτω δὴ τοῖς λόγοιςιν ἐκποδὼν 548
> τὸ γῆρας ἡμῖν τὸ cόν, ὅ μ' ἐκπλήccει λόγου, 549
> καὶ καθ' ὁδὸν εἶμι· νῦν δὲ cὴν ταρβῶ τρίχα. 550
> ἐγὼ δ' ἀνόcιός εἰμι μητέρα κτανών, 546
> ὅcιος δέ γ' ἕτερον ὄνομα τιμωρῶν πατρὶ 547
> τί χρῆν με δρᾶcαι; δύο γὰρ ἀντίθες δυοῖν. 551

In ähnlicher Weise ist die Stelle Rhes. 333 in Unordnung gerathen:

> ΕΚ. μιcῶ φίλοιcιν ὕcτερον βοηδρομεῖν. 333
> ὅ δ' οὖν ἐπείπερ ἦλθε, cύμμαχος μὲν οὔ, 336
> ξένος δὲ πρὸς τράπεζαν ἡκέτω ξένων.
> χάρις γὰρ αὐτῷ Πριαμιδῶν διώλετο.
> ΧΟ. ἄναξ, ἀπωθεῖν cυμμάχους ἐπίφθονον. 334
> ΑΓΓ. φόβος γένοιτ' ἂν πολεμίοις ὀφθεὶς μόνον 335
> ΕΚ. cύ τ' εὖ παραινεῖς καὶ cὺ καιρίως cκοπεῖς. 339
> ὁ χρυcοτευχὴς οὖν κατ' ἀγγέλου λόγον
> Ρῆcος παρέσται τῇδε cύμμαχος χθονί.

So ist die ganze Stelle von Nauck glücklich hergestellt. Gerade diese Stelle zeigt, wie wenig man sich noch das häufige Vorkommen falscher Versordnung zum Bewusstsein gebracht hat: sonst würde W. Dindorf gegen diese Art der Emendation nicht so eingenommen sein, dass er mit Beibehaltung der überlieferten Ordnung und Personenabtheilung folgende Textgestaltung vorzöge:

ΕΚ. μιcῶ φίλοιcιν ὕcτερον βοηδρομεῖν.
ΑΓ. ἄναξ, ἀπωθεῖν cυμμάχουc ἐπίφθονον.
    ⏑ – ⏑ – ⏑ – ⏑ – ⏑ – ⏑ –
    φόβοc γένοιτ' ἂν πολεμίοιc ὀφθεὶc μόνον. 335
ΧΟ. ὁ δ' οὖν, ἐπείπερ ἦλθε, cύμμαχοc μὲν οὔ,
    ξένοc δὲ πρὸc τράπεζαν ἡκέτω ξένων.
    χάριc γὰρ αὐτῷ Πριαμιδῶν διώλετο.
ΕΚ. cύ τ' εὖ παραινεῖc καὶ cὺ καιρίωc cκοπεῖc.
    ὁ χρυcοτευχὴc κτέ.

Hierin passen weder die Worte cύμμαχοc μὲν — ἡκέτω ξένων für den Chor, dem nicht zusteht darüber zu entscheiden, noch kann der Chor sagen χάριc γὰρ αὐτῷ Πριαμιδῶν διώλετο. Auch ist die Anknüpfung δ δ' οὖν nicht an ihrer Stelle. Endlich haben die Worte cὺ καιρίωc cκοπεῖc keinen passenden Sinn und keine Bedeutung, da Hektor schliesslich doch den Rhesos als Bundesgenossen anerkennt. Jedenfalls würde man die Worte des Boten nach den Worten des Chors erwarten, das stärkere nach dem schwächeren, wenn sich Hektor durch die Worte des Boten bestimmen liesse.

Eine gleiche Unordnung der Verse mit falscher Personenbezeichnung ist El. 671 nach dem Vorgang anderer von Kirchhoff verbessert worden:

ΟΡ. ὦ Ζεῦ πατρῷε καὶ τροπαῖ' ἐχθρῶν ἐμῶν, 671
ΗΛ. Ἥρα τε, βωμῶν ἣ Μυκηναίων κρατεῖc 674
ΟΡ. νίκην δὸc ἡμῖν, εἰ δίκαι' αἰτούμεθα. 675
ΗΛ. δὸc δῆτα πατρὸc τοῖcδε τιμωρὸν δίκην 676
ΟΡ. οἴκτειρέ θ' ἡμᾶc· οἰκτρὰ γὰρ πεπόνθαμεν. 672
ΗΛ. οἴκτειρε δῆτα cούc γε φύνταc ἐκγόνουc. 673
ΟΡ. cύ τ' ὦ κάτω γῆc ἀνοcίωc οἰκῶν πάτερ, 677
ΗΛ. καὶ γαῖ' ἄναccα κτέ.

In Folge absichtlicher Correktur, wie es scheint, ist der V. Iph. A. 149 um drei Zeilen zu früh in den Text gekommen. An seinen Platz nach V. 152 hat ihn zuerst Hermann gerückt.

Bacch. 239 stehen die drei Verse 239—241 um sechs Zeilen zu früh im Text und sind erst von Schoene und Kirchhoff wieder an die richtige Stelle nach V. 247 gesetzt worden. Kirchhoff hat wohl daran gethan, dass er die V. 239—41 nicht mehr wie früher zwischen V. 246 und 247 unter Aenderung des V. 247 in folgender Weise eingefügt hat:

εἰ δ' αὐτὸν εἴcω τῆcδε λήψομαι cτέγηc,
παύcω κτυποῦντα θύρcον ἀναcείοντά τε
κόμαc, τράχηλον cώματοc χωρὶc τεμών 241
ὕβρειc ὑβρίζονθ' ὅcτιc ἐcτὶν ὁ ξένοc 247

Der V. ὕβρεις — ξένος könnte nur vor τράχηλον cώματος χωρὶς τεμών zwischen V. 240 und 241 seine Stelle haben, was durch das nachfolgende κόμας ausgeschlossen wird. Freilich kann auch Niemand die überlieferte Form von V. 246. 247

ταῦτ' οὐχὶ δεινῆς ἀγχόνης ἔςτ' ἄξια,
ὕβρεις ὑβρίζειν ὅςτις ἐςτὶν ὁ ξένος.

unbeanstandet lassen. Denn ταῦτα muss sich auf die vorhergehende Aufzählung übermüthiger Handlungen, kann sich nicht auf das folgende ὕβρεις ὑβρίζειν beziehen. Und doch verbietet ein gewisses rhetorisches Gleichgewicht den V. 247 zu versetzen — eine geeignete Stelle findet sich nirgends für ihn — oder als Interpolation zu betrachten. Dieses rhetorische Gleichgewicht fordert vielmehr folgende Gestalt:

ταῦτ' οὐχὶ δεινῆς ἀγχόνης ἔςτ' ἄξια;
ταῦτ' οὐχ ὑβρίζειν ὅςτις ἐςτὶν ὁ ξένος;

Unter ταῦτ' οὐχὶ scheint zuerst ταῦτ' οὐχ verloren gegangen zu sein, und dann die gewöhnliche Redensart ὕβρεις ὑβρίζειν die Ergänzung an die Hand gegeben zu haben.

Um die Zeilenanzahl einer ganzen Columne, wie es scheint, ist der V. Iph. T. 782 verrückt worden. Hermann hat zuerst darauf aufmerksam gemacht. Freilich ist die Thatsache nicht allgemein anerkannt, und verschiedne andre Versuche der Emendation sind gemacht worden. Dem gegenüber muss vor allem festgestellt werden, dass in der Stelle

ΙΦ. ἦ coῖc ἀραία δώμαcιν γενήcομαι,
'Ορέcθ', ἵν' αὖθιc ὄνομα δὶc κλύων μάθῃc.
ΠΥ. ὦ θεοί· ΙΦ. τί τοὺc θεοὺc ἀνακαλεῖc ἐν τοῖc ἐμοῖc; 780
ΠΥ. οὐδέν· πέραινε δ'· ἐξέβην γὰρ ἄλλοcε.
τάχ' οὖν ἐρωτῶν c' εἰc ἄπιcτ' ἀφίξομαι.
ΙΦ. λέγ' οὕνεκ' ἔλαφον ἀντιδοῦcά μου θεὰ
Ἄρτεμιc ἔcωcέ με κτέ.

der V. τάχ' οὖν ἐρωτῶν c' εἰc ἄπιcτ' ἀφίξομαι weder im Munde des Pylades noch bei der Form der besseren Handschrift ἐρωτῶc' im Munde der Iphigenie verständlich ist und Sinn hat; οὐδέν· πέραινε δ'· ἐξέβην γὰρ ἄλλοcε sind die Worte, welche nicht nur vollständig den erforderlichen Gedanken ausdrücken, sondern auch jeden anderweitigen Zusatz ausschliessen. Ohne jede Beziehung und jedes Verständniss sind die Worte, wenn sie der Iphigenie gegeben werden. Nehmen wir nun die Stelle, wo Orestes sich seiner Schwester zu erkennen giebt und diese Beweise dafür verlangt:

ΙΦ. τί φῄc; ἔχειc τι τῶνδέ μοι τεκμήριον; 808
ΟΡ. ἔχω· πατρῴων ἐκ δόμων τι πυνθάνου.
ΙΦ. οὐκοῦν λέγειν μὲν χρὴ cέ, μανθάνειν δ' ἐμέ. 810
ΟΡ. λέγοιμ' ἂν ἀκοῇ πρῶτον Ἠλέκτραc τάδε·
Ἀτρέωc Θυέcτου τ' οἶcθα γενομένην ἔριν;

so vermissen wir vor οὐκοῦν λέγειν μὲν χρή cέ, μανθάνειν δ' ἐμέ einen begründenden Gedanken. Warum soll Orestes von Dingen im Hause sprechen, während sie bloss zuhören will, und worauf bezieht sich οὐκοῦν? Alles ist in bester Ordnung, wenn wir den an obiger Stelle unnützen und unbrauchbaren Vers in der besser beglaubigten Form einsetzen:

OP. ἔχω· πατρῴων ἐκ δόμων τι πυνθάνου. 809
ΙΦ. τάχ' οὖν ἐρωτῶc' εἰc ἄπιcτ' ἀφίξομαι. 782
     οὐκοῦν λέγειν μὲν χρή cέ, μανθάνειν δ' ἐμέ. 810
OP. λέγοιμ' ἂν κτέ.

Auf die Aufforderung des Orestes hin besinnt sich Iphigenie und findet, dass wenn sie selber frage, immerhin der Gefragte eine einigermassen passende Antwort finden könne, die ihr keine Zuverlässigkeit bieten würde. Weit sicherer erscheint es ihr den anderen aus eigener Erinnerung sprechen zu lassen. Wenn er von häuslichen Angelegenheiten erzählen kann, die nur der Eingeweihte, nur das Mitglied der Familie kennt, dann darf sie ihrer Sache gewiss sein. Jedermann muss zugestehen, dass allein in diesem Zusammenhange der V. 782 an seiner Stelle ist und einen geeigneten Sinn hat. Zudem wird jetzt auch der äusseren Form des Dialogs Genüge gethan. Die Stichomythie wird unterbrochen, weil ein neuer Gegenstand in anderer Weise zur Verhandlung kommt; an der Stelle der Unterbrechung haben die beiden Personen zwei Verse. Es fällt also der Grund, aus welchem Hermann den Vers mit der Aenderung τάχ' οὐκ ἐρωτῶc' zwischen V. 811 und 812 einfügte, hinweg. An die richtige Stelle hat ihn zuerst Hartung versetzt, jedoch in der veränderten Gestalt τάχ' οὐκ ἐρωτῶc' εἰc τὰ πίcτ' ἀφίξομαι, woran nicht bloss die Aenderung, sondern auch der negative Ausdruck οὐκ ἐρωτῶcα missfällt. Der V. ist also um 27 Zeilen zu früh in den Text gekommen, scheint demnach, wie gesagt in die unrichtige Columne gerathen zu sein. In gleicher Weise finden sich, wie bereits erwähnt, Hec. 756—758 in einer Handschrift um 21 Zeilen später im Text.

Eine eigenthümliche Unordnung hat sich in die Stelle Heraclid. 682 eingeschlichen. Der altersschwache Iolaos will am Kampfe des Hyllos gegen die Argiver Theil nehmen; der Diener sucht ihn von dem thörichten Unternehmen, dem seine Kräfte nicht gewachsen seien, abzubringen:

ΘΕ. ἥκιcτα πρὸc coῦ μῶρον ἦν εἰπεῖν ἔποc.
ΙΟ. καὶ μὴ μετασχεῖν γ' ἀλκίμου μάχηc φίλοιc.
ΘΕ. οὐκ ἔcτ' ἐν ὄψει τραῦμα μὴ δρώcηc χερόc.
ΙΟ. τί δ'; οὐ θένοιμι κἂν ἐγὼ δι' ἀcπίδοc; 685
ΘΕ. θένοιc ἄν, ἀλλὰ πρόcθεν αὐτὸc ἂν πέcοιc.
ΙΟ. οὐδείc ἔμ' ἐχθρῶν προcβλέπων ἀνέξεται.
ΘΕ. οὐκ ἔcτιν, ὦ τᾶν, ἥ ποτ' ἦν ῥώμη cέθεν.

ΙΟ. ἀλλ' οὖν μαχοῦμαί γ' ἀριθμὸν οὐκ ἐλάσσοσι.
ΘΕ. σμικρὸν τὸ σὸν σήκωμα προστίθης φίλοις. 690
ΙΟ. μή τοί μ' ἔρυκε δρᾶν παρεσκευασμένον.
ΘΕ. δρᾶν μὲν σύ γ' οὐχ οἷός τε, βούλεσθαι δ' ἴσως.

Der V. 684 scheint vollkommen unverständlich und sinnlos. Wie soll der Diener dazu kommen zu sagen „das Gesicht macht keine Wunde, wenn nicht die Hand sie schlägt"? Die Ungehörigkeit eines solchen Gedankens hat mich früher veranlasst an eine Corruptel zu denken; auch Nauck will ῥῦμα für τραῦμα lesen; aber damit ist nichts gewonnen und das ungeschickte ἐν ὄψει nicht beseitigt. Das richtige haben Musgrave und Hartung erkannt, welche V. 864 und 688 ihre Stelle tauschen lassen. Auch Madvig hat in seinen Advers. crit. neuerdings diese Entdeckung gemacht. Jetzt, wenn es heisst:

ΙΟ. οὐδεὶς ἐμ' ἐχθρῶν προσβλέπων ἀνέξεται.
ΘΕ. οὐκ ἔστ' ἐν ὄψει τραῦμα μὴ δρώσης χερός.

haben wir die richtige Gedankenverbindung und folgt auf die Worte des Iolaos „kein Feind wird meinen Blick ertragen" die passende Erwiderung „der Blick thuts nicht, wenn nicht die Hand die Wunde schlägt". Diese Umstellung ist so trefflich und so evident, dass sie verdient hätte die Aufmerksamkeit der Herausgeber in höherem Grade zu erregen. Freilich hat die einfache Annahme dieser Emendation mehrere Unzuträglichkeiten im Gefolge. In der überlieferten Reihenfolge hat der V. 689 ἀλλ' οὖν — ἐλάσσοσι einen passenden Zusammenhang mit dem vorhergehenden; denn auf den Einwand des Dieners, Iolaos besitze nicht mehr die ehemalige Stärke, erwidert Iolaos, er nehme den Kampf mit ebenso vielen Gegnern auf wie vordem. Wenn aber folgende Verse aufeinander folgen:

ΘΕ. οὐκ ἔστ' ἐν ὄψει τραῦμα μὴ δρώσης χερός.
ΙΟ. ἀλλ' οὖν μαχοῦμαί γ' ἀριθμὸν οὐκ ἐλάσσοσι,

so hat ἀριθμὸν οὐκ ἐλάσσοσι keine Beziehung im vorhergehenden. Wenn ferner der V. 688 an der Stelle von V. 684 steht:

ΘΕ. οὐκ ἔστιν, ὦ τᾶν, ἥ ποτ' ἦν ῥώμη σέθεν.
ΙΟ. τί δ'; οὐ θένοιμι κἂν ἐγὼ δι' ἀσπίδος;

so fehlt wieder für κἂν ἐγὼ der richtige Gedankenzusammenhang; man würde eher καὶ νῦν ἐγὼ oder καὶ γέρων ὢν erwarten. Die blosse Vertauschung der Verse kann also nicht genügen. In der That würde es, wenn dieselben auch gleichen Anfang haben οὐκ ἔστ' ἐν und οὐκ ἔστιν oder vielmehr wie der Sinn fordert οὐκ ἔστ' ἔτ', doch wunderbar sein, wenn sie einfach ohne weitere Störung den Platz gewechselt hätten. Die richtige Reihenfolge ergiebt sich aus zwei Beobachtungen. Einmal gehören folgende zwei Verse zusammen:

ΘΕ. σμικρὸν τὸ σὸν σήκωμα προστίθης φίλοις.
ΙΟ. τί δ'; οὐ θένοιμι κἂν ἐγὼ δι' ἀσπίδος.

„Dein Beistand bedeutet nicht viel" — „Bin ich denn nicht so gut
wie andere?" Zweitens erhält der V. 691

> μή τοί μ' ἔρυκε δρᾶν παρεςκευαςμένον

erst dann seinen gehörigen Sinn, wenn er auf die Worte

> οὐκ ἔcτ' ἐν ὄψει τραῦμα μὴ δρώcηc χερόc

folgt. Dem Diener, welcher sagt „nicht auf den Blick, sondern auf
das Handeln kommt es an" entgegnet Iolaos „ich will ja eben handeln; halte mich nur nicht zurück". Darnach haben die drei Verse
688—690 mit dem V. 684 die Stelle zu tauschen, so dass
folgende Ordnung zum Vorschein kommt:

ΘΕ. ἥκιcτα πρὸc cοῦ μῶρον ἦν εἰπεῖν ἔποc.
ΙΟ. καὶ μὴ μεταcχεῖν γ' ἀλκίμου μάχηc φίλοιc. 683
ΘΕ. οὐκ ἔcτ' ἔτ', ὦ τᾶν, ἥ ποτ' ἦν ῥώμη cέθεν. 688
ΙΟ. ἀλλ' οὖν μαχοῦμαί γ' ἀριθμὸν οὐκ ἐλάccoci. 689
ΘΕ. cμικρὸν τὸ cὸν cήκωμα προcτίθηc φίλοιc. 690
ΙΟ. τί δ'; οὐ θένοιμι κἂν ἐγὼ δι' ἀcπίδοc; 685
ΘΕ. θένοιc ἄν, ἀλλὰ πρόcθεν αὐτὸc ἂν πέcοιc. 686
ΙΟ. οὐδεὶc ἔμ' ἐχθρῶν προcβλέπων ἀνέξεται. 687
ΘΕ. οὐκ ἔcτ' ἐν ὄψει τραῦμα μὴ δρώcηc χερόc. 684
ΙΟ. μή τοί μ' ἔρυκε δρᾶν παρεcκευαcμένον 691
ΘΕ. δρᾶν μὲν cύ γ' οὐχ οἷόc τε, βούλεcθαι δ' ἴcωc. 692.

Eine ähnliche Unordnung habe ich im Rh. Mus. 1872 S. 479
aus Phoen. 724—731 entfernt, wo sich Eteokles und Kreon über
einen Angriff der Feinde berathen und dem unbesonnenen Eifer des
jugendlichen Polyneikes die bedächtige Art des Kreon entgegentritt:

ΕΤ. εἰ νυκτὸc αὐτοῖc προcβάλοιμεν ἐκ λόχου; 724
ΚΡ. ἐνδυcτυχῆcαι δεινὸν εὐφρόνηc κνέφαc. 727
ΕΤ. ἴcον φέρει νύξ, τοῖc δὲ τολμῶcιν πλέον. 726
ΚΡ. εἴπερ cφαλείc τε δεῦρο cωθήcει πάλιν. 725
ΕΤ. βαθύc γέ τοι Διρκαῖοc ἀναχωρεῖν τόποc. 730
ΚΡ. ἅπαν κάκιον τοῦ φυλάccεcθαι καλῶc. 731
ΕΤ. ἀλλ' ἀμφὶ δεῖπνον οὖcι προcβάλω δόρυ; 728
ΚΡ. ἔκπληξιc ἂν γένοιτο, νικῆcαι δὲ δεῖ. 729

Hier musste die Reihenfolge von drei Versen umgekehrt und zwei
Verspaare mussten vertauscht werden. Jetzt erst geht ein Gedanke
aus dem anderen hervor und wird nicht dasjenige noch einmal gebracht, was bereits abgemacht ist. So schreitet das Zwiegespräch
kunstgerecht weiter und artet nicht in ein planloses Hin- und Herreden aus. Wo diese natürliche Entwicklung des Dialogs fehlt, da
muss ein Fehler vorhanden sein. Z. B. kann in Med. 922

(ΙΑ.) αὕτη, τί χλωροῖc δακρύοιc τέγγειc κόραc
. . κοὐκ ἀcμένη τόνδ' ἐξ ἐμοῦ δέχει λόγον;
ΜΗ. οὐδέν· τέκνων τῶνδ' ἐννοουμένη πέρι. 925
ΙΑ. θάρcει νυν· εὖ γὰρ τῶνδε θήcομαι [πέρι].

ΜΗ. δράςω τάδ'· οὗτοι τοῖς ἀπιςτήςω λόγοις.
γυνὴ δὲ θῆλυ κἀπὶ δακρύοις ἔφυ.
ΙΑ. τί δή, τάλαινα, τοῖςδ' ἐπιςτένεις τέκνοις;
ΜΗ. ἔτικτον αὐτούς· ζῆν δ' ὅτ' ἐξηύχου τέκνα, 930
εἰςῆλθέ μ' οἶκτος, εἰ γενήςεται τάδε.
ἀλλ' ὧνπερ εἵνεκ' εἰς ἐμοὺς ἥκεις λόγους, κτέ.

die Ordnung der Verse desshalb nicht richtig sein, weil mit δράςω τάδ'· οὗτοι τοῖς ἀπιςτήςω λόγοις die Sache abgeschlossen ist. Ich habe in meiner Ausgabe der Medea gezeigt, wie die Verse geordnet werden müssen. Die Antwort „ich denke nur über meine Kinder nach" (925) hat in natürlicher Weise die weitere Frage „und was sind die Gedanken, die dich so traurig machen?" (929) zur Folge. Die drei Verse 926—928 sind also an die Stelle von den drei folgenden gekommen:

ΙΑ. αὕτη, τί χλωροῖς δακρύοις τέγγεις κόρας; κτέ
ΜΗ. οὐδέν· τέκνων τῶνδ' ἐννοουμένη πέρι. 925.
ΙΑ. τί δή, τάλαινα, τοῖςδ' ἐπιςτένεις τέκνοις; 929
ΜΗ. ἔτικτον αὐτούς· ζῆν δ' ὅτ' ἐξηύχου τέκνα, 930
εἰςῆλθέ μ' οἶκτος, εἰ γενήςεται τάδε. 931
ΙΑ. θάρςει νυν· εὖ γὰρ τῶνδε θήςομαι [πέρι]. 926
ΜΗ. δράςω τάδ'· οὗτοι τοῖς ἀπιςτήςω λόγοις. 927
γυνὴ δὲ θῆλυ κἀπὶ δακρύοις ἔφυ. 928

Ein aufmerksamerer Beobachter wird einen Mangel im Fortgang der Stichomythie auch Hipp. 99 entdecken. Der Diener macht den Hippolytos aufmerksam, der Göttin Kypris ebenso wie andern Göttern seine Ehrfurcht zu bezeugen und nicht stolz an ihr vorüberzugehen:

ΘΕ. πῶς οὖν cὺ cεμνὴν δαίμον' οὐ προcεννέπεις;
ΙΠ. τίν'; εὐλαβοῦ δὲ μή τι cοῦ cφαλῇ cτόμα.
ΘΕ. τήνδ' ἣ πύλαιcι cαῖς ἐφέcτηκεν Κύπρις.
ΙΠ. πρόcωθεν αὐτὴν ἁγνὸς ὢν ἀcπάζομαι.
ΘΕ. cεμνή γε μέντοι κἀπίcημος ἐν βροτοῖς.
ΙΠ. ἄλλοιcιν ἄλλος θεῶν τε κἀνθρώπων μέλει.
ΘΕ. εὐδαιμονοίης νοῦν ἔχων ὅcον cε δεῖ. 105
ΙΠ. οὐδείς μ' ἀρέcκει νυκτὶ θαυμαcτὸς θεῶν.
ΘΕ. τιμαῖcιν, ὦ παῖ, δαιμόνων χρῆcθαι χρεών.

Bei dieser Ordnung der Verse enthält εὐδαιμονοίης νοῦν ἔχων ὅcον cε δεῖ (V. 105) keine passende Erwiderung auf den vorangehenden Einwand des Hippolytos, weil die Vermittlung für den folgenden V. fehlt. Ueberhaupt ist εὐδαιμονοίης.. δεῖ, nicht aber der V. 107 τιμαῖcιν, ὦ παῖ, δαιμόνων χρῆcθαι χρεών für den Schluss geeignet. Nach dem letzteren V. erwartet man eine weitere Bemerkung, während nach jenem V. die Einrede οὐδείς.. θεῶν noch einmal aufnimmt, was schon abgemacht ist. Offenbar liegt in der Mahnung „die Götter, mein Sohn, muss man ehren" die Erwiderung auf die Bemerkung

„der eine kümmert sich um diesen, der andere um jenen Gott wie Menschen"; d. h. „an der Kypris liegt mir wenig". Mithin ist die richtige Ordnung folgende:

ΙΠ. ἄλλοιcιν ἄλλοc θεῶν τε κἀνθρώπων μέλει. 104
ΘΕ. τιμαῖcιν, ὦ παῖ, δαιμόνων χρῇcθαι χρεών. 107
ΙΠ. οὐδείc μ' ἀρέcκει νυκτὶ θαυμαcτὸc θεῶν. 106
ΘΕ. εὐδαιμονοίηc νοῦν ἔχων ὅcον·cε δεῖ. 105.

Ein sehr bemerkenswerther und zugleich für die Beschaffenheit der Textüberlieferung charakteristischer Fall falscher Versordnung ist noch übrig. Es konnte die durch zufällige Verrückung der Verse entstandene Lücke des Gedankens durch Interpolation ausgefüllt werden. Am deutlichsten lässt sich dies nachweisen an Heraclid. 961, wo der Bote gegen die Absicht der Alkmene den Eurystheus zu ermorden Einspruch erhebt:

ΑΓΓ. οὐκ ἔcτ' ἀνυcτὸν τόνδε cοι κατακτανεῖν.
ΑΛ. ἄλλωc ἄρ' αὐτὸν αἰχμάλωτον εἵλομεν.
   εἴργει δὲ δὴ τίc τόνδε μὴ θανεῖν νόμοc;
ΑΓΓ. τοῖc τῆcδε χώραc προcτάταιcιν οὐ δοκεῖ.
ΑΛ. τί δὴ τόδ'; ἐχθροὺc τοιcίδ' οὐ καλὸν κτανεῖν; 965
ΑΓΓ. οὐχ ὅντιν' ἄν τε ζῶνθ' ἕλωcιν ἐν μάχῃ.
ΑΛ. καὶ ταῦτα δόξανθ' Ὕλλοc ἐξηνέcχετο;
ΑΓΓ. χρῆν αὐτόν, οἶμαι, τῇδ' ἀπιcτῆcαι χθονί.
ΑΛ. χρῆν τόνδε μὴ ζῆν μηδ' ὁρᾶν φάοc τόδε.
ΑΓΓ. τότ' ἠδικήθη πρῶτον οὐ θανὼν ὅδε. 970
ΑΛ. οὔκουν ἔτ' ἔcτιν ἐν καλῷ δοῦναι δίκην;
ΑΓΓ. οὐκ ἔcτι τοῦτον ὅcτιc ἂν κατακτάνοι.

Die ungerechtfertigte Unterbrechung der Stichomythie zwischen V. 962 und 963 hat Heiland veranlasst nach V. 962 eine Lücke anzunehmen und Kirchhoff und Dindorf sind ihm darin gefolgt. Gewiss ist diese Vermuthung vollkommen begründet. Aber betrachten wir die V. 970. 971 näher. Einmal hat dort τότε keine Beziehung. Zweitens ist die Frage der Alkmene οὐκοῦν ἔτ' ἔcτιν ἐν καλῷ δοῦναι δίκην; ganz überflüssig und gegenstandslos, nachdem die Sache bereits abgehandelt und die Frage der Alkmene ἐχθροὺc τοιcίδ' οὐ καλὸν κτανεῖν; bestimmt beantwortet ist. Wenn Alkmene schon weiss, dass die Athener überhaupt sich scheuen einen lebendig gefangenen Feind zu tödten, so weiss sie auch, dass dies für den besonderen Fall gilt. Die natürliche Gedankenfolge kann nur folgende sein: „Warum soll Eurystheus nicht sterben?" „Die Athener wollen es nicht." „Wie? halten es die Athener nicht für Recht Feinde zu tödten?" „Die in der Schlacht lebendig gefangenen nicht." Auf die Herstellung dieser Gedankenfolge führt auch die Rücksicht auf τότε. Denn seine richtige Beziehung (vergl. V. 1009 νῦν οὖν ἐπειδή μ' οὐ διώλεcαν τότε πρόθυμον ὄντα — in der Schlacht, wo er sich der Gefangenschaft durch den Tod zu entziehen suchte —, τοῖcιν

Ἑλλήνων νόμοιc οὐχ ἁγνός εἰμι τῷ κτανόντι κατθανών) erhält
τότε, wenn es nach αἰχμάλωτον εἵλομεν folgt („damals wurde der
erste Fehler begangen, dass man ihn nicht tödtete, sondern gefangen
nahm"). Demnach müssen die V. 970. 971 an die Stelle von
V. 963 gesetzt werden, welcher interpoliert worden, als
die Frage vor der Antwort τοῖc τῆcδε χώραc προcτάταιcιν
οὐ δοκεῖ ausgefallen war. So erhalten wir regelrechte Stichomythie mit naturgemässer Gedankenentwicklung:

ΑΓΓ. οὐκ ἔcτ' ἀνυcτὸν τόνδε cοι κατακτανεῖν.
ΑΛ. ἄλλωc ἄρ' αὐτὸν αἰχμάλωτον εἵλομεν. 962
ΑΓΓ. τότ' ἠδικήθη πρῶτον οὐ θανὼν ὅδε. 970
ΑΛ. οὔκουν ἔτ' ἐcτὶν ἐν καλῷ δοῦναι δίκην; 971
ΑΓΓ. τοῖc τῆcδε χώραc προcτάταιcιν οὐ δοκεῖ. 964
ΑΛ. τί δὴ τόδ'; ἐχθροὺc τοιcίδ' οὐ καλὸν κτανεῖν; 965
ΑΓΓ. οὐχ ὅντιν' ἄν γε ζῶνθ' ἕλωcιν ἐν μάχῃ.
ΑΛ. καὶ ταῦτα δόξανθ' Ὕλλοc ἐξηνέcχετο;
ΑΓΓ. χρῆν αὐτόν, οἶμαι, τῇδ' ἀπιcτῆcαι χθονί.
ΑΛ. χρῆν τόνδε μὴ ζῆν μηδ' ὁρᾶν φάοc τόδε. 969
ΑΓΓ. οὐκ ἔcτι τοῦτον ὅcτιc ἄν κατακτάνοι. 972

Aus einer grösseren Lücke sind noch zwei Verse gerettet worden,
stehen aber an verkehrter Stelle im Text Suppl. 393. 394. Dort
ist der Anfang von der Rede des Theseus verloren in einer Lücke,
welche bereits von Musgrave bemerkt worden ist. In dem erhaltenen Stücke sendet Theseus seinen Herold zum Herrscher von Theben,
um von diesem Beerdigung der gefallenen Argiver zu fordern. „Wenn
sie, sagt er, bereitwillig zusagen, so kehre wieder um." Dann fährt
er fort:

ἤν δ' ἀπιcτῶc', οἵδε δεύτεροι λόγοι,
κῶμον δέχεcθαι τὸν ἐμὸν ἀcπιδηφόρον. 390
cτρατὸc δὲ θάccει κἀξετάζεται παρὼν
καλλίχορον ἀμφὶ cεμνὸν εὐτρεπὴc ὅδε.
καὶ μὴν ἑκοῦcά γ' ἀcμένη τ' ἐδέξατο
πόλιc πόνον τόνδ', ὡc θέλοντά μ' ᾔcθετο.
ἔα· λόγων τιc ἐμποδὼν ὅδ' ἔρχεται;

An ganz ungehöriger Stelle begegnet uns hier die Bemerkung, dass
die Bürgerschaft bereitwillig auf den Antrag des Theseus, den Schutzflehenden Hülfe zu gewähren und von den Thebanern die Bestattung
der gefallenen Argiver wo nöthig mit Waffengewalt zu erzwingen,
eingegangen sei. Auch die Verbindung mit καὶ μήν, wofür O. Goram
κοινῇ δ' vorgeschlagen hat, ist auffallend. Wollte aber jemand
glauben, von der Bereitwilligkeit der Bürgerschaft werde desshalb
hier gesprochen, weil sich daraus auf die Tapferkeit des Heeres
schliessen lasse, so ist abgesehen von anderem folgendes zu beachten.
Theseus hat voraus (V. 346 ff.) erklärt, sein Wille sei es die Ueber-
gabe der Gefallenen zu erwirken; er wolle aber die Sache vorher

dem Volke vorlegen, damit sich dieses aus eignem Antriebe dafür entscheide. Theseus geht und der Chor der Schutzflehenden ist in ängstlicher Spannung, was die Bürgerschaft beschliessen werde (V. 375). Nach dem Chorgesange kehrt Theseus zurück. Sein erstes Wort muss die frohe Kunde sein, mit welcher er den bangen Chor tröstet, dass er seinen Zweck erreicht und sein Volk leicht für seinen Plan gewonnen habe. Ist aber eine solche Erzählung vorausgegangen, dann kann es unmöglich noch einmal heissen καὶ μὴν ἑκοῦcα .. ᾐcθετο. Mithin gehören die beiden Verse 393. 394 in die Lücke vor V. 381.

Nicht ohne Einfluss auf die Umgebung ist die falsche Stellung eines anderen Verses geblieben. Herc. f. 858 spricht Lyssa zur Iris, von der sie aufgefordert worden den Herakles in Wuth und Raserei zu versetzen:

"Ἥλιον μαρτυρόμεθα δρῶc' ἃ δρᾶν οὐ βούλομαι.
εἰ δὲ δή μ' "Ηρᾳ θ' ὑπουργεῖν coί τ' ἀναγκαίωc ἔχει
τάχοc ἐπιρροίβδην θ' ὁμαρτεῖν ὡc κυνηγέτῃ κύναc,
εἰμί γ'· οὔτε πόντοc οὕτω κύμαcι cτένων λάβροc
οὔτε γῆc ceιcμὸc κεραυνοῦ τ' οἶcτροc ὠδῖναc πνέων,
οἷ' ἐγὼ cτάδια δραμοῦμαι cτέρνον εἰc Ἡρακλέουc.

Im dritten V. corrigiert Kirchhoff τάχοc ἐπιρροιβδεῖν ὁμαρτεῖν θ' ὡc. Darnach müsste man verbinden coί τε τάχοc ἐπιρροιβδεῖν ὁμαρτεῖν τε. Sowohl nach dieser wie nach der überlieferten Lesart sagt Lyssa, sie wolle der Iris nachschwirren und nachfolgen wie Hunde dem Jäger. Was soll das heissen? Iris schwingt sich wieder in den Olympos hinauf, während Lyssa in die Brust des Herakles fährt. Was sollen überhaupt solche Worte in diesem Zusammenhange? Lyssa sagt: „ich nehme den Helios zum Zeugen, dass ich nicht gern thue was ich thue. Wenn ich aber einmal der Hera und dir zu folgen gezwungen bin, so will ich gehen und will stürmen in die Brust des Herakles." Die Worte τάχοc ἐπιρροίβδην θ' ὁμαρτεῖν ὡc κυνηγέτῃ κύναc sind hier ganz und gar ungeeignet und der V. 860 kann an seinem jetzigen Platze seine Stelle nicht haben. Wenn Nauck zu dem V. bemerkt „graviter corruptus", so fehlt dem V. nichts als die Verbindung und nur die Zusammenstellung τάχοc ἐπιρροίβδην τε ist unpassend, während der Ausdruck ἐπιρροίβδην ὁμαρτεῖν ὡc κυνηγέτῃ κύναc vollkommen gesund ist und in seiner Eigenthümlichkeit auch keinen Verdacht an Interpolation aufkommen lässt. Nehmen wir nun die spätere Stelle V. 867

ἣν ἰδοὺ καὶ δὴ τινάccει κρᾶτα βαλβίδων ἄπο
καὶ διαcτρόφουc ἐλίccει cῖγα γοργωποὺc κόραc.
ἀμπνοὰc δ' οὐ cωφρονίζει, ταῦροc ὡc ἐc ἐμβολήν,
δεινὰ μυκᾶται δὲ Κῆραc ἀνακαλῶν τὰc Ταρτάρου.
τάχα c' ἐγὼ μᾶλλον χορεύcω καὶ καταυλήcω φόβῳ.

so ist im letzten V. c' ungeeignet und Kirchhoff vermuthet τάχα δ'.

Dann aber vermissen wir ein Objekt zu χορεύcω καὶ καταυλήcω; wir vermissen auch die Angabe des Zweckes bei καταυλήcω φόβῳ. An das richtige mahnt uns die eigenthümliche Uebereinstimmung von τάχοc und τάχα c', wovon das eine unbrauchbar, das andere fehlerhaft ist. Der V. 860 ist nach V. 871 in folgender Weise einzusetzen:

τάχοc ἐγὼ μᾶλλον χορεύcω καὶ καταυλήcω φόβῳ 871
⟨τόνδ'⟩ ἐπιρροίβδην ὁμαρτεῖν ὡc κυνηγέτῃ κύναc. 860

Besondere Beachtung verdient noch die Umstellung von Hipp. 911—913 nach V. 915 (Markland), von Tro. 23—27 nach 44 (Wagner), von Heracl. 560. 561 nach 563 (Schenkl), von Iph. T. 994—998 nach 1003 (Koechly). Ueber Alc. 714 f., welche Nauck nach V. 719 versetzen will, wird unten z. d. St. gehandelt werden. Bedenklich ist es, wenn Usener Heracl. 1042—1044 vor 1036, wo dann προδόντεc in προδόντας zu ändern ist, einsetzt. Denn χάριν προδόντεc τήνδε passt zu ὅταν μόλωcι δεῦρο cὺν πολλῇ χερί, nicht aber χάριν προδόντας τήνδε zu τούcδε τε βλάψω θανών. Zudem ist διπλοῦν δὲ κέρδοc ἕξετ' ἐξ ἐμοῦ, ὑμᾶc τ' ὀνήcω τούcδε τε βλάψω θανών ein für sich abgeschlossener Gedanke. — Ebenso wird durch die auf den ersten Anblick gefällige Vertauschung von Hipp. 330 und 332, welche Hirzel vorgeschlagen hat, der richtige Gedankengang nur gestört. In

ΦΑΙ. ὀλεῖ· τὸ μέντοι πρᾶγμ' ἐμοὶ τιμὴν φέρει. 329
ΤΡ. οὔκουν λέγουcα τιμιωτέρα φανεῖ; 332
ΦΑΙ. ἐκ τῶν γὰρ αἰcχρῶν ἐcθλὰ μηχανώμεθα. 331
ΤΡ.· κἄπειτα κρύπτειc χρήcθ' ἱκνουμένηc ἐμοῦ; 330

nimmt sich zwar V. 332 sehr gut nach V. 329 aus; aber weder ist V. 330 eine geeignete Erwiderung auf V. 331, in welchem das Hauptgewicht des Gedankens auf ἐκ τῶν γὰρ αἰcχρῶν ruht, noch passt die Erwiderung V. 330, wenn V. 332 vorausgeht. Denn dann ist der Einwand der Amme von V. 330 unnütz, weil in V. 332. 331 bereits gesagt ist, warum Phädra ihr Verlangen obgleich es gut sei doch nicht kund thue. Dagegen kann in der überlieferten Ordnung die Amme auf V. 331 mit Rücksicht auf Phädras Wort V. 329 die entschiedene Behauptung οὐκοῦν λέγουcα τιμιωτέρα φανεῖ darauf setzen. Auch in Iph. T. 1348

ὁρῶμεν . . ἐκ δεcμῶν δὲ τοὺc νεανίαc
ἐλευθέρουc πρύμνηθεν ἑcτῶταc νεώc.
κοντοῖc δὲ πρῷραν εἶχον, οἱ δ' ἐπωτίδων 1350
ἄγκυραν ἐξανῆπτον, οἱ δὲ κλίμακας
cπεύδοντεc ἦγον διὰ χερῶν πρυμνήcια·
πόντῳ δὲ δόντεc τοῖν ξένοιν καθίεcαν.

wird durch Umstellung kaum zu helfen sein. Kirchhoff, welcher geschen, dass κλίμακας πόντῳ δόντεc καθίεcαν zusammengehört, wollte die Versausgänge umstellen;

ἄγκυραν ἐξανῆπτον ἢ πρυμνήςια
cπεύδοντες ἦγον διὰ χερῶν καὶ κλίμακας
πόντῳ διδόντες τοῖν ξένοιν καθίεcαν.

Hierin aber sind an die Stelle des einzig passenden οἱ δὲ sehr ungeeignete Conjunktionen ἢ — καὶ getreten. Koechly nimmt nach ἐλευθέρους eine Lücke an, schreibt ἑcτῶτες und setzt nach diesem V. den V. 1352 ein:

πρύμνηθεν ἑcτῶτες νεώς
cπεύδοντες ἦγον διὰ χερῶν πρυμνήςια.

Weil erkennt diese Emendation an und bemerkt zu πρύμνηθεν ἑcτῶτες νεώς: „se tenant sur la proue du vaisseau. C'est forcer le sens de ces mots que de les rapporter à Oreste et à Pylade, qui étaient encore sur la plage". Allein es ist zu' beachten, dass πρύμνηθεν etwas anderes ist als ἐπὶ πρύμνης (vergl. V. 1377) und dass die Erklärung „am Hintertheile des Schiffes stehend" als durchaus richtig erscheint. Der V. kann nirgends passend eingefügt werden; er stammt aus einem anderen Stücke, aus einer Parallelstelle und war ursprünglich an den Rand geschrieben. Denn dass die Halttaue noch nicht vom Ufer losgelöst und weggezogen sind, geht aus V. 1355 hervor: εἰχόμεcθα τῆς ξένης πρυμνηςίων τε. Nur die Anker sind aufgezogen, wesshalb einige Leute das Schiff mit Stangen festhalten. Es handelt sich vor allem darum die Iphigenie sammt dem Götterbilde ins Schiff zu bringen und gerade diese so verdächtigen Anstalten schildert der Bote. Es ist sehr erklärlich, dass erst, nachdem Iphigenie mit dem Bilde glücklich eingeschifft ist, die Halttaue gelöst werden. Die Schilderung lautet also:

κοντοῖς δὲ πρῷραν εἶχον, οἳ δ' ἐπωτίδων
ἄγκυραν ἐξανῆπτον, οἳ δὲ κλίμακας
πόντῳ διδόντες τοῖν ξένοιν καθίεcαν.

In gleicher Weise steht nach V. 1441 ein aus einer anderen Stelle entlehnter Vers in der einen Handschrift. Dasselbe müsste von V. 1346 gelten, wenn er nicht mit der Aenderung κατῆρες (für κατήρει) ganz an seiner Stelle wäre. Mit Unrecht hat die Umstellung von Hermann:

δεινὸς γὰρ ἐλθὼν ἄνεμος ἐξαίφνης νεώς      1394
ταρσῷ κατήρει πίτυλον ἐπτερωμένον          1346
ὤθει παλιμπρυμνηδόν.                        1395

so grossen Beifall gefunden. Der V. 1346 gehört in die Schilderung eines zur Abfahrt bereit liegenden Schiffes, nicht aber in jene Erzählung von der Wirkung des Windstosses. So evident aber in V. 1395 die Aenderung von Hermann ist (παλιμπρυμνηδὸν für πάλιν πρυμνήςι'), so sicher ist vorher νεώς corrupt, wie bereits Kirchhoff geurtheilt hat. Wahrscheinlich verdankt es seinen Ursprung einer Ueberschrift über cκάφος, die durch die Erinnerung an V. 1345 Ἑλλάδος νεώς cκάφος hervorgerufen worden.

## IV. Interpolationen.

Die Engherzigkeit und Befangenheit, in welcher man früher gegen die deutlichsten Spuren der Interpolation die Augen verschloss, ist jetzt überwunden. In der zweiten Ausgabe von Kirchhoff, dem Niemand Besonnenheit der Kritik im Euripides absprechen wird, stehen abgesehen von der Iphig. A. über anderthalbhundert Verse unter dem Text und wer unbefangen und sachkundig zu urtheilen versteht, wird wenige davon in Schutz zu nehmen, andere noch hinzuzufügen geneigt sein. Bei genauerer Betrachtung der interpolierten Verse ergeben sich einige Gesichtspunkte, welche für die Beurtheilung dieser Frage und für die richtige Behandlung der Ueberlieferung von Wichtigkeit sind.

1. Vor allem scheint die gewöhnliche Ansicht über das Alter und den Ursprung der Interpolationen einer Berichtigung zu bedürfen. Viele Verse, welche man den Schauspielern zuzuschreiben pflegt, scheinen byzantinischen Grammatikern und Erklärern anzugehören. Darauf leitet schon die Beobachtung, dass gerade die in der byzantinischen Zeit gelesensten Stücke ganz besonders durch Interpolation gelitten haben. Denn die Phoenissen und der Orestes weisen die meisten interpolierten Verse auf und auch in der Hecuba fehlt es nicht an unechten Versen. Diese späte Zeit verräth ferner das Scholion zu Or. 1023. Alle Handschriften (auch A) geben

οὐ cîγ' ἀφεῖcα τοὺς γυναικείους γόους
cτέρξεις τὰ κρανθέντ'; οἰκτρὰ μὲν τάδ', ἀλλ' ὅμως
φέρειν ἀνάγκη τὰς παρεςτώςας τύχας.

Der Scholiast aber bemerkt: λείπει τὸ δεῖ φέρειν· τινὲς δὲ γράφουςιν οἰκτρὰ μέν, ἀλλ' ὅμως φέρε. Der Scholiast kannte also den dritten V. φέρειν .. τύχας noch nicht. Der byzantinischen Zeit gehört endlich die metrische Gestalt folgender Verse an:

Phoen. 1235  cπαρτῶν τε λαὸς ἅλις ὃς κεῖται νεκρός.
Ion 616     ὅςας cφαγὰς δὴ φαρμάκων θαναςίμων
            γυναῖκες εὗρον ἀνδράςιν διαφθοράς.
Hel. 905    ἐατέος δ' ὁ πλοῦτος ἄδικός τις ὤν.

Es würde auch der unechte Vers Or. 933 πάλαι Πελαςγοί, Δαναῒδαι δεύτερον hieher zu rechnen sein, wenn nicht schon der Sinn die Ergänzung von δέ, welches vor δε(ύτερον) leicht wegfallen konnte, forderte.

Wenn die vorhin berührte, durch die Kürze des Ausdrucks οἰκτρὰ μὲν τάδ', ἀλλ' ὅμως veranlasste Interpolation aus später Zeit herrührt, so wird dies auch der Fall sein mit der gleichen Bacch. 1027

ὥς cε cτενάζω, δοῦλος ὢν μέν, ἀλλ' ὅμως
χρηςτοῖςι δούλοις ξυμφορὰ τὰ δεςποτῶν,

worin der zweite V. aus Med. 54 stammt. Den gleichen Ursprung
hat auch in Herc. f. 1365

οἴκει πόλιν τήνδ', ἀθλίως μέν, ἀλλ' ὅμως
ψυχὴν βιάζου τἀμὰ συμφέρειν κακά

der bereits von Nauck als unecht bezeichnete V. ψυχὴν .. κακά;
ebenso in der Rede der Kassandra Tro. 365

πόλιν δὲ δείξω τήνδε μακαριωτέραν
ἢ τοὺς Ἀχαιούς, ἔνθεος μέν, ἀλλ' ὅμως
τοσόνδε γ' ἔξω στήσομαι βακχευμάτων

der V. 367 τοσόνδε γ'.. βακχευμάτων, welcher den einfach
schönen Ausdruck ἔνθεος μέν, ἀλλ' ὅμως in ungeschickter Weise
verwässert. Wir haben noch ein anderes Zeugniss für den Ursprung
derartiger Ergänzungen. In Soph. Ai. 839

καί σφας κακοὺς κάκιστα καὶ πανωλέθρους
ξυναρπάσειαν, ὥσπερ εἰςορῶς' ἐμέ
[αὐτοσφαγῆ πίπτοντα, τὼς αὐτοσφαγεῖς
πρὸς τῶν φιλίστων ἐκγόνων ὀλοίατο]

bemerkt der Schol. zu V. 841 ταῦτα νοθεύεσθαί φασιν ὑποβληθέντα
πρὸς σαφήνειαν τῶν λεγομένων. Die Form φίλιστος wird es rechtfertigen, wenn wir die beiden Verse 841 f., welche zur Ergänzung
von εἰςορῶς' ἐμέ angefügt sind, byzantinischen Grammatikern zu-
schreiben. Ferner erfahren wir aus den Scholien, dass Androm. 6

νῦν δ' εἴ τις ἄλλη δυστυχεστάτη γυνὴ
ἐμοῦ πέφυκεν ἢ γενήσεταί ποτε.

der zweite Vers hinzugedichtet wurde, weil man die falsche Lesart
δὴ τίς hatte; in νῦν δὴ τίς ἄλλη δυστυχεστάτη γυνὴ ἐμοῦ πέφυκεν
ἢ γενήσεταί ποτε sollte der Superlativ δυστυχεστάτη statt des
Komparativs stehen. Wir werden solche Weisheit nur byzantinischen
Grammatikern zugestehen. Freilich heisst es im Scholion οἱ ὑποκριταὶ τὸν ἴαμβον προσέθηκαν; allein eben solchen Stellen verdankt
man die falsche Ansicht von den ungeschickten Schauspielerinter-
polationen; seitdem Heimsoeth de voce ὑποκριτής comment. aus dem
Schol. zu Med. 169 Ἀπολλόδωρος μὲν οὖν φησιν ὁ Ταρσεὺς τῆς
ἀμφιβολίας αἰτίους εἶναι τοὺς ὑποκριτὰς συγχέοντας τὰ χορικὰ τοῖς
ὑπὸ Μηδείας λεγομένοις nachgewiesen hat, dass ὑποκριτής in den
Scholien häufig die Bedeutung „Interpret, Erklärer" hat, wird manches,
was früher den Schauspielern zur Last fiel, auf die Erklärer über-
tragen werden müssen. Wenn wir in dem Schol. zu Med. 910 ἰδίως
οὖν εἴρηκε „πόσει" ἀντὶ τοῦ „πόσιος"· οἱ δὲ ὑποκριταὶ ἀγνοήσαντες
γράφουσιν ἀντὶ τοῦ πόσει „ἐμοῦ", ὅπερ οὐ δεῖ den Ausdruck γράφουσιν ins Auge fassen, so werden wir auch hier an Erklärer denken
und wir haben in εἰκὸς γὰρ ὀργὰς θῆλυ ποιεῖσθαι γένος γάμους
παρεμπολῶντος ἀλλοίους ἐμοῦ einen Text, welcher jener Annahme
des Komparativs würdig zur Seite steht. Die byzantinischen Grammatiker scheinen in die Fusstapfen der Alexandriner getreten zu sein;

denn diesen, nicht den Schauspielern scheint die Rüge des Didymus zu gelten, welche das Schol. zu Med. 356 angiebt: Δίδυμος μετὰ τοῦτον φέρει τὸ „ςιγῇ δόμους εἰςβᾶς', ἵν' ἔςτρωται λέχος" καὶ μέμφεται τοῖς ὑποκριταῖς ὡς ἀκαίρως αὐτὸν τάςςουςιν. Ist dies richtig, so dürfen die Wiederholungen gleicher Verse, die besonders in der Medea zahlreich sind, nicht mehr mit Valckenaer (zu den Phoen. 1282) dem Gedächtniss der Schauspieler, sondern der Thätigkeit der Commentatoren beigemessen werden.

2. Was diese Wiederholungen betrifft, so kommen in verschiedenen Stücken gleichlautende Verse öfters vor, ohne irgend einen Verdacht der Interpolation zu erwecken (vergl. meine Bemerkung im Anh. zu Med. 748). Selbst die Aehnlichkeit von Med. 923 und 1148 oder Phoen. 568 und 778 können wir arglos hinnehmen. Solche unbedenkliche Aehnlichkeit betrifft gewöhnliche Gedanken und Redensarten, bei denen sich dem Dichter, der in gebundener Rede schreibt und ein Versmass sucht, unwillkürlich die gleiche Form aufdrängt. Anders verhält es sich mit Suppl. 531—536, welche an ihrer Stelle ungeeignet sind und von Stob. flor. 123, 3 dem Moschion beigelegt werden, oder mit Androm. 330 f., welche bei Stob. flor. 104, 14 unter dem Namen Menander angeführt sind und in der That nicht am Platze scheinen. Vergl. auch Androm. 1283, welcher bei Stobaeus mit einem Vers der Antiope, und El. 1097—1099, welche ebendort mit einem Bruchstück der Κρῆςςαι verbunden sind. Die Verse, welche in einem und demselben Stücke zweimal oder auch dreimal wiederkehren, wird niemand mehr vertheidigen wollen.

3. Als einen Grund von Interpolationen haben wir die Absicht der Ergänzung kennen gelernt. Diese Absicht scheint auch Phoen. 432 ff. obgewaltet zu haben. Iokaste fragt ihren Sohn, wie er das argivische Heer vermocht habe, ihm vor die Mauern Thebens zu folgen. Polyneikes antwortet V. 427

διςςοῖς Ἄδραςτος ὤμοςεν γαμβροῖς τόδε,
[Τυδεῖ τε κἀμοί· ςύγγαμος γάρ ἐςτ' ἐμός,]
ἄμφω κατάξειν εἰς πάτραν, πρόςθεν δ' ἐμέ.
πολλοὶ δὲ Δαναῶν καὶ Μυκηναίων ἄκροι 430
πάρειςι λυπρὰν χάριν ἀναγκαίαν δέ μοι
διδόντες· ἐπὶ γὰρ τὴν ἐμὴν ςτρατεύομαι
πόλιν· θεοὺς δ' ἐπώμος', ὡς ἀκουςίως
τοῖς φιλτάτοις ἑκοῦςιν ἠράμην δόρυ.

Die Begründung ἐπὶ γὰρ τὴν ἐμὴν ςτρατεύομαι πόλιν verräth ein Missverständniss des Ausdrucks λυπρὰν χάριν. Denn dies will nicht sagen, dass das Unternehmen für Polyneikes trübselig sei, sondern dass die Heerführer von Argos und Mykene als Untergebene des Adrastos theilnehmen mussten ohne irgend ein Interesse an dem Zuge und an der Rückführung des ihnen fremden Polyneikes zu haben. Die Anknüpfung der V. 432—434 ist also nur dem ver-

meintlichen Bedürfniss eines Verbums von dem der Acc. χάριν abhänge, entsprungen, während in
πάρεικι λυπράν χάριν άναγκαίαν δέ μοι
der Acc. nach einem gerade bei Euripides sehr häufigen Gebrauche (vergl. Or. 1105 Ἑλένην κτάνωμεν, Μενέλεῳ λύπην πικράν; El. 231 εὐ δαιμονοίης, μισθόν ἡδίστων λόγων) als Apposition zum Inhalt des Satzes steht, μοι aber zu πάρεικι gehört (vergl. Or. 583). Der beabsichtigte scherzhafte Ausdruck ist durch einen solchen Zusatz verdorben worden Cycl. 90

οὐκ ἴcαcι δεcπότην
Πολύφημον οἷός ἐcτιν, ἄξενον cτέγην
τήνδ' ἐμβεβῶτες καὶ Κυκλωπιὰν γνάθον
τὴν ἀνδροβρῶτα δυcτυχῶς ἀφιγμένοι.

Man vergl. z. B. V. 174 τὴν Κύκλωποc ἀμαθίαν κλαίειν κελεύω καὶ τὸν ὀφθαλμὸν μέcον oder V. 340 τὴν δ' ἐμὴν ψυχὴν οὐ παύcομαι δρῶν εὖ κατεcθίων τέ cέ, um zu fühlen, wie lästig der V. 93 τὴν ἀνδροβρῶτα δυcτυχῶς ἀφιγμένοι nachschleppt.

Am deutlichsten ist die fremde Zuthat Hipp. 936, wo Theseus ausruft:

φεῦ τῆc βροτείαc, ποῖ προβήcεται, φρενόc.
τί τέρμα τόλμηc καὶ θράcouc γενήcεται;
εἰ γὰρ κατ' ἀνδρὸc βίοτον ἐξογκώcεται,
ὁ δ' ὕcτεροc τοῦ πρόcθεν εἰc ὑπερβολὴν
πανοῦργοc ἔcται, θεοῖcι προcβαλεῖν χθονὶ 940
ἄλλην δεήcει γαῖαν, ἣ χωρήcεται
τοὺc μὴ δικαίουc καὶ κακοὺc πεφυκόταc.

Theseus will sagen, „solche Grösse der Unverschämtheit habe ich bis jetzt noch nicht erlebt" und klagt über das Uebermass menschlicher Verwegenheit, die an Grösse immer zunehme; er klagt nicht über die Zahl der schlechten Menschen. Die Götter müssen an die Erde eine neue ansetzen, um die menschliche Frechheit zu fassen, so gross ist sie geworden. Derjenige, der den V. 942 hinzufügte, hat den Sinn des Dichters nicht erfasst.

4. Wir haben oben gefunden, dass die falsche Lesart δὴ τίc eine Interpolation zur Folge hatte. Es ist denkbar, dass ein über oder unter der Zeile stehendes Glossem Anlass einer Ergänzung wurde. Dass dies vorgekommen, schliesse ich aus Or. 1105

ΠΥ. Ἑλένην κτάνωμεν, Μενέλεῳ λύπην πικράν.
ΟΡ. πῶc; τὸ γὰρ ἕτοιμόν ἐcτιν, εἴ γ' ἔcται καλῶc.
ΠΥ. cφάξαντεc· ἐν δόμοιc δὲ κρύπτεται cέθεν.
ΟΡ. μάλιcτα· καὶ δὴ πάντ' ἀποcφραγίζεται.
ΠΥ. ἀλλ' οὐκέθ', Ἅιδην νυμφίον κεκτημένη.
ΟΡ. καὶ πῶc; ἔχει γὰρ βαρβάρουc ὀπάοναc.

Brunck bemerkte zu dieser Stelle, non posse hic dici de Helena obsignandis aut resignandis arculis occupata; id enim nihil adiumenti aut impedimenti necem molientibus attulisse, nec scire Orestem potuisse, quid Helena ageret; nec opus fuisse, ut omnia in tuto collocaret, quo sensu verbum ἀπαςφαλίζεται (eine andere Lesart) accepit Musgravius. Brunck erklärte πάντα im Sinne von κατὰ πάντα und ἀποςφραγίζεται im übertragenen Sinn „in tuto est". Einer solchen Erklärung widerspricht alles. Aber das absurde von dem Gedanken, dass Helena alles versiegele, hat Brunck richtig gefühlt. Ein ungeschickter Ausdruck ist ἀλλ' οὐκέθ', wofür Nauck οὐκ οἶδεν vermuthet; es müsste heissen „bald wird sie es nicht mehr thun". Am auffallendsten aber ist "Ἀιδην νυμφίον κεκτημένη. Wie kommt dieser Gedanke hieher? Es könnte doch nur dann ein Sinn darin liegen, wenn πάντ' ἀποςφραγίζεται das Thun einer Braut bezeichnete. So kann "Ἀιδην νυμφίον κεκτημένη nur als abgeschmackt gelten. Wir haben hier offenbar eine späte Interpolation, deren Entstehung sich dann erklärt, wenn wir uns aus der Ueberschrift von κρύπτεται über ἀποςφραγίζεται den Text

cφάξαντεc· ἐν δόμοιc δὲ κρύπτεται
ἀποςφραγίζεται

hervorgegangen denken. Wir haben demnach als ursprünglichen Text zu betrachten

ΠΥ. Ἑλένην κτάνωμεν, Μενέλεῳ λύπην πικράν.
ΟΡ. πῶc; τὸ γὰρ ἕτοιμόν ἐcτιν, εἴ γ' ἔcται καλῶc.
ΠΥ. cφάξαντεc· ἐν δόμοιc δ' ἀποςφραγίζεται. 1107
ΟΡ. καὶ πῶc; ἔχει γὰρ βαρβάρουc ὀπάοναc. 1110.

Mit ἀποςφραγίζεται vergl. Herc. f. 53 ἐκ γὰρ ἐcφραγιcμένοι δόμων καθήμεθα und Adesp. fr. 458, 9 ὅcτιc δὲ μοχλοῖc καὶ διαcφραγίcμαcι ςῴζει δάμαρτα. Jetzt erhält auch καὶ πῶc; seine richtige Beziehung auf cφάξαντεc. Pylades sagt: „wir wollen der Helena den Tod bereiten". Orestes erwidert: „wie soll es geschehen? am guten Willen soll es nicht fehlen". Pylades antwortet: „wir wollen sie mit dem Schwert ermorden; wir haben sie ja in unserer Gewalt". Darauf Orestes: „und wie ist das möglich, da sie Barbaren als Leibwache um sich hat?"

5. Ein äusseres Zeugniss für Annahme von Interpolationen, die von Schauspielern, aber auch von Grammatikern herrühren können, liegt in der Angabe der Scholiasten, dass ein Vers sich in einem oder mehreren ἀντίγραφα nicht finde. Solche Angaben haben wir zu Phoen. 1075, 1225, 1282, Hipp. 871—873, 1050, Androm. 1254, Alc. 818—820. Da alle diese Verse sich als unecht erweisen, so werden wir, wenn wir methodisch verfahren wollen, auch Phoen. 374

ὡc δεινὸν ἔχθρα, μῆτερ, οἰκείων φίλων
καὶ δυcλύτουc ἔχουcα τὰc διαλλαγάc

den zweiten V., zu dem wir das gleiche Zeugniss haben: ὁ cτίχοc οὗτοc ἔν τιcιν οὐ φέρεται, als Interpolation betrachten müssen.

Nur Angaben gegenüber, wie sie das Schol. zu Phoen. 428 giebt, τοῦτο περισσόν· προεμηνύθη γὰρ ἄνωθεν, welche einem subjektiven Urtheil der Hypomnematisten entstammen, kann man sich kritisch verhalten. Doch ist auch jener Vers längst als Interpolation erkannt. Bedenklicher ist es, daraus, dass ein Vers in einer oder in mehreren unserer Handschriften fehlt, einen Beweis für die Unechtheit zu entnehmen, da zahlreiche Verse, an deren Echtheit nicht im entferntesten gezweifelt werden kann, da und dort von den Abschreibern übersehen worden sind. Es müssen also gewichtige innere Gründe hinzukommen. Dies ist z. B. der Fall bei Hipp. 691, welcher in einer Handschrift (E) fehlt und von Brunck als Interpolation erkannt worden ist. Androm. 1073, wo der Bote von Delphi dem greisen Peleus verkündet:

οὐκ ἔcτι coι παῖc παιδόc, ὡc μάθῃc, γέρον
Πηλεῦ· τοιάcδε φαcγάνων πληγὰc ἔχει
Δελφῶν ὑπ' ἀνδρῶν καὶ Μυκηναίου ξένου

greift der dritte Vers der Erzählung vor. Der Umstand also, dass drei Handschriften (A c d) den Vers auslassen, scheint beachtenswerth. Ebenso ist für den Vers Phoen. 1158, welcher die Sache übertreibt,

λᾶαν ἐμβαλὼν κάρᾳ
ἁμαξοπληθῆ, γεῖc᾽ ἐπάλξεων ἄπο

das Fehlen in einer Handschrift (A) Bedenken erregend.

Nur nebenbei sei hier erwähnt, dass fr. 429 nicht nach Stob. fl. 10, 7

ὅcτιc γὰρ ἀcτῶν πλέον ἔχειν πέφυκ' ἀνήρ,
οὐδὲν φρονεῖ δίκαιον οὐδὲ βούλεται
φίλοιc τ᾽ ἄμικτόc ἐcτι καὶ πάcῃ πόλει,

sondern in der Gestalt von ebd. 22, 2

ὅcτιc γὰρ ἀcτῶν πλέον ἔχειν πέφυκ' ἀνήρ,
φίλοιc τ᾽ ἄμικτόc ἐcτι καὶ πάcῃ πόλει.

zu schreiben ist. Denn der V. οὐδὲν φρονεῖ δίκαιον οὐδὲ βούλεται stammt aus einer anderen Stelle, in welcher ein Infinitiv zu οὐδὲ βούλεται nachfolgte. Vergl. Heracl. 3 ὃ δ' εἰc τὸ κέρδοc λῆμ᾽ ἔχων ἀνειμένον πόλει τ᾽ ἀχρηcτὸc καὶ cυναλλάccειν βαρύc.

Aehnlich verhält es sich mit fr. 832

ὅcτιc δὲ θνητῶν οἴεται τοὐφ᾽ ἡμέραν
κακόν τι πράccων τοὺc θεοὺc λεληθέναι,
δοκεῖ πονηρὰ καὶ δοκῶν ἁλίcκεται,
ὅταν cχολὴν ἄγουcα τυγχάνῃ Δίκη.
τιμωρίαν ἔτιcεν ὧν ἔρξεν[1]) κακῶν. 5.

---

1) So, nicht ἤρξεν ist zu schreiben. Auch Aesch. Ag. 1529 hat Naber ἤρξεν in ἔρξεν emendiert.

In dieser Form steht das Bruchstück bei Stob. Ecl. I 3, 15 p. 110. Im fünften V. will Musgrave τιμωρίαν τ' schreiben, während Nauck vorher χὤταν vermuthet. Vielmehr gehört der lästige Vers nicht hieher und eine äussere Bestätigung liegt darin, dass Sext. Emp. p. 661, 25 und p. 665, 23 nur V. 1—4 anführt und dass Justinus Martyr do mon. c. 3 und Alex. Strom. V p. 721 sq. gleichfalls nur V. 1—4 in Verbindung mit anderen bringen.[1])
6. In den Phoenissen haben sich über dreissig Verse als unecht erwiesen. Vergeblich hat man sich Mühe gegeben V. 1116—1118 und V. 1606. 1607 in Ordnung zu bringen: beide Stellen müssen als Interpolation anerkannt werden. Interpoliert ist auch der V. 271. Polyneikes kommt auf die Einladung seiner Mutter in die feindliche Stadt; er fürchtet List wie Hinterhalt. Da heisst es V. 269

ὠή, τίc οὗτοc; ἢ κτύπον φοβούμεθα;
ἅπαντα γὰρ τολμῶcι δεινὰ φαίνεται,
ὅταν δι' ἐχθρᾶc ποῦc ἀμείβηται χθονόc.

Polyneikes erkennt seine Angst als eine voreilige und leitet seine Furchtsamkeit aus einer allgemeinen Erfahrung ab, „dem der in Gefahr ist kann alles Schrecken einjagen". Mit dieser Allgemeinheit verträgt sich die folgende Beschränkung „wenn der Fuss durch Feindesland wandelt" nicht. Ich sehe, dass auch Nauck in der ed. III den Vers als unecht betrachtet. Eine Bestätigung dessen finde ich in dem vollkommen gleichen Bruchstück des Sophokles 58 D.

βοᾷ τιc· ὦ ἀκούετ'· ἢ μάτην ὑλῶ;
ἅπαντα γὰρ τοι τῷ φοβουμένῳ ψοφεῖ.

Ich habe früher irrthümlich eine Theilung der Verse unter zwei Personen angenommen. — Mit Recht hat Kirchhoff V. 1312 (πότερ' ἐμαυτὸν ἢ πόλιν cτένω δακρύcαc, ἣν πέριξ ἔχει νέφοc) τοιοῦτον ὥcτε δι' Ἀχέροντοc ἰέναι aus dem Text entfernt. Diesem Vers steht in V. 1356

τὰ μὲν πρὸ πύργων εὐτυχήματα χθονὸc
οἶcθ'· οὐ μακρὰν γὰρ τειχέων περιπτυχαί,
ὥcτ' οὐχ ἅπαντά c' εἰδέναι τὰ δρώμενα.

der V. 1358 gleich ὥcτ' .. δρώμενα, welchen schon die Un-

---

[1]) Auch in Adesp. fr. 468 bei Stob. flor. 74, 27 scheint der achte V. τό τ' ἄρcεν ἀεὶ τοῦ κεκρυμμένου λίχνον einer anderen Stelle anzugehören; denn den Satz „ein verständiger Mann soll seine Gattin nicht allzu eifersüchtig bewachen und im Hause verschlossen halten" begründet die Sprecherin durch den Vortheil und den Nachtheil, den das eine wie das andere mit sich bringe. Der Nachweis des Schadens beginnt mit V. 9 ὅcτιc δὲ μοχλοῖc καὶ διαcφραγίcμαcι cῴζει δάμαρτα κτἑ. Der vorausgehende Vers τό τ' ἄρcεν ἀεὶ τοῦ κεκρυμμένου λίχνον giebt aber eine Gefahr an, welche das Einschliessen mit sich bringt, könnte also erst nach V. 9 folgen, lässt sich aber nachher nirgends passend einfügen.

geschicklichkeit des Ausdrucks als fremdes Machwerk erkennen lässt.

Den Phoenissen steht zunächst mit über 20 interpolierten Versen der Orestes.

Eine sehr grosse Anzahl interpolierter Verse, über achtzehn, weisen die Hiketiden auf. Eine auffällige Interpolation steht noch in der Unterredung des Theseus und Adrastos, in welcher Adrastos den Hergang seines Zuges gegen Theben entwickeln muss und nach der Ursache desselben gefragt zur Antwort giebt, er habe seinen Schwiegersöhnen zu Liebe den Krieg unternommen. Es heisst dann weiter V. 133:

ΘΗ. τῷ δ' ἐξέδωκας παῖδας Ἀργείων cέθεν;
ΑΔ. οὐκ ἐγγενῆ cυνῆψα κηδείαν δόμοις.
ΘΗ. ἀλλὰ ξένοις ἔδωκας Ἀργείας κόρας; 135
ΑΔ. Τυδεῖ τε Πολυνείκει τε τῷ Θηβαγενεῖ.
ΘΗ. τίν' εἰς ἔρωτα τῆςδε κηδείας μολών;
ΑΔ. Φοίβου μ' ὑπῆλθε δυςτόπαςτ' αἰνίγματα.

Apollon hatte ihm den Bescheid gegeben seine Töchter einem Löwen und einem Eber zu vermählen; nun kamen in einer Nacht zwei Flüchtlinge vor's Haus.

ΘΗ. τίς καὶ τίς; εἰπέ· δύο γὰρ ἐξαυδᾷς ἅμα.
ΑΔ. Τυδεὺς μάχην cυνῆψε Πολυνείκης θ' ἅμα.
ΘΗ. ἦ τοῖςδ' ἔδωκας θηρςὶν ὣς κόρας cέθεν;

Dieser Nennung der Namen kommt der V. 136 zuvor und die Entwicklung der Gedanken geht nicht Schritt vor Schritt vorwärts. In V. 135 handelt es sich nicht um die Personen, sondern um die Sache, dass Adrastos seine Töchter nicht einheimischen, sondern fremden zur Ehe giebt; darauf giebt der V. 138 die Antwort:

ΘΗ. ἀλλὰ ξένοις ἔδωκας Ἀργείας κόρας;
ΑΔ. Φοίβου μ' ὑπῆλθε δυςτόπαςτ' αἰνίγματα.

Die V. 136. 137 sind also unecht. — Eine eigenthümliche Redensart begegnet uns ebd. V. 173

πρεςβεύματ' οὐ Δήμητρος εἰς μυςτήρια,
ἀλλ' ὡς νεκροὺς θάψωςιν, ὡς αὐτὰς ἐχρῆν
κείνων ταφείςας χερςὶν ὡραίων τυχεῖν.

Gewöhnlich schreibt man mit Canter ὃς αὐτὰς ἐχρῆν. Da aber V. 645 und Iph. A. 173 ὣς aus οὓς entstanden ist, so werden wir auch hier schreiben:

ἀλλ' ὡς νεκροὺς θάψωςιν, οὓς αὐτὰς ἐχρῆν.

(„die sie hätten bestatten sollen" vergl. V. 266 γραῦς οὐ τυχούςας οὐδὲν ὧν αὐτὰς ἐχρῆν) und den V. 175 sammt der Redensart ὡραίων τυχεῖν späterer Interpolation zuweisen.

Ungefähr gleich stehen sich hinsichtlich der Zahl interpolierter Verse Hecuba, Hippolyt, Helena, dann Electra, Alcestis, Iph. T. (mit etwas mehr oder weniger als zwölf Versen).

Hel. 323 sagt der Chor zur Helena:

> ἀλλ' ἐμοὶ πιθοῦ
> τάφον λιποῦσα τόνδε cύμμιξον κόρῃ,
> ὅθενπερ εἴcει πάντα τἀληθῆ φράcαι·
> ἔχουc' ἐν οἴκοιc τοῖcδε τί βλέπειc πρόcω;
> θέλω δὲ κἀγὼ coι cυγειcελθεῖν δόμουc κτέ.

Eine passende Verbindung wäre ὅθενπερ εἴcει πάντα τἀληθῆ (vergl. V. 529 Θεονόηc φίλουc λόγουc ἢ πάντ' ἀληθῶc οἶδε). Aber φράcαι ist weder bei dieser noch bei der anderen Verbindung ὅθενπερ εἴcει πάντα, τἀληθῆ φράcαι geeignet: man erwartet μαθεῖν, nicht φράcαι. Ferner zeigt der folgende Vers, dass nur diese Verbindung beabsichtigt sein kann: ὅθενπερ εἴcει πάντα· τἀληθῆ φράcαι ἔχουc' ἐν οἴκοιc τοῖcδε τί βλέπειc πρόcω („da du die Offenbarung des Wahren so nahe hast"). Nehmen wir zu diesem ungeschickten Ausdruck noch den Umstand, dass die ganze Bemerkung unnütz ist, nachdem kurz vorher geht: ἐλθοῦc' ἐc οἴκουc ἢ τὰ πάντ' ἐπίcταται . . πυθοῦ Θεονόηc, so werden wir in V. 325. 326 eine Interpolation vermuthen. Einen ebenso lästigen Vers finden wir ebd. 501

> ἀνὴρ γὰρ οὐδεὶc ὧδε βάρβαροc φρέναc,
> ὃc ὄνομ' ἀκούcαc τοὐμὸν οὐ δώcει βοράν.
> κλεινὸν τὸ Τροίαc πῦρ ἐγώ θ' ὃc ἧψά νιν.
> Μενέλαοc οὐκ ἄγνωcτοc ἐν πάcῃ χθονί.

Man könnte sich den V. 504 Μενέλαοc — χθονί gefallen lassen, wenn der Dichter die Absicht hätte den neu auftretenden Menelaos den Zuschauern bekannt zu machen. So aber wird durch diesen Vers der Eindruck des vorausgehenden nur geschwächt. Am deutlichsten verräth sich die Interpolation V. 530:

> φηcὶ δ' ἐν φάει
> πόcιν τὸν ἀμὸν ζῶντα φέγγοc εἰcορᾶν,
> πορθμοὺc δ' ἀλᾶcθαι μυρίουc πεπλωκότα
> ἐκεῖcε κἀκεῖc' οὐδ' ἀγύμναcτον πλάνοιc
> ἥξειν, ὅταν δὴ πημάτων λάβῃ τέλοc.

Theonoe hat der Helena bloss geoffenbart, dass Menelaos noch am Leben sei, vergl. V. 517 ὡc Μενέλαοc οὔπω μελαμφαὲc οἴχεται δι' ἔρεβοc χθονὶ κρυφθείc, ἀλλ' ἔτι κατ' οἶδμ' ἅλιον τρυχόμενοc οὔπω λιμένων ψαύcειεν πατρίαc γᾶc, ἀλατείᾳ βιότου, ταλαίφρων ἄφιλοc φίλων παντοδαπᾶc ἐπὶ γᾶc πόδα χριμπτόμενοc (ποτιχριμπτόμενοc für πόδα χρ.?) εἰναλίῳ κώπᾳ Τρῳάδοc ἐκ γᾶc. Vom Zurückkommen war keine Rede, wie gleich der folgende V. ausdrücklich sagt: ἓν δ' οὐκ ἔλεξεν, εἰ μολὼν cωθήcεται („wiederkehren und am Leben bleiben wird"). ἐγὼ δ' ἀπέcτην τοῦτ' ἐρωτῆcαι cαφῶc. Der V. 534 ἥξειν . . τέλοc ist also unecht. — El. 880 begrüsst und bekränzt Elektra den vom Morde des Aegisthus zurückkommenden Orestes; sie führt fort

ἥκεις γὰρ οὐκ ἀχρεῖον ἔκπλεθρον δραμὼν
ἀγῶν' ἐς οἴκους, ἀλλὰ πολέμιον κτανὼν
Αἴγισθον, ὃς σὸν πατέρα κἀμὸν ὤλεσε. 885

Die Bedeutung und der Effekt des allgemeinen ἀλλὰ πολέμιον κτανών wird durch den Zusatz von V. 885 Αἴγισθον — κτανών nur abgeschwächt. Ein ähnlicher von Wunder als Interpolation erkannter Zusatz steht Soph. El. 957 Αἴγισθον· οὐδὲν γάρ σε δεῖ κρύπτειν μ' ἔτι. — Die V. Alc. 641. 642

* ἔδειξας εἰς ἔλεγχον ἐξελθὼν ὃς εἶ,
καί μ' οὐ νομίζω παῖδα σὸν πεφυκέναι

sind nur eine matte Wiederholung dessen was unmittelbar vorhergeht: οὐκ ἦσθ' ἄρ' ὀρθῶς τοῦδε σώματος πατήρ, οὔθ' ἡ τεκεῖν φάσκουσα καὶ κεκλημένη μήτηρ μ' ἔτικτε· δουλίου δ' ἀφ' αἵματος μαστῷ γυναικὸς σῆς ὑπεβλήθην λάθρᾳ.
Bacch. 182. 673. 716. 1028 können sämmtlich als Zusätze von Erklärern betrachtet werden. Auch die unechten Zusätze der Medea werden wie die zahlreichen Wiederholungen auf Rechnung der Erklärer zu setzen sein. Wie Androm. 7 als Produkt der Grammatiker ausdrücklich bezeugt ist, so verhält es sich auch mit ebd. 38. Andromache sagt, dass Hermione ihr nachrede, sie wolle statt ihrer im Hause walten und sich das Ehebett (λέκτρα) der rechtmässigen Gattin aneignen:

ἐγὼ τὸ πρῶτον οὐχ ἑκοῦσ' ἐδεξάμην, 36
νῦν δ' ἐκλέλοιπα· Ζεὺς τάδ' εἰδείη μέγας,
ὡς οὐχ ἑκοῦσα τῷδ' ἐκοινώθην λέχει.
ἀλλ' οὔ σφε πείθω κτέ.

Die Worte τὸ πρῶτον οὐχ ἑκοῦσ' ἐδεξάμην enthalten nur die Nebensache; die Hauptsache, auf welche es Hermione ankommt und was Andromache mit Ζεὺς τάδ' εἰδείη μέγας feierlich bekräftigt, ohne bei jener Glauben zu finden, liegt in νῦν δ' ἐκλέλοιπα, in der Versicherung, dass sie keine Nebenbuhlerin der Hermione sei. V. 38 ist also ein störender Zusatz. — Auch die übrigen Interpolationen der Andromache scheinen nur von den Commentatoren herzurühren; ebenso die der Herakliden (224 f. 494—97) und Herc. f. V. 103, welcher in dem Citat der Stelle bei Stobaeus flor. 110, 7 fehlt, also in der Handschrift, welche Stobaeus benutzte, nicht stand. Ebd. 760

γέροντες, οὐκέτ' ἔστι δυσσεβὴς ἀνήρ. 760
σιγᾷ μέλαθρα· πρὸς χοροὺς τραπώμεθα,
φίλοι γὰρ εὐτυχοῦσιν οὓς ἐγὼ θέλω

ist der V. 762, welchen bereits Nauck verdächtigt hat, aus drei Gründen als unecht zu bezeichnen: einmal ist πρὸς χοροὺς τραπώμεθα der richtige Abschluss. Zweitens entsprechen den strophischen Versen 735—748 als Antistrophe die Verse 750—761, indem nur die aus dem Hause schallenden Rufe des Lykos ἰὼ μοι μοι und ὦ πᾶσα Κάδμου γαῖ', ἀπόλλυμαι δόλῳ sich der Responsion entziehen. Endlich wäre der Ausdruck οὐκ ἐγὼ θέλω nur bei räthselhafter Andeutung am Platze wie V. 748 εἰ πράccει τιc ὡc ἐγὼ θέλω. Seltenere Spuren der Interpolation weisen die Stücke Ion (V. 616 f.), Cyclops (V. 93), Rhesus und Troades auf. In den Troades haben Dindorf und Nauck mehrere Interpolationen wahrscheinlich gemacht. Dazu gehört auch V. 237 in den Worten des auftretenden Talthybios:

'Εκάβη, πυκνὰc γὰρ οἶcθά μ' εἰc Τροίαν ὁδοὺc 235
ἐλθόντα κήρυκ' ἐξ Ἀχαϊκοῦ cτρατοῦ,
ἐγνωcμένοc δὲ καὶ πάροιθέ cοι, γύναι
Ταλθύβιοc ἥκω καινὸν ἀγγελῶν λόγον.

Derjenige, welcher den V. ἐγνωcμένοc .. γύναι hinzufügte, nahm das vorausgehende in dem Sinne „du weisst, dass ich oftmals als Herold des Achäerheers nach Troja kam", statt des richtigen Gedankens „du kennst mich, da ich oftmals als Herold nach Troja kam".

Einen eigenen Ursprung und Charakter haben die umfangreichen Interpolationen der Iphig. Aul. Zu den fremdartigen Zusätzen gehören auch die V. 981—989, an denen man bis jetzt noch keinen Anstoss genommen zu haben scheint. Achilles hat Klytämnestren versprochen ihr beizustehen und nicht zu dulden, dass deren Tochter, seine angebliche Braut, sterbe. Der Chor lobt diese Rede des Achilles und Klytämnestra hebt an sie nach Gebühr zu rühmen. Statt dessen kommen Verse, in welchen das Mitleid des Achilles erregt werden soll. Und doch hat Achilles bereits erklärt, dass er dem Schicksal der Klytämnestra jegliche Theilnahme zolle V. 933

ἃ δὴ κατ' ἄνδρα γίγνεται νεανίαν,
τοιοῦτον οἶκτον περιβαλὼν καταcτελῶ.

Jene Verse wären vor dem Versprechen des Achilles an ihrer Stelle, nicht aber nachher. Wir müssen also V. 981—989 als späteren Zusatz betrachten. Es gehören folgende Verse zusammen:

πῶc ἄν c' ἐπαινέcαιμι μὴ λίαν λόγοιc,
μηδ' ἐνδεῶc τοῦδ' ἀπολέcαιμι τὴν χάριν;
αἰνούμενοι γὰρ ἀγαθοὶ τρόπον τινὰ
μιcοῦcι τοὺc αἰνοῦνταc, ἢν αἰνῶc' ἄγαν. 980
ἀλλ' εὖ μὲν ἀρχὰc εἶπαc, εὖ δὲ καὶ τέλη· 990
cοῦ γὰρ θέλοντοc παῖc ἐμὴ cωθήcεται.

## V. Lücken.

Manche Schwierigkeit des Textes ist durch Annahme einer Lücke beseitigt worden. Man kann zwar in solchen Annahmen zu weit gehen und übersehen, dass der Fehler nicht von einem Ausfall, sondern von einer Corruptel herrührt; aber gewöhnlich giebt sich die Lücke, wenn sie einmal aufgedeckt ist, so unzweideutig zu erkennen, dass jeder Zweifel schwindet. Unerfreulich freilich bleiben solche Ergebnisse immer, weil sie uns jede Aussicht benehmen den ursprünglichen Text wieder zu gewinnen; aber sie bringen uns ebenso gut eine Aufklärung wie die glücklichste Emendation. So hat man sich viele Mühe gegeben in Eur. fr. 288 (Justin. Mart. de mon. c. 5 vol. I p. 130)

πόλεις τε μικρὰς οἶδα τιμώσας θεούς, 10
αἳ μειζόνων κλύουσι δυσσεβεστέρων
λόγχης ἀριθμῷ πλείονος κρατούμεναι.
οἶμαι δ' ἂν ὑμᾶς, εἴ τις ἀργὸς ὢν θεοῖς
εὔχοιτο καὶ μὴ χειρὶ συλλέγοι βίον,
τὰ θεῖα πυργοῦσιν κακαί τε συμφοραί. 15

den letzten Satz οἶμαι — συμφοραί einzurichten und verständlich zu machen. Dindorf bemerkt dazu: τὰ φλαῦρα πυργοῦν τὰς κακάς τε. συμφοράς Heimsoethius Krit. Stud. I p. 47: Alia tentarunt Herwerdenus Exerc. p. 45 aliique, quorum omnium nihil satisfacit. Nauck bemerkt dazu: v. 15 non expedio. Es ist kein Wunder, dass zwei gründlich verschiedene Dinge sich schwer vereinigen lassen. Zwischen V. 14 und 15 ist eine Lücke[1]). Zum Beweise, dass es keine Götter gebe, wird auf das Glück gottloser und ungerechter Tyrannen, auf das Schicksal kleiner Städte, die trotz ihrer Frömmigkeit von grösseren unterjocht werden, hingewiesen. Wenn es dann weiter heisst: „ich glaube, dass ihr, wenn ihr bloss beten würdet ohne zu arbeiten und euer Brod zu verdienen", so muss offenbar als Nachsatz folgen: „dass ihr in Noth und Elend darben würdet, dass eure Gebete euch vor Armut nicht schützen würden". Es kann also etwa geheissen haben:

οἶμαι δ' ἂν ὑμᾶς, εἴ τις ἀργὸς ὢν θεοῖς
εὔχοιτο καὶ μὴ χειρὶ συλλέγοι βίον,
⟨πτωχοὺς γενέσθαι καὶ δόμων ἀναστάτους⟩.

Wenn hierauf nicht noch ein neuer Beweis folgte, was nicht wahrscheinlich ist, so musste dann der Schlussgedanke etwa dasselbe besagen wie in dem bekannten Bruchstück des Kritias I p. 598 N. die V. 12 ff. und V. 37

τοίους πέριξ ἔστησεν ἀνθρώποις φόβους
δεινούς[2]) καλῶς τε τῷ λόγῳ κατῴκισεν
τὸν δαίμον' οἰκεῖν ἐν πρέποντι χωρίῳ.

---

1) Dieselbe Bemerkung hat auch M. Haupt im Hermes VII Heft 3 p. 295 gemacht. Haupt ergänzt λιμῷ τεθνήξειν· αἱ δ' ἀνέλπιστοι τύχαι, worin τεθνήξειν nach οἶμαι δ' ἂν kaum von Euripides herrühren dürfte. Die Stelle, die dafür angeführt werden könnte, Soph. Ant. 390 ἐπεὶ σχολῇ ποθ' ἥξειν δεῦρ' ἂν ἐξηύχουν ἐγώ ist sicher fehlerhaft; die Aenderung von Blaydes σχολῇ γ' ἂν oder σχολῇ ποτ' ἐλθεῖν ist minder wahrscheinlich als eine andere: ἐπεὶ σχολῇ ποθ' ἥξειν δεῦρό μ' ἐξεύχουν ἐγώ vergl. El. 470 πικρὰν δοκῶ με πεῖραν τόνδε τολμήσειν ἔτι u. a. (Krüger Gr. I § 55, 2, 3).
2) So schreibe ich für δι' οὕς.

Ein Gedanke also wie

    ⟨οἱ φόβοι βροτῶν⟩
  τὰ θεῖα πυργοῦϲ' αἱ κακαί τε ϲυμφοραί.

schloss das Ganze ab und bekräftigte die zuerst aufgestellte Behauptung:

  φηϲίν τιϲ εἶναι δῆτ' ἐν οὐρανῷ θεοί;
  οὐκ εἰϲίν, οὐκ εἴϲ', εἴ τιϲ ἀνθρώπων θέλει
  μὴ τῷ παλαιῷ μῶροϲ ὢν χρῆϲθαι λόγῳ.

In Eur. fr. 534 (Macrob. Sat. V 18, 17)

  Τελαμὼν δὲ χρυϲοῦν ἀετὸν πέλτηϲ ἔπι
  πρόβλημα θηρόϲ, βότρυϲι δ' ἔϲτεψεν κάρα,
  Cαλαμῖνα κοϲμῶν πατρίδα τὴν εὐάμπελον.
  Κύπριδοϲ δὲ μίϲημ', Ἀρκὰϲ Ἀταλάντη κύναϲ
  καὶ τόξ' ἔχουϲα, πελέκεωϲ δὲ δίϲτομον  5
  γένυν ἔπαλλ' Ἀγκαῖοϲ.

erkennen wir sofort einen Ausfall in V. 5:

  Κύπριδοϲ δὲ μίϲημ', Ἀρκὰϲ Ἀταλάντηϲ κύναϲ
  καὶ τόξ' ἔχουϲα . . . . . . .
   . . . . . . πελέκεωϲ δὲ δίϲτομον
  γένυν ἔπαλλ' Ἀγκαῖοϲ.

In Phoen. 1189

  οἱ δ' αὖ παρ' ἡμῶν δεξιὸν Διὸϲ τέραϲ
  ἰδόντεϲ ἐξήλαυνον ἁρμάτων ὄχουϲ
  ἱππῆϲ ὁπλῖται· κεἰϲ μέϲ' Ἀργείων ὅπλα
  ϲυνῆψαν ἔγχη, πάντα δ' ἦν ὁμοῦ κακά,

begreift man nicht, wie ἱππῆϲ ὁπλῖται Subjekt zu ἐξήλαυνον ἁρμάτων ὄχουϲ sein soll. Vergl. V. 1146 τί μέλλετ' ἄρδην πάντεϲ ἐμπίπτειν πύλαιϲ γυμνῆτεϲ ἱππῆϲ ἁρμάτων τ' ἐπιϲτάται. Es fehlt nach V. 1190 ein Vers, etwa des Inhalts

  πάντεϲ τ' ἐφωρμήθηϲαν ἐξ ἑνὸϲ ῥόθου
  ἱππῆϲ ὁπλῖται.

Einen Ausfall in der Mitte des Verses wie in dem vorher behandelten Fragment haben wir Herc. f. 525

  ἔα· τί χρῆμα; τέκν' ὁρῶ πρὸ δωμάτων
  ϲτολμοῖϲι νεκρῶν . . . . . . .
   . . . . . κρᾶταϲ ἐξεϲτεμμένα.

Denn das Haupt kann nicht mit einem Todtenkleide bekränzt sein.
Ebenso El. 830

  χὦ μὲν ϲκυθράζει, δεϲπότηϲ δ' ἀνιϲτορεῖ·
  τί χρῆμ' ἀθυμεῖϲ; . . . . . . .
   . . . . . . ὦ ξέν', ὀρρωδῶ τινα
  δόλον θυραῖον.

Schon die Stellung von ὦ ξέν', welche früher die falsche Verbindung τί χρῆμ' ἀθυμεῖϲ, ὦ ξέν' veranlasste — nur Aegisthos kann den Orestes mit ὦ ξέν' anreden, nicht umgekehrt —, weist darauf hin, dass vor ὦ ξέν' eine Lücke anzusetzen ist. Es fehlt aber die in einem erzählenden Bericht nothwendige Vermittlung zwischen der Frage des Orestes τί χρῆμ' ἀθυμεῖς; und der Antwort des Aegisthos ὦ ξέν', ὁρρωδῶ κτέ.

Bacch. 1352
ὦ τέκνον, ὡς εἰς δεινὸν ἤλθομεν κακόν,
cύ θ' ἡ τάλαινα cύγγονοί τε cαί.
ἐγώ θ' ὁ τλήμων βαρβάρους ἀφίξομαι
γέρων μέτοικος.

kann der Satz ἐγώ θ' ὁ τλήμων .. ἀφίξομαι nicht zu der Aufzählung cύ τε cύγγονοί τε gehören; die Lücke nach cυγγονοί τε cαί (vielleicht cύγγονοί θ' ὁμόσποροι) beschränkt sich also nicht auf einen Versfuss, sondern begreift mehrere Verse in sich, in welchen das in der Lücke vor V. 1330 von Dionysos verkündete Schicksal der Agaue und ihrer Schwestern ebenso noch einmal kurz erwähnt und bejammert war, wie Kadmos nachher das seinige und das seiner Gemahlin Harmonia schmerzlich beklagt.

## VI. Bemerkungen zu einzelnen Stellen.

### Alc. 228.

ἆρ' ἄξια καὶ cφαγᾶc τάδε
καὶ πλέον ἢ βρόχῳ δέρην
οὐρανίῳ πελάccαι.

Ich kann οὐρανίῳ hier nicht verstehen. Wer sich aufhängt, hängt sich nicht himmelhoch. Soll etwa οὐρανίῳ ein affektvoller Ausdruck sein? Wird aber die Bedeutung und der Schmerz des Aufhängens durch die Höhe gesteigert und sucht man den Strick um so höher anzubringen, je grösser die Verzweiflung ist? Ebenso unpassend steht dasselbe Wort Phoen. 211 (s. unten z. d. St.).

In ähnlicher Weise wie dort wird οὐρανίῳ hier in ἀγχονίῳ verbessert werden müssen. Mit

βρόχῳ δέρην
ἀγχονίῳ πελάccαι

vergl. Hel. 686 οὐκ ἔcτιν μάτηρ· ἀγχόνιον βρόχον δι' ἐμὲ κατεδήcατο δύcγαμοc αἰcχύνᾳ.

### Alc. 320.

καὶ τόδ' οὐκ εἰς αὔριον
οὐδ' εἰς τρίτην μοι μηνὸς ἔρχεται κακόν,
ἀλλ' αὐτίκ' ἐν τοῖς μηκέτ' οὖcι λέξομαι.

Statt des unverständlichen εἰς τρίτην μοι μηνόc erwarten wir einen Ausdruck wie „nicht erst morgen und übermorgen" (vergl.

„gestern und vorgestern", χθιζά τε καὶ πρώϊζα). Darum vermuthe ich
> ταὶ τόδ' οὐκ εἰc αὔριον
> οὐδ' εἰc τρικαῖον ἦμαρ ἔρχεται κακόν.

Alc. 569.
> ὦ πολύξεινος καὶ ἐλεύθεροc ἀνδρὸc ἀεί ποτ' οἶκοc.

Mich wundert, dass der Stilfehler dieses Verses noch nicht bemerkt worden ist. Es wird genügen nur darauf hinzuweisen, dass es heissen muss:
> ὦ πολύξεινοc καὶ ἐλευθέρου ἀνδρὸc ἀεί ποτ' οἶκοc.

Alc. 710.
ΦΕ. coῦ δ' ἂν προθνήcκων μᾶλλον ἐξημάρτανον.
ΑΔ. ταὐτὸν γὰρ ἡβῶντ' ἄνδρα καὶ πρέcβυν θανεῖν;
ΦΕ. ψυχῇ μιᾷ ζῆν, οὐ δυοῖν ὀφείλομεν.
ΑΔ. καὶ μὴν Διόc γε μεῖζον' ἂν ζῴηc χρόνον.
ΦΕ. ἀρᾷ γονεῦcιν οὐδὲν ἔκδικον παθών;
ΑΔ. μακροῦ βίου γὰρ ᾐcθόμην ἐρῶντά cε. 715
ΦΕ. ἀλλ' οὐ cὺ νεκρὸν ἀντὶ coῦ τόνδ' ἐκφέρειc;

Eine sehr richtige Beobachtung hat Nauck veranlasst die V. 714. 715 nach V. 719 einzusetzen. Denn ἀρᾷ γονεῦcιν hat in dem jetzigen Texte keine Beziehung; in καὶ μὴν Διόc γε μεῖζον' ἂν ζῴηc χρόνον kann höchstens ein Spott, nicht aber ein Fluch oder eine Verwünschung liegen. Dagegen enthält der V. 719 εἴθ' ἀνδρὸc ἔλθοιc τοῦδέ γ' εἰc χρείαν ποτέ den Wunsch, Pheres möge sich einmal in einer schlimmen Lage befinden, so dass hiernach ἀρᾷ γονεῦcιν ganz geeignet ist. Allein die Umstellung ist doch nicht möglich, weil dann die Frage ἀλλ' οὐ cὺ νεκρὸν ἀντὶ coῦ τόνδ' ἐκφέρειc; ihre Beziehung verliert; denn diese kann sich nur auf μακροῦ βίου γὰρ ᾐcθόμην ἐρῶντά cε beziehen („liebst nicht du ein langes Leben, bist nicht du ein φιλόψυχοc, da du einen anderen für dich sterben lässt?"). Es muss also der Fehler anderswo liegen. Der Sinn ist in Ordnung, sobald wir in V. 713 μείζονα für μεῖζον' ἂν schreiben. Denn in
ΑΔ. καὶ μὴν Διόc γε μείζονα ζῴηc χρόνον.
ΦΕ. ἀρᾷ γονεῦcιν οὐδὲν ἔκδικον παθών;
ΑΔ. μακροῦ βίου γὰρ ᾐcθόμην ἐρῶντά cε.

drückt Pheres mit ἀρᾷ γονεῦcιν seinen Unwillen über den boshaften Wunsch Διὸc μείζονα χρόνον ζῴηc aus. Admetus aber begründet seinen Wunsch mit μακροῦ βίου ᾐcθόμην ἐρῶντά cε, worin sich μακροῦ βίου auf μείζονα Διὸc χρόνον bezieht.

Alc. 779.
> δεῦρ' ἔλθ', ὅπωc ἂν καὶ cοφώτεροc γένῃ.
> τὰ θνητὰ πράγματ' οἶδαc ἣν ἔχῃ φύcιν;

οἶμαι μὲν οὔ· πόθεν γάρ; ἀλλ' ἄκουέ μου.
βροτοῖc ἅπαcι κατθανεῖν ὀφείλεται,
κοὐκ ἔcτι θνητῶν ὅcτιc ἐξεπίcταται
τὴν αὔριον μέλλουcαν εἰ βιώcεται.
τὸ τῆc τύχηc γὰρ ἀφανὲc οἷ προβήcεται
κἄcτ' οὐ διδακτὸν οὐδ' ἁλίcκεται τέχνῃ.

Nauck Eur. St. I 93 hält die gleichen Versausgänge für unerträglich und glaubt, dass hier eine Verderbniss des Textes vorliege. Es dürfte darum nicht überflüssig sein zu bemerken, dass die vielen gleichen Versausgänge im Munde des Herakles als eines Weisheitslehrers eine komische Wirkung erzielen. Man darf nur die Stelle hierauf ansehen und man wird sofort den Scherz herausfühlen. Uebrigens kehren die Sprüche, welche hier im Predigertone eines alten Pädagogen vorgetragen werden, gerade in der Tragödie immer wieder, so dass diese Stelle für den viel besprochenen Charakter des Stückes bezeichnend ist. Die Alcestis ist so wenig eine reine Tragödie, dass in ihr die Lehren der Tragödie parodiert werden.

### Androm. 168.

γνῶναί θ' ἵν' εἶ γῆc· οὐ γὰρ ἔcθ' "Εκτωρ τάδε,
οὐ Πρίαμοc οὐδὲ χρυcὸc ἀλλ' 'Ελλὰc πόλιc.

Im zweiten Verse ist οὐδὲ χρυcὸc sinnlos. Den richtigen Sinn hat Valckenaer mit der Aenderung οὐδὲ Τρῳὰc (Hartung οὐδὲ Μυcίc) angegeben, während das von Markland vorgeschlagene ὁ Ζάχρυcoc hier höchst unpassend ist. Ich habe früher mit der Bemerkung „invidioso nomine (cfr. 194, 291, 363, 455, 592) Hermione utitur" οὐ Φρυγῶν τιc vermuthet. Es ist einfach zu schreiben:

οὐ Πρίαμοc οὐδὲ Φρύγιοc ἀλλ' 'Ελλὰc πόλιc.

Vergl. ausser den angegebenen Stellen noch Iph. A. 682 ὡc ἄχθοc ὑμῖν ἐγένεθ' ἡ Φρυγῶν πόλιc 'Ελένη τε.

### Androm. 811.

μόλιc δέ νιν θέλουcαν ἀρτῆcαι δέρην
εἴργουcι φύλακεc δμῶεc ἔκ τε δεξιᾶc
ξίφη καθαρπάζουcιν ἐξαιρούμενοι.

In dem letzten Verse ist zweierlei fehlerhaft. Einmal ist die Verbindung von καθαρπάζουcιν ἐξαιρούμενοι unerträglich; denn das eine ist nicht verschieden von dem andern. Besonders aber ist der Gebrauch von καθαρπάζειν in dieser Weise unmöglich. Was καθαρπάζειν bedeutet, zeigt V. 1121 ἐξέλκει δὲ καὶ παραcτάδοc κρεμαcτὰ τεύχη παccάλων καθαρπάcαc, (Bacch. 628 ἵεται ξίφοc κελαινὸν ἁρπάcαc δόμων ἔcω). Denselben Sinn hat καθαρπάζειν auch hier, indem zu schreiben ist

ἔκ τε δεξιᾶc
ξίφη καθαρπάζουcαν ἐξαιρούμενοι.

Es ist nicht nöthig nach diesem V. eine Lücke anzunehmen; εἴργουcι gehört auch zu ξίφη καθαρπάζουcαν: ξίφη καθαρπάζουcαν εἴργουcι ἐκ δεξιᾶc ἐξαιρούμενοι („und wenn sie ein Schwert von der Wand herunterreisst um sich zu erstechen, so hindern sie die Diener indem sie es ihr aus der Hand entwinden"). Vergl. Iph. T. 362 ὅcαc γενείου χεῖραc ἐξηκόντιcα γονάτων τε τοῦ τεκόντοc ἐξαρτωμένη, Tyrtaeus fr. 8, 36 βάλλετε χερμαδίοιc δούρασί τε ἀκοντίζοντεc.

### Androm. 1053.

Πηλεῦ, cαφῶc ἤκουcαc· οὐδ᾽ ἐμοὶ καλὸν
κρύπτειν ἐν οἷcπερ οὖcα τυγχάνω κακοῖc.

Dies giebt den Sinn „Peleus, du hast recht gehört, und es geziemt sich nicht für mich geheim zu halten, in welcher schlimmen Lage ich mich befinde". Der Gedanke ist falsch. Der Chor befindet sich nicht in einer schlimmen Lage und es ist auch nicht unehrenvoll zu verheimlichen, dass man sich nicht wohl befinde. Der Chor kann nur eines sagen: „ich muss die Wahrheit sagen und darf nicht leugnen was ich mit eignen Augen angesehen habe, wobei ich zufällig Augenzeuge gewesen bin". Demnach muss es heissen:

οὐδ᾽ ἐμοὶ καλὸν
κρύπτειν ἐν οἷc παροῦcα τυγχάνω κακοῖc.

Wie öfters, hat auch hier die geläufigere Penthemimeris die falsche Trennung veranlasst [1]).

### Androm. 1219.

ἀμπτάμενα φροῦδα πάντα κεῖται
κόμπων μεταρcίων πρόcω.

Der Vorstellung von ἀμπτάμενα widerspricht der Begriff von κεῖται. Man könnte κεῖνα dafür vermuthen; da sich aber öfters die Verwechslung von φ und κ findet (vergl. ars Soph. em. p. 50), so liegt die Emendation πάντ᾽ ἀφεῖται näher. Vergl. Soph. Aut. 1165 καὶ νῦν ἀφεῖται πάντα („alles ist hin").

### Androm. 1235.

κἀγὼ γὰρ ἦν ἄκλαυcτ᾽ ἐχρῆν τίκτειν τέκνα.

Dieser Vers ist von Bedeutung für zweierlei Fragen. Die beste Handschrift mit mehreren anderen bietet ἄκλαυτ᾽ ἐχρήν. Darin liegt eine neue Bestätigung dessen, was ich in meinen curae epigr. p. 60 über das s. g. c̄ euphonicum gesagt und aus Inschriften, Angaben

---

1) Aehnlich scheint auch Theogn. 677
εἰ μέν χρήματ᾽ ἔχοιμι, Cιμωνίδη, οἷά περ ἦδειν,
οὐκ ἂν ἀνιψμην τοῖc ἀγαθοῖcι cυνών.
gelitten zu haben. Hermann hat οἷάπερ οὖν δή, Hecker ὅccαπερ ἡδύ, Ahrens οἷα πρίν, ἤδη, Bergk früher οἷάπερ ἤδει (d. i. τέρπει), jetzt οἷάπερ οἶδα, Heimsocth οἷάπερ ἤτευν vermuthet. Das einfachste und dem Sinn entsprechendste ist οἷα πάροιθεν.

der Grammatiker und den besten Handschriften festgestellt habe, dass die Zugabe des c̄ den Abschreibern angehört, welche der Aussprache der späteren Zeit folgten. Aus Euripides hätte ich noch ein sehr sprechendes Beispiel anführen können, Cycl. 633, wo die Handschriften καὶ τὸν für καυτὸν bieten und erst Scaliger das richtige gefunden hat, nur dass er καυcτόν schrieb. Zweitens beweist dieser Vers, dass denselben Abschreibern die Form ἐχρῆν nach einem elisionsfähigen Vokal zuzuschreiben ist. Ahrens de crasi et aphaeresi p. 6 hat gezeigt, dass χρῆν, entstanden aus χρὴ ἦν wie χρῇcται aus χρὴ ἔcται, χρείη aus χρὴ εἴη, χρῆναι aus χρὴ εἶναι, χρεών aus χρὴ ὄν, die gute und richtige Form ist, während ἐχρῆν nur einer falschen Analogie seinen Ursprung verdankt. Herodot und Thucydides kennen nur die Form χρῆν, ebenso Aeschylus und mit Ausnahme einer einzigen Stelle fr. 94, 6 D. Sophokles. Denn dass an der einen Stelle bei Aeschylus, wo ἐχρῆν möglich ist, Cho. 907

φιλεῖc τὸν ἄνδρα τοῦτον, ὃν δὲ χρῆν φιλεῖν

geschrieben werde, fordert alle Methode. Nicht anders ist es mit Soph. Phil. 1062, wo der Laur. allerdings c' ἐχρῆν bietet, andere Handschriften aber cε χρῆν haben. Dindorf ist nicht consequent: an der ersten Stelle setzt er δ' ἐχρῆν, an der zweiten cε χρῆν in den Text. Euripides gebraucht beide Formen; wenn aber χρῆν die bessere Form ist, so muss man erwarten, dass er die andere nur dem Metrum zu Liebe sich gestattet habe. In der That kommt bei ihm χρῆν häufiger vor als ἐχρῆν. Kann es nun in dem vorausstehenden Verse zweifelhaft sein, ob Euripides

κἀγὼ γὰρ ἦν ἄκλαυτα | χρῆν τίκτειν τέκνα

geschrieben oder mit ἄκλαυτ' ἐχρῆν einen schlechten Vers gebildet habe; ob er Tro. 1218

ἃ δ' ἐν γάμοιc ἐχρῆν cε | προcθέcθαι χροῖ

oder

ἃ δ' ἐν γάμοιcι | χρῆν cε προcθέcθαι χροῖ

gewollt habe? Porson praef. ad Hec. p. XVI bemerkt: debueram fortasse χρῆν excipere, quod non minus quam ἐχρῆν in scena Attica occurrit, etiam apud comicos, quomodo ut uno exemplo contentus sim, Hermippum Athenaei VIII p. 344 D τοὺc μὲν ἄρ' ἄλλουc οἰκουρεῖν χρῆν, πέμπειν δὲ Νόθιππον ἕν' ὄντα. In der Aufnahme von ἐχρῆν musste man ängstlich sein, so lange man glaubte χρῆν sei eine Form, die ihr Augment abgeworfen habe. Matthiä hat zuerst Hec. 231 οὔ με χρῆν (für οὔ μ' ἐχρῆν) als das richtige anerkannt. Man folgt ihm nicht und M. Seyffert bemerkt z. B. zu Soph. l. c. „nimium videtur, quod Matthiaeus ad Hec. 228 censet ἐχρῆν formam nisi metro cogente nunquam esse admittendam".

Ein weiterer Beweis für die Richtigkeit der Bemerkung, dass der unnöthige Gebrauch der Form ἐχρῆν den Abschreibern angehöre, liegt in der Beobachtung, dass dieselben Abschreiber an unzähligen Stellen das ihnen minder geläufige χρῆν, wenn es sich nicht in ἐχρῆν verwandeln liess, in χρή verändert haben. Wie die beste Handschrift an unserer Stelle ἄκλαυτ' ἐχρήν hat, so bietet sie auch V. 423 δὲ χρήν. Die geläufige Cäsur hat dort verhindert, dass δὲ χρῆν auch in besseren Handschriften in δ' ἐχρῆν überging. Den gleichen Accent weist dieselbe Handschrift auch V. 1208 auf: πρέcβυ χρήν. Vielleicht ist dies als χρή mit nachträglich angehängtem ν zu betrachten. Hec. 983 hat nur die Handschrift A cε χρῆν bewahrt, alle anderen geben cε χρή. Lehrreich ist das Schwanken der Handschriften in Alc. 379

ὦ τέκν', ὅτε ζῆν χρῆν μ', ἀπέρχομαι κάτω.

χρή μ' BC, χρῆν μ' a, χρή μ' b, χρῆν μ' c, χρή μ' d, μ' ἐχρῆν βγ. Kann hiernach Or. 1030

θανάτου τ' ἀώρου. Ζῆν ἐχρῆν c', ὅτ' οὐκέτ' εἶ,

wo eine der besseren Handschriften ζῆν c' ἐχρῆν hat, die Wahl zwischen ζῆν cε χρῆν und ζῆν ἐχρῆν c' schwer sein? Vergl. Tro. 655 παρεῖχον· ᾔδειν δ' ἁμὲ χρῆν νικᾶν πόcιν: „ἁμὲ χρή B in lemmate scholii. ἅμ' ἐχρῆν G, ἅ με χρῆν Aldina. de ceteris non constat. οἷc μ' ἐχρῆν Christ. pat. v. 551." — Hipp. 345 haben die zwei besten Handschriften ἅμε χρή, die übrigen ἅμ' ἐχρῆν; das richtige ἁμὲ χρῇc hat Bergk hergestellt. Ebd. 1319 geben die Handschriften BCEbd ὅcονπερ ἐχρῆν für ὅcονπερ χρῆν.

Bacch. 206.

οὐ γὰρ διήρηχ' ὁ θεὸc εἴτε τὸν νέον
εἰ χρὴ χορεύειν εἴτε τὸν γεραίτερον.

Das unpassende εἰ ist von Musurus durch ἐχρῆν beseitigt worden. Dindorf hat θέλει χορεύειν, Usener χαίρει χορεύοντ' vermuthet. Ich leite εἰ χρὴ aus χρή εἰ ab, wodurch das weit passendere χρῄζει gewonnen wird:

οὐ γὰρ διήρηχ' ὁ θεὸc εἴτε τὸν νέον
χρῄζει χορεύειν εἴτε τὸν γεραίτερον.

Wie wir vorher gesehen haben, steht Hipp. 345 ἁμὲ χρή oder ἅμ' ἐχρῆν für ἁμὲ χρῇc (χρῄζεις) in den Handschriften.

Bacch. 235.

ξανθοῖcι βοcτρύχοιcιν εὐόcμοιc κομῶν,
οἰνωπὸc ὅccοιc χάριτας Ἀφροδίτης ἔχων.

Ich vermisse bei ὅccοιc die Präposition ἐν und möchte diese herstellen durch

οἰνώψ, ἐν ὅccοιc χάριτας Ἀφροδίτης ἔχων.

Es muss beachtet werden, dass οἰνωπὸc nur eine Conjektur von Barnesius ist. Die eine Handschrift bietet οἰνωπάc τ' ὅcοιc (ὅccοιc a m. sec.), die andere οἰνωπά τ' ὄccοιc. Scaliger hat οἰνῶπαc vermuthet.

### Bacch. 859.

γνώcεται δὲ τὸν Διὸc
Διόνυcον, ὃc πέφυκεν ἐν τέλει θεὸc
δεινότατοc, ἀνθρώποιcι δ' ἠπιώτατοc.

In dieser Stelle ist sowohl ἐν τέλει als ἀνθρώποιcι unmöglich. Für ἐν τέλει vermuthet Nauck ἐνcτάταιc, für ἀνθρώποιcι Badham εὐνοοῦcι. Es ist bekannt, dass gern minder gewöhnliche und den Abschreibern nicht so geläufige Wörter, wenn sie vielleicht weniger leicht lesbar waren in näher liegende Ausdrücke übergingen. So, glaube ich, wurde aus ἐλλέροιc (Hesych. ἔλλερα· κακά), welches der Ueberlieferung näher steht als ἐνcτάταιc, das sinnlose ἐν τέλει. Das corrupte ἀνθρώποιcι ist offenbar unter Einwirkung der geläufigen Abkürzung ᾱ̄νοιcι entstanden. Dieser steht am nächsten ἐννόμοιcι. Also haben wir:

ὃc πέφυκεν ἐλλέροιc θεὸc
δεινότατοc, ἐννόμοιcι δ' ἠπιώτατοc.

Vergl. Aesch. Suppl. 403 Ζεὺc ἑτερορρεπὴc
νέμων εἰκότωc ἄδικα μὲν κακοῖc, ὅcια δ' ἐννόμοιc.

### Bacch. 982.

μάτηρ πρῶτά νιν λευρᾶc ἀπὸ πέτραc ἤ
cκόλοποc ὄψεται
δοκεύοντα, Μαινάcιν δ' ἀπύcει.

Was soll hier cκόλοποc bedeuten? Wie soll Agaue auf einem Pfahle stehen? Könnte cκόλοψ „der Baumstumpf" heissen, dann würde es noch einen Sinn haben. Offenbar haben wir in cκόλοποc nichts anderes als cκόπελοc, welches an das ἀποcκοπεῖν der Pane und Satyrn erinnert. Man kann schreiben ἤ cκοπέλου; aber viel näher liegt:

μάτηρ πρῶτά νιν λευρᾶc ἀπὸ πέτραc, ἧ
cκόπελοc, ὄψεται.

„von einem weittragenden Felsen, wo man eine weite Umsicht hat". So steht λευρᾶc in causalem Verhältniss zu ἧ cκόπελοc. Vergl. Ion 714 ἰὼ δειράδεc Παρναcοῦ πέτραc ἔχουcαι cκόπελον οὐράνιόν θ' ἕδραν.

### Bacch. 1005 (1001).

τὸ coφὸν οὐ φθονῶ·
χαίρω θηρεύουc-
α τὰ δ' ἕτερα μεγάλα φανερά τ' ὄντ' ἀεί,
ἐπὶ τὰ καλὰ βίον
ἧμαρ εἰc νύκτα τ' εὐαγοῦντ' εὐcεβεῖν,
τὰ δ' ἔξω νόμιμα δίκαc ἐκβαλόν-
τα τιμᾶν θεούc.

In diesem Text fällt vor allem auf, dass ἐπὶ τὰ καλά kein Wort hat, von welchem es abhängig ist. Dieses lässt sich leicht herstellen. Im vorhergehenden Verse ist φανερά τ' ὄντ' eine Conjektur von Musgrave; die Handschrift bietet φανερὰ τῶν. Darin haben wir einfach eine Verwechslung von Γ und Τ zu erkennen und erhalten φανέρ' ἄγοντ' ἀεὶ ἐπὶ τὰ καλὰ βίον „semper agentia vitam ad honesta" vergl. ἄγειν ἐπ' εὐδαιμονίαν u. a. Im übrigen ist die Responsion nicht dadurch zu gewinnen, dass man mit Nauck θηρεύουc' | ἕτερα schreibt und im strophischen Verse 987
ἐc ὄροc ἐc ὄροc ἔμολεν ἔμολεν, ὦ Βάκχαι:
das eine ἐc ὄροc tilgt, sondern in folgender Weise
ἐc ὄροc ἐc ὄροc ἔμολ' ἔμολεν ὦ Βάκχαι;
-α τάδ' ἕτερα μεγάλα φανέρ' ἄγοντ' ἀεί.
So erhalten wir ohne weitere Aenderung in beiden Versen zwei Dochmien.

In V. 1001, wo Nauck mit Recht an βίᾳ Anstoss nimmt, ist wahrscheinlich τὰν ἀνίκατον ὡc κρατήcων νίκαν (= Μαινάδων — κατάcκοπον λυccώδη) zu schreiben.

Hec. 1208.

πῶc ὅτ' εὐτύχει
Τροία, πέριξ δὲ πύργοc εἶχ' ἔτι πτόλιν
ἔζη τε Πρίαμοc Ἕκτορόc τ' ἤνθει δόρυ,
τί δ' οὐ τότ', εἴπερ τῷδ' ἐβουλήθηc χάριν
θέcθαι, τρέφων τὸν παῖδα κἀν δόμοιc ἔχων
ἔκτειναc;

Richtig ist die Periode gebaut, wenn τί οὐ τότε .. ἔκτειναc; geschrieben wird; denn τί ist gleichbedeutend mit πῶc und tritt an die Stelle von πῶc. Dass wir keinen Anstand nehmen dürfen τί οὐ herzustellen, zeigt das merkwürdige Schwanken der Handschriften in Phoen. 878

ἀγὼ τί οὐ δρῶν, ποῖα δ' οὐ λέγων ἔπη.

Hier fehlt οὐ in den besten Handschriften und doch muss nothwendiger Weise dem ποῖα οὐ λέγων ἔπη ein τί οὐ δρῶν vorausgehen, so dass diese Lesart geringerer Handschriften, mag sie auch nur auf Correktur beruhen, keinen Augenblick in Zweifel gezogen werden darf. Porson will κἀγὼ τίν' οὐ δρῶν schreiben, um den Hiatus zu entfernen; τίνα soll sich ebenso wie ποῖα auf ἔπη beziehen. Allein das ist ein schlechtes Auskunftsmittel. Wie kann gerade bei dem Gegensatz von Worten und Thaten ἔπη zu δρῶν gehören? Man muss eben einfach zugeben, dass sich die Tragiker den Hiatus zwischen τί und einem dumpfen Laute gestattet haben. Am deutlichsten zeigt die Variante, welche der Schol. giebt, γρ. τί μὴ δρῶν, ποῖα δ' οὐ λέγων ἔπη, dass nur der minder gewöhnliche Hiatus die Verwirrung der Handschriften zur Folge gehabt hat. Denn τί μὴ kann nur eine Correktur für τί οὐ sein, welche den Hiatus beseitigen sollte. Und wenn in den besten Handschriften steht ἀγὼ τί δρῶν, ὁποῖα δ' οὐ λέγων ἔπη, so ist klar, dass man nach der Weglassung von οὐ den mangelhaften Vers mit ὁποῖα wieder ergänzen wollte. Auch das in einer geringeren Handschrift stehende, dem Sprachgebrauch widersprechende τί δρῶν οὐ, welches Dindorf aufgenommen hat, ist nur ein anderer Versuch dem Hiatus auszuweichen. Hec. 820

τί οὖν ἔτ' ἄν τις ἐλπίσαι πράξειν καλῶς

bieten A c τί οὖν, die übrigen πῶς οὖν. Wenn man nun gewöhnlich πῶς οὖν aufnimmt, so begeht man einen grossen Fehler gegen Methode und Ueberlieferung: es kann nichts augenscheinlicher sein als dass τί οὖν die ursprüngliche Ueberlieferung, πῶς οὖν nachträglich Correktur ist, welche wieder den Hiatus entfernen wollte. Wenn Porson behauptet, hiatum tragici non admittunt post τί; nam pauca quae adversantur exempla mendosa sunt, so sind die Stellen Aesch. Eum. 902 τί οὖν μ' ἄνωγας, Suppl. 306 τί οὖν ἔτευξεν, Pers. 787 τί οὖν, ἄναξ Δαρεῖε, ποῖ καταστρέφεις λόγων τελευτήν; Sept. 208 τί οὖν; ὁ ναύτης κτέ. 704 τί οὖν ἔτ' ἄν σαίνοιμεν ὀλέθριον μόρον; Soph. Phil. 100 τί οὖν μ' ἄνωγας, Ai. 873 τί οὖν δή; aufs beste handschriftlich beglaubigt und schützen sich gegenseitig; denn auch nur möglich ist eine Aenderung bloss an zwei Stellen Eum. 902 und Phil. 100, wo man τί μ' οὖν ἄνωγας vorgeschlagen hat; an den übrigen Stellen ist eine Aenderung absolut unstatthaft. Anders steht es mit τί ἐστιν Soph. Phil. 733, 753, wo das gewöhnliche τί δ' ἐστιν sehr nahe liegt und an der letzteren Stelle sogar in einer Handschrift steht; ferner mit τί εἶπας Soph. Trach. 1203, Phil. 917; an der ersteren Stelle will Nauck Eur. St. II S. 25 Anm. πῶς εἶπας schreiben, an der anderen hat Valckenaer τί μ' εἶπας vermuthet. Doch bleibt es fraglich, ob nicht das der Umgangssprache entnommene οἴμοι τί εἶπας an beiden Stellen zu belassen sei.

### Hel. 127.

ΕΛ. οὐ πᾶσι πορθμὸς αὐτὸς Ἀργείοισιν ἦν;
ΤΕΥ. ἦν, ἀλλὰ χειμὼν ἄλλος' ἄλλον ὤρισεν.
ΕΛ. ποίοισιν ἐν νώτοισι ποντίας ἁλός;
ΤΕΥ. μέσον περῶσι πέλαγος Αἰγαίου πόρου.

Der Dativ περῶσι ist fehlerhaft und scheint seinen Ursprung einer irrthümlichen Beziehung auf νώτοισι oder auch auf Ἀργείοισιν zu verdanken. Eine solche falsche Beziehung hat El. 248 das unrichtige τίνα zur Folge gehabt (τίνα γρ. τίνι). Das Verbum des Satzes ist ὤρισεν, es muss also heissen:

μέσον περῶντας πέλαγος Αἰγαίου πόρου.

### Hel. 174.

μουσεῖά τε θρηνήμασι ξυνῳδὰ
πέμψειε Φερσέφασσα

φόνια φόνια, χάριτας ἵν' ἐπὶ δάκρυcι
παρ' ἐμέθεν ὑπὸ μέλαθρα νύχια παιᾶνας
νέκυcιν ὀλομένοιc λάβῃ.

Man könnte sich den Ausdruck νέκυcιν ὀλομένοιc gefallen lassen; wenn nicht der Zusammenhang einen anderen Begriff verlangte, abgesehen davon, dass der Dativ νέκυcιν ὀλομένοιc keine rechte Beziehung hat. „Persephone soll Melodieen, die in unsere Klagen einstimmen, emporsenden, damit sie zum Danke Lieder für die Todten empfange". Vollkommen befriedigt erst der Gedanke, wenn es heisst „damit sie zum Danke Lieder entgegennehme wie sie den Todten lieb sind", „damit wieder unsere Weisen in die Lieder der Todten einstimmen". Durch leichte Aenderung gewinnen wir diesen vortrefflichen Gedanken:

χάριτας ἵν' ἐπὶ δάκρυcι
παρ' ἐμέθεν ὑπὸ μέλαθρα νύχια παιᾶνας
νέκυcι μελομένουc λάβῃ.

Vergl. Phoen. 1301 βοᾷ βαρβάρῳ cτενακτὰν ἰαχὰν μελομέναν νεκροῖc θρηνήcω. Das für den Sinn fast unbedingt nothwendige Wort παιᾶνας hat Dindorf weggelassen, sieht sich aber genöthigt zur Herstellung der Responsion auch in der Antistrophe das von Hermann in κλαγγαῖcιν emendierte κλαγγάc zu streichen. Mit dieser Textgestaltung (bei welcher μελομένας geschrieben werden müsste) kann ich nicht einverstanden sein.

### Hel. 238.

ἁ δὲ δόλιος ἁ πολυκτόνος Κύπρις
Δαναΐδαις ἄγουcα θάνατον Πριαμίδαιc τε.
ὦ τάλαινα cυμφορᾶc.
ἁ δὲ χρυcέοις θρόνοιc .. Ἥρα .. ἔπεμψε Μαιάδος γόνον.

„Welcher Phrygier oder Hellene, klagt Helena, hat die für Ilion thränenreiche Fichte gefällt, aus welcher der Sohn des Priamos das Schiff zimmerte um meine Schönheit heimzuführen?" Darauf folgen die angeführten Worte. In dem ersten Satze fehlt das verb. finitum. Dieses kann kaum anderswo stecken als in ἁ δὲ. Wir müssen ἁ δὲ in ἄγε ändern:

ἄγε δόλιος ἁ πολυκτόνος Κύπρις
Δαναΐδαις ἄγουcα θάνατον Πριαμίδαιc τε

Vergl. V. 1118 μέλεα Πριαμίδαιc ἄγων .. Πάρις αἰνόγαμος πομπαῖcιν Ἀφροδίτας, Iph. A. 392 ἦγε δ' ἐλπίς, οἶμαι μέν, θεός.

### Hel. 344. 1346.

ἢ 'ν νέκυcι κατὰ χθονὸς
τὰν χθόνιον ἔχει τύχαν;

Nach κατὰ χθονὸc kann χθόνιον nicht richtig sein. Hartung hat dafür φόνιον vermuthet. Aber Menelaos kann Schiffbruch ge-

litten, kann anderswie gestorben sein; warum soll Helena gerade an Mord und Blutvergiessen denken? Das richtige Wort giebt V. 517
Μενέλαος οὔπω μελαμφαὲς οἴχεται δι' ἔρεβος χθονὶ κρυφθεὶς an:
τὰν νύχιον ἔχει τύχαν;
Vergl. Hipp. 1387 εἴθε με κοιμίσειε τὸν δυςδαίμον' "Αιδου μέλαινα νύκτερός τ' ἀνάγκα. Auch in V. 1346 scheint eine ähnliche Corruptel Platz gegriffen zu haben; dort heisst es:
χαλκοῦ δ' αὐδὰν χθονίαν
τύπανά τ' ἔλαβε βυρσοτενῆ
.. Κύπρις.

Es ist doch kaum möglich χθονίαν, welches nichts anderes heissen kann als „unterirdisch", durch Vermittlung von χθονία βροντή zu erklären, wie es Hipp. 1201 heisst ἔνθεν τις ἠχώ, χθόνιος ὡς βροντὴ Διὸς βαρὺν βρόμον μεθῆκε. Vergl. Aesch. Prom. 994, fr. 55, Soph. O. C. 1606. Mit Aesch. Prom. 1082 βρυχία δ' ἠχὼ παραμυκᾶται βροντῆς kann αὐδὰν χθονίαν nicht geschützt werden, weil βρυχία ἠχώ durch βροντῆς näher bestimmt ist, also etwa soviel bedeutet wie ἠχὼ βρυχίας βροντῆς. Darum vermuthe ich
χαλκοῦ δ' αὐδὰν βρομίαν.

Hel. 791.

ΕΛ. οὔ που προςῄτεις βίοτον; ὦ τάλαιν' ἐγώ.
ΜΕ. τοὔργον μὲν ἦν τοῦτ', ὄνομα δ' οὐκ εἶχον τόδε.

Nach „du betteltest doch nicht?" kann nicht folgen „der Sache nach war es das, wenn ich auch nicht so hiess", sondern „der Sache nach war es das, wenn es auch nicht so hiess". Es muss also geschrieben werden:
τοὔργον μὲν ἦν τοῦτ', ὄνομα δ' οὐκ εἶχεν τόδε.

Hel. 1151.

ἄφρονες ὅςοι τὰς ἀρετὰς πολέμῳ
κτᾶςθε δορὸς ἀλκαίου λόγχαι-
cιν καταπαυόμενοι πό-
νους θνατῶν ἀπαθῶς.

Einen merkwürdigen Gedanken merkwürdig ausgedrückt bringen die z. B. von Dindorf in den Text gesetzten Aenderungen von (Hermann) Seidler und Musgrave herein: ὅςοι τὰς ἀρετὰς πολέμῳ κτᾶςθε, δορὸς ἀλκαίου τε λόγχαις, καταπαυόμενοι πόθους θανάτων ἀμαθῶς. Der allein richtige Sinn wird in einfacher Weise hergestellt durch:

ἄφρονες ὅςοι τὰς ἀρετὰς πολέμῳ
κτᾶςθε δορὸς ἀλκαίου λόγχαις,
οὐ καταπαυόμενοι πό-
νους θνατῶν ἀπαθῶς.

d. i. ἄφρονες ὅσοι τὰς ἀρετὰς πολέμῳ κτᾶσθε δορὸς ἀλκαίου λόγχαις καὶ οὐκ ἀπαθῶς καταπαύεσθε πόνους θνατῶν.

El. 150.

ἒ ἔ, δρύπτε κάρα·
οἷα δέ τις κύκνος ἀχέτας
.. ὣς cὲ τὸν ἄθλιον
πατέρ᾽ ἐγὼ κατακλαίομαι
λουτρὰ πανύcταθ᾽ ὑδρανάμενον χροῖ
κοίτᾳ ἐν οἰκτροτάτᾳ θανάτου.

Es ist nicht leicht durch Angabe von Gründen deutlich zu machen, dass κοίτᾳ ἐν οἰκτροτάτᾳ θανάτου ein nichtssagender Ausdruck sei. Und doch ist es so. Gewöhnlich bezieht man κοίτᾳ ἐν οἰκτροτάτᾳ θανάτου zu πατέρ᾽ ἐγὼ κατακλαίομαι: kann der Ausdruck „ich beweine dich im bejammernswerthesten Lager des Todes" für passend gelten? Was soll eigentlich κοίτᾳ θανάτου bedeuten? Weil freilich sucht in κοίτᾳ eine besondere Anspielung: „la périphrase κοίτᾳ fait allusion au lit de repos sur lequel Agamemnon aurait dû s᾽ étendre après le bain." Hierin kann ich nur eine künstliche Erklärung erkennen. Den richtigen Sinn und passenden Gedanken gewinnen wir, wenn wir schreiben:

λουτρὰ πανύcταθ᾽ ὑδρανάμενον χροῖ
δροίτᾳ ἐν οἰκτροτάτᾳ θανάτου.

Die Badewannue, in welcher Agamemnon dieses Bad nahm, ward eine traurige Badewanne, eine Badewanne des Todes. So heisst das Truggewand, welches Klytämnestra über Agamemnon warf, ein Fanggarn des Hades. Vergl. Cho. 998 νεκροῦ ποδένδυτον δροίτης κατασκήνωμα, Ag. 1539 πρὶν τόνδ᾽ ἐπιδεῖν ἀργυροτοίχου δροίτας κατέχοντα χαμεύνην, Eum. 633 δροίτῃ περῶντι λουτρά.

Voraus ist nicht δρύπτε κάρα, sondern δρύπτε παρειάν das richtige, wie sich nicht bloss aus Parallelstellen sondern auch daraus ergiebt, dass die Verletzung des Hauptes durch Zerraufen des Haares bereits vorher angebracht ist: γόους, οἷς ἀεὶ τὸ κατ᾽ ἦμαρ διέπομαι (vielmehr λείβομαι), κατὰ μὲν φίλαν ὄνυχι τεμνομένα δέραν, χέρα τε κρᾶτ᾽ ἐπὶ κούριμον τιθεμένα θανάτῳ cῷ.

El. 413.

κέλευε δ᾽ αὐτὸν τόνδ᾽ εἰς δόμους ἀφιγμένον
ἐλθεῖν ξένων τ᾽ εἰς δαῖτα πορcῦναί τινα.

Diese Stelle wird gewöhnlich falsch behandelt. Elektra schickt ihren Scheingemahl zu dem alten Pädagogen des Agamemnon, der jetzt die Schafe hütet, und lässt ihm sagen, er möge für die Bewirthung der Fremden etwas ins Haus liefern. Gewöhnlich nun wird seit Victorius durch einfache Weglassung von τόνδ᾽ das Metrum hergestellt:

κέλευε δ' αὐτὸν εἰc δόμουc ἀφιγμένον
ἐλθεῖν ξένων τ' εἰc δαῖτα πορcῦναί τινα.

Hierin ist einmal εἰc δόμουc ἀφιγμένον ἐλθεῖν unmöglich. Hartung hat das Unerträgliche durch die Aenderung ἀφιγμένοc zu beseitigen gesucht; allein die nähere Bestimmung εἰc δόμουc ἀφιγμένοc ist hier nicht an der Stelle und nach dem vorausgehenden Auftrag ἔλθ' ὡc παλαιὸν τροφὸν ἐμὸν φίλου πατρόc durchaus müssig und ungeschickt. Aber auch an und für sich ist die Beseitigung von τόνδ' unstatthaft. Wie soll es in den Text gekommen sein? Gerade die sinnlose Stellung des Wortes nach αὐτόν ist ein untrügliches Zeichen, dass hier ein Rest des ursprünglichen Textes vorliege. Fragen wir nun, was mit diesem τόνδε anzufangen sei, so ist zu beachten, dass τόνδ' in den vollständigen und tadellosen Vers κέλευε δ' αὐτὸν εἰc δόμουc ἀφιγμένον nur, wenn es als Ueberschrift über dem folgenden Verse stand, gelangen konnte. Wir haben es also in diesen Vers zurückzusetzen und zwar an den allein möglichen Platz, welchen jetzt das ungehörige ἐλθεῖν einnimmt:

κέλευε δ' αὐτὸν εἰc δόμουc ἀφιγμένον
τῶνδε ξένων εἰc δαῖτα πορcῦναί τινα.

„heisse ihn ins Haus kommen und einiges zur Bewirthung dieser Fremden liefern". Aber auch so ist der ursprüngliche Text nicht hergestellt. Denn es ist noch ein Anstoss übrig, welcher gleichfalls alle bisherigen Emendationen als unrichtig erweist. Das partic. perf. ἀφιγμένον ist weder in κέλευε δ' αὐτὸν — ἀφιγμένον ἐλθεῖν noch in κ. δ' αὐτὸν — ἀφιγμένον πορcῦναι möglich. Es könnte nur ἀφικόμενον (ἐλθόντα) heissen. Diese Bemerkung, die keines Beweises bedarf, lässt uns mit Sicherheit schliessen, dass ursprünglich ἀφιγμένων — ξένων geschrieben war; denn nur dann ist das Perfektum, statt dessen auch ἡκόντων stehen könnte, richtig. Also ist zu schreiben:

κέλευε δ' αὐτὸν εἰc δόμουc ἀφιγμένων
τῶνδε ξένων εἰc δαῖτα πορcῦναί τινα.

„heisse ihn, da diese Fremden in unser Haus gekommen sind, einiges zur Bewirthung liefern".

El. 648.

Ορ. καὶ μὴν ἐκεῖνά γ' ἡ τύχη θήcει καλῶc.
Ἠλ. ὑπηρετείτω μὲν δυοῖν ὄντοιν τόδε.
ΟΡ. ἔcται τάδ'· εὑρίcκειc δὲ μητρὶ πῶc φόνον;

In ὑπηρετείτω μέν ist μέν unmöglich, weil keine gegensätzliche Beziehung denkbar ist. Auch μήν, wie Hartung dafür schreibt, ist nach καὶ μήν zumal an dieser Stelle kaum gerechtfertigt. Nauck vermuthet νῦν. Alle Zweifel und Vermuthungen werden beseitigt durch die Bemerkung, dass δυοῖν mit dem nachdrücklich hervorhebenden ὄντοιν nicht möglich ist ohne den Gegensatz εἷc; es muss also heissen:

ὑπηρετείτω μία δυοῖν ὄντοιν τόδε.

Vergl. Hel. 731 δυοῖν κακοῖν ἕν' ὄντα χρῆcθαι, Ion 539 ἡ τύχη πόθεν ποθ' ἥκει; — δύο μίαν θαυμάζομεν, Hec. 896 ὡc τώδ' ἀδελφὼ πληcίον μιᾷ φλογί, διccὴ μέριμνα μητρί, κρυφθῆτον χθονί, Soph. Trach. 539 καὶ νῦν δύ' οὖcαι μίμνομεν μιᾶc ὑπὸ χλαίνηc ὑπαγκάλιcμα, 941 εἷc δυοῖν ἔcοιθ' ἅμα.. ὠρφανιcμένοc, Ant. 14, 170. Ich halte auch fest, was ich früher für Ion 518 vorgeschlagen habe: χαίρομεν· cὺ δ' εὖ φρόνει γε, καὶ δύ' ὄντ' ἕν (für εὖ) πράξομεν.

El. 874.

τὸ δ' ἁμέτερον
χωρήcεται Μούcαιcι χόρευμα φίλον.

Mit Recht hat Seidler an dem unpassenden χωρήcεται Anstoss genommen; dieses ist nicht nur ein prosaischer, sondern auch ein ungeschickter Ausdruck; denn wenn Weil bemerkt „χωρήcεται χόρευμα n'est pas plus extraordinaire que ἴτω βοά", so ist zu beachten, dass χωρεῖν nicht gleichbedeutend ist mit ἰέναι oder ἐλθεῖν. Seidler hat χορεύcεται vermuthet; allein durch χορεύcεται wird die genaue Responsion mit dem strophischen πήδημα κου- aufgehoben. Es ist noch einfacher zu schreiben:

ὀρχήcεται Μούcαιcι χόρευμα φίλον.

El. 1244.

δίκαια μέν νυν ἥδ' ἔχει· cὺ δ' οὐχὶ δρᾷc,
Φοῖβόc τε Φοῖβοc· ἀλλ' ἄναξ γάρ ἐcτ' ἐμόc,
cιγῶ· cοφὸc δ' ὢν οὐκ ἔχρηcέ cοι cοφά.

Ich kann nicht absehen, was die Wiederholung des Namens Φοῖβοc bedeuten soll. Eine Pointe „Phöbus macht seinem Namen keine Ehre" erhalten wir, wenn wir schreiben Φοῖβόc τ' ἄφοιβοc. Uebrigens scheint die Aposiopese ἀλλ' — cιγῶ einen neuen Satz, der nicht zu Ende geführt wird, zu fordern, also:

δίκαια μέν νυν ἥδ' ἔχει· cὺ δ' οὐχὶ δρᾷc·
Φοῖβοc δ' ἄφοιβοc — ἀλλ' ἄναξ γάρ ἐcτ' ἐμόc,
cιγῶ· cοφὸc δ' ὢν οὐκ ἔχρηcέ cοι cοφά.

Heraclid. 132.

cὸν δὴ τὸ φράζειν ἐcτὶ μὴ μέλλειν ἐμοί,
ποίαc ἀφῖξαι δεῦρο γῆc ὄρουc λιπών;

Gewöhnlich nimmt man aus der geringeren Handschrift μὴ μέλλειν τ' ἐμοί auf und beruhigt sich bei diesem ungeschickten Ausdruck und Gedanken. Was zu cὸν δὴ τὸ φράζειν ἐcτί gehöre, zeigen Stellen wie Suppl. 98 cὸν τὸ μηνύειν ἐμοί, ἡμῶν δ' ἀκούειν, Iph. T. 810 οὐκοῦν λέγειν μὲν χρὴ cέ, μανθάνειν δ' ἐμέ, Soph. Phil. 24 ὡc τἀπίλοιπα τῶν λόγων cὺ μὲν κλύῃc, ἐγὼ δὲ φράζω. Hiernach haben wir zu schreiben:

cὸν δὴ τὸ φράζειν ἐcτί, μανθάνειν δ' ἐμόν.

N. Wecklein: Studien zu Euripides.

Heraclid. 144.

πολλῶν δὲ κάλλων ἑcτίαc ἀφιγμένων
ἐν τοῖcι δ' αὐτοῖc τοῖcιν ἕcταμεν λόγοιc
κοὐδεὶc ἐτόλμηc' ἴδια προcθέcθαι κακά.

Seit Canter schreibt man allgemein ἐν τοῖcιν αὐτοῖc τοιcίδ' ἕcταμεν λόγοιc. Damit ist nicht der richtige Gedanke gewonnen; denn abgesehen von anderem passt zu dem Sinne „stehen wir wieder bei derselben Sache" der Begriff τοῖcδε (τοιcίδε) nicht. τοῖcιν ist nichts anderes als τοῖcδ' ἵν', κοὐδεὶc aber ist, als τοῖcδ' ἵν' in τοῖcιν übergegangen war, aus οὐδεὶc corrigiert worden wie Med. 1089 κοὐκ aus οὐκ, wo gleichfalls die rechte Verbindung verloren war. Wir haben also

πολλῶν δὲ κάλλων ἑcτίαc ἀφιγμένων
ἐν τοῖcιν αὐτοῖc τοῖcδ', ἵν' ἕcταμεν, λόγοιc
οὐδεὶc ἐτόλμηc' ἴδια προcθέcθαι κακά.

Vergl. Iph. A. 719 ἐπὶ ταύτῃ καὶ καθέcταμεν τύχῃ.

Heraclid. 361.

ὃc πόλιν ἐλθὼν ἑτέραν
οὐδὲν ἐλάccον' Ἄργουc
θεῶν ἱκτῆραc ἀλάταc
καὶ ἐμᾶc χθονὸc ἀντομένουc
ξένοc ὢν βιαίωc
ἕλκειc, οὐ βαcιλεῦcιν εἴξαc,
οὐκ ἄλλο δίκαιον εἰπών.

Hierin enthält οὐ βαcιλεῦcιν εἴξαc einen falschen Gedanken: von Nachgiebigkeit kann keine Rede sein; das ungesetzliche in dem Verfahren des argivischen Herolds liegt darin, dass er ohne weiteres, ohne der Obrigkeit des Landes eine Anzeige zu machen und sich die Erlaubniss zu erbitten, Schutzflehende mit Gewalt hinwegführt. Vergl. V. 111 οὐκοῦν τυράννῳ τῆcδε γῆc φράcαντά cε χρῆν ταῦτα τολμᾶν, ἀλλὰ μὴ βίᾳ ξένουc θεῶν ἀφέλκειν, γῆν cέβοντ' ἐλευθέραν. Aus demselben Grunde tadelt Theseus den Kreon Soph. O. C. 913 ὅcτιc δίκαι' ἀκούcαν εἰcελθὼν πόλιν κἄνευ νόμου κραίνουcαν οὐδὲν εἶτ' ἀφεὶc τὰ τῆcδε τῆc γῆc κύρι' ὧδ' ἐπειcπεcὼν ἄγειc θ' ἃ χρῄζειc καὶ παρίcταcαι βίᾳ, der argivische König den ägyptischen Herold Aesch. Suppl. 919 ποίοιcιν εἰπὼν προξένοιc ἐγχωρίοιc; (willst du die Töchter des Danaos fortführen). Dass der Begriff der Anzeige vorausgeht, erkennt man auch aus οὐκ ἄλλο δίκαιον εἰπών („ohne eine Rechtfertigung hinzuzufügen"). Also ist zu schreiben:

οὐ βαcιλεῦcι δείξαc,
οὐκ ἄλλο δίκαιον εἰπών.

Heraclid. 393.

Der König Demophon berichtet über den mit argivischer Heeresmacht herangezogenen Eurystheus folgendes:

πεδία μὲν οὖν τῆc εἰc τάδ' οὐκ ἐφῆκέ πω
cτρατόν, λεπαίαν δ' ὀφρύην καθήμενοc
cκοπεῖ, (δόκηcιν δὴ τόδ' ἂν λέγοιμί cοι,)
ποίᾳ προcάξει cτρατόπεδον τὰ νῦν δορὸc
ἐν ἀcφαλεῖ τε τῆcδ' ἱδρύcεται χθονόc.

Im vorletzten Vers fehlt das Wort, von welchem δορὸc abhängig ist. Musgrave vermuthete cτρατόπεδόν τ' ἄνευ δορόc, Schenkl τὰ νῦν ὁδῷ. Auch ich vermisse ein Substantiv zu ποίᾳ, halte aber δορόc für richtig, während τὰ νῦν unnütz und ungehörig ist. Das vermisste Substantiv finde ich in Suppl. 902, wo es von Tydeus heisst: οὐκ ἐν λόγοιc ἦν λαμπρόc, ἀλλ' ἐν ἀcπίδι δεινὸc cοφιcτὴc πολλά τ' ἐξευρεῖν cοφόc. γνώμῃ δ' ἀδελφοῦ Μελεάγρου λελειμμένοc ἴcον προcέcχεν ὄνομα διὰ τέχνηc δορὸc, εὐρὼν ἀκριβῆ μουcικὴν ἐν ἀcπίδι und schreibe danach:

ποίᾳ προcάξει cτρατόπεδον τέχνῃ δορόc
ἐν ἀcφαλεῖ τε τῆcδ' ἱδρύcεται χθονόc.

Heraclid. 752.

ἰαχήcατε δ' οὐρανῷ
καὶ παρὰ θρόνον ἀρχέταν
γλαυκᾷ τ' ἐν Ἀθάνᾳ·
μέλλω τᾶc πατριώτιδοc γᾶc,
μέλλω καὶ περὶ δόμων,
ἱκέταc ὑποδεχθείc,
κίνδυνον πολιῷ τεμεῖν cιδάρῳ.

Für μέλλω καὶ περὶ δόμων hat die andere Handschrift μέλλω περὶ τῶν δόμων. Das Metrum hat Nauck hergestellt mit μέλλω καὶ ὑπὲρ δόμων, was auch Dindorf und Kirchhoff in den Text gesetzt haben. Ich halte diese Emendation nicht für sicher. Wir kämpfen für das Vaterland und den eigenen Heerd, der Grieche gedachte vor allem auch der Götter und der Tempel, wie es Aesch. Pers. 403 heisst: ὦ παῖδεc Ἑλλήνων ἴτε, ἐλευθεροῦτε πατρίδ', ἐλευθεροῦτε δὲ παῖδαc γυναῖκαc θεῶν τε πατρῴων ἕδη θήκαc τε προγόνων. Für die Tempel aber, an deren Altar er aufgenommen worden (V. 955 ἱκέταc δαιμόνων καθημένουc), hat der Schutzflehende besonders zu kämpfen (ἱκέταc ὑποδεχθείc). Ich glaube darum, dass καὶ δόμων aus δαιμόνων entstanden ist, περὶ καὶ δόμων aber die gewöhnlichere Stellung καὶ περὶ δόμων erhalten hat:

μέλλω περὶ δαιμόνων,
ἱκέταc ὑποδεχθείc,
κίνδυνον πολιῷ τεμεῖν cιδάρῳ,

Heraclid. 766.

Ζεύc μοι cύμμαχοc, οὐ φοβοῦμαι,
Ζεύc μοι χάριν ἐνδίκωc

ἔχει· οὔποτε θνατῶν
ἥccουc εἶτ' ἐμοῦ φανοῦνται.

Für den letzten lückenhaften V., welcher mit dem V. κίνδυνον πολιῷ τεμεῖν cιδάρῳ respondiert, ist noch keine Emendation gefunden, welche den richtigen Sinn giebt und zugleich die Entstehung der handschriftlichen Lesart erklärt. Jacobs hat ἥccονεc πρυτάνειc ἐμοὶ φανοῦνται vorgeschlagen, Dindorf ἥccονεc παρ' ἐμοὶ θεοὶ φανοῦνται unter der Bemerkung coniectura incerta in den Text gesetzt, Kirchhoff ἥccουc ⟨δαίμονεc⟩ ἔκ γ' ἐμοῦ φανοῦνται vermuthet. Mit παρ' ἐμοὶ φανοῦνται oder ἐκ γ' ἐμοῦ φανοῦνται ist nicht gerade der passendste Gedanke hergestellt. Gut hat Dindorf an Aesch. Prom. 550 οὔπωc τὰν Διὸc ἁρμονίαν θνατῶν παρεξίαcι βουλαί erinnert. In εἶτ' ἐμοῦ sind noch einzelne Buchstaben von αἱ π⟨αλά⟩μ⟨αι θ⟩ εοῦ erhalten:

οὔποτε θνατῶν
ἥccουc αἱ παλάμαι θεοῦ φανοῦνται.

Vergl. Pind. Ol. XI 25 θεοῦ cὺν παλάμᾳ, Pyth. I 94 ἀνίχ' εὑρίcκοντο θεῶν παλάμαιc τιμάν, Soph. Phil. 176 ὦ παλάμαι θεῶν, ὦ δύcτανα γένη βροτῶν.

In V. 777, wo die bessere Handschrift ἐcπὶ cοί, die andere ἀλλ' ἐπὶ cοί giebt, fordert der Zusammenhang nicht ἐπὶ, wie Hermann bessert, sondern τοίγαρ cοι (πολύθυτοc ἀεὶ τιμὰ κραίνεται, „zum Dank dafür"), wie auch immer die Corruptel entstanden sein mag. Nauck schreibt θέcπιc cοι, wobei die nothwendige Verbindung wegfällt.

### Heraclid. 833.

πόcον τιν' αὐχεῖc πάταγον ἀcπίδων βρέμειν,
πόcον τινὰ cτεναγμὸν οἰμωγήν θ' ὁμοῦ;

Für die Schilderung des Schlachtenlärms genügt cτεναγμὸν οἰμωγήν τε nicht. Dass aber zwei verschiedene Begriffe verbunden waren, zeigt ὁμοῦ, welches bei den gleichen Begriffen cτεναγμὸν und οἰμωγήν zwecklos ist.

Das richtige Wort giebt uns die hier nachgeahmte Stelle Hom. Δ 448 und Θ 62 ἀτὰρ ἀcπίδεc ὀμφαλόεccαι ἔπληντ' ἀλλήληcι, πολὺc δ' ὀρυμαγδὸc ὀρώρει. ἔνθα δ' ἅμ' οἰμωγή τε καὶ εὐχωλὴ πέλεν ἀνδρῶν ὀλλύντων τε καὶ ὀλλυμένων an die Hand. Darnach ist zu verbessern:

πόcον τινὰ cτεναγμὸν εὐχωλήν θ' ὁμοῦ.

### Herc. fur. 60.

ὦ πρέcβυ, Ταφίων ὅc ποτ' ἐξεῖλεc πόλιν
cτρατηλατήcαc κλεινὰ Καδμείων δορόc,
ὃc οὐδὲν ἀνθρώποιcι τῶν θεῶν cαφέc.
ἐγὼ γὰρ οὔτ' εἰc πατέρ' ἀπηλάθην τύχηc,
ὃc εἵνεκ' ὄλβου μέγαc ἐκομπάcθη ποτέ,

. . . . κἄμ' ἔδωκε παιδὶ ᾧ
ἐπίσημον εὐνὴν Ἡρακλεῖ ξυνοικίσας.
καὶ νῦν ἐκεῖνα μὲν θανόντ' ἀνέπτατο.

Mit Recht haben manche an dem Ausdruck εἰc πατέρα ἀπηλάθην τύχης Anstoss genommen. Einen Versuch der Emendation hat L. Dindorf gemacht mit ἀπεσφάλην. Allein man erwartet ganz das Gegentheil von dem Sinne, welcher in ἀπηλάθην oder ἀπεσφάλην (ἥμαρτον) τύχης liegt. Das zweite Glied, welches bei οὔτε vorschwebte, hat sich in dem Relativsatze κἄμ' ἔδωκε παιδὶ ᾧ . . ξυνοικίσας verloren. Betrachten wir den darauf folgenden Satz καὶ νῦν ἐκεῖνα μὲν θανόντ' (oder vielmehr, wie Madvig verbessert hat, ἀνόνητ') ἀνέπτατο, so erkennt man, dass bei dem ersten οὔτε der Gedanke vorschwebte „noch haben sich die Hoffnungen verwirklicht, welche sich an meine gefeierte Verheiratung mit Herakles knüpften". Danach aber erwartet man bei dem ersten οὔτε den Gedanken „ich habe weder von dem vielgerühmten Glücke meines Vaters den gehofften Genuss gehabt". Darum ändere ich ἀπηλάθην in ἀ π ή λ α υ ο ν und vergleiche V. 1224 καὶ τῶν καλῶν μὲν ὅςτις ἀπολαύειν θέλει, 1368 οὐδ' ὤνασθε τῶν ἐμῶν καλῶν, Phoen. 1205 τῶν τ' Οἰδίπου δύστηνος ἀπολαῦσαι κακῶν. Das Augment darf keine Bedenken erregen; denn schon bei Thucydides (III 67) findet sich das gleiche Augment in παρηνόμησα und παρηνόμουν kommt bei Lysias vor. Doch hat vielleicht der Dichter geschrieben:

ἐγὼ γὰρ οὔτε πατρὸς ἀπέλαυον τύχης.

Herc. f. 119.

μὴ πόδα προκάμητε
βαρύ τε κῶλον ὥστε πρὸς πετραῖον
λέπας ζυγηφόρον πῶλον ἀνέντες ὡς
βάρος φέρον τροχηλάτοιο πώλου.

Die beiden letzten Verse haben übereinzustimmen mit

ἔρεισμα θέμενος ἐστάλην ἰηλέμων
γόων ἀοιδὸς ὥστε πολιὸς ὄρνις.

Den Sinn, welcher klar ist, und die Responsion sucht man auf verschiedene Weise herzustellen: Hermann hat ζυγοφόρον πῶλον ἐξανέντες vermuthet, Pflugk λέπας πόνῳ δαμέντος ὣς ζυγηφόρου βάρος φέρειν τροχηλάτοιο πώλου, Hartung λέπας ζυγοφόρος ἐξανανέντες οὐ βάρος φέρων ὄχου τροχηλάτοις πῶλος, Kirchhoff λέπας ζυγοφόροι κῶλ' ἱέντες ἄντυγος βάρος φέρειν τροχηλάτοιο πῶλοι, worin sowohl κῶλ' ἱέντες als ἄντυγος für den Sinn unpassend ist. Am elegantesten ist die Emendation von Nauck, welcher λέπας ζυγοφόρος ἅρματος βάρος φέρων τροχηλάτοιο πῶλος schreibt und in der Strophe ὥστε πολιὸς ausscheidet. Allein wenn sich auch, wie ich zeigen werde, die Einsetzung von ἅρματος für ἀνέντες ὡς rechtfertigen lässt, so ist die weitere Aenderung ζυγοφόρος φέρων πῶλοc bedenklich, ganz unmethodisch und unstatthaft aber ist die Ausscheidung von ὥcτε πολιός in der Strophe, welches durchaus nicht die Eigenschaft eines Glossems hat und nur der Aenderung in der Antistr. zu Liebe ausgeworfen wird. Unsere Emendation geht von zwei Annahmen aus. Einmal kann ἀνέντες kaum etwas anderes sein als ἄναντες. Wollte man darum die Aenderung von Nauck zu begründen suchen, so müsste man ἄναντες als Glossem zu πρὸς πετραῖον λέπας betrachten und annehmen, dass das übergeschriebene ἄναντες ein Stück von ἅρματ(ος) verdrängt habe. Wir aber sehen das für die Schilderung trefflich passende ἄναντες als ursprünglich an. Zweitens zeigt das nachfolgende πώλου, dass πῶλον nur das Glossem κῶλον ist, dass demnach das neutr. φέρον als ursprünglich betrachtet und aus βαρύ τε κῶλον dazu κῶλον ergänzt werden muss. Entweder hat es also πώλου Ζυγηφόρου oder Ζυγηφόρων πώλων geheissen. Das letztere ist entschieden desshalb vorzuziehen, weil offenbar τροχηλάτοιο das nachfolgende πώλου angezogen hat und auch weil der doppelte gen. sing. störend wirkt. Wir haben hiernach βαρύ τε κῶλον ὥcτε (κῶλον) Ζυγηφόρων πώλων πρὸς πετραῖον λέπας βάρος φέρον τροχηλάτοιο. Es fehlt nur noch der Begriff ἁμάξης (ὄχου, ἀπήνης, ἅρματος), welchen τροχηλάτοιο unbedingt fordert. Das Versmass und das nach ἀνέντες folgende ὡς, welches ich als Schlusssilbe von ἅρματος betrachte, lehrt uns, welches Wort und wo es ausgefallen ist. Das Ergebniss unserer Erörterung ist folgendes:

μὴ πόδα προκάμητε
βαρύ τε κῶλον ὥcτε πρὸς πετραῖον
λέπας Ζυγηφόρων ἄναντες ⟨ἅρματ⟩ος
βάρος φέρον τροχηλάτοιο πώλων.

Wegen der Responsion sei bemerkt, dass in diesem Chorgesange öfters eine Länge zwei Kürzen entspricht.

Herc. fur. 419. (374. 383).

τάν τε μυριόκρανον
πολύφονον κύνα Λέρνας
ὕδραν ἐξεπύρωcεν
βέλεcί τ' ἀμφέβαλλε,
τὸν τριcώματον οἷcιν ἔ-
κτα βοτῆρ' Ἐρυθείας.

Nach diesem Texte der Handschrift müsste man construieren: βέλεcί τ' ἀμφέβαλλεν ὕδραν, was wol als abgeschmackt bezeichnet werden darf, wenn nicht Jemand an einen Sinn denken will, der hier keine Stelle haben kann. Wir verlangen den Begriff χολὴν ἀμφέβαλλε βέλεcι (vergl. Diod. IV 11 χειρωσάμενος τὸ ζῷον εἰς τὴν χολὴν ἀπέβαπτε τὰς ἀκίδας, Apollod. II 5, 2, 5 τὸ δὲ σῶμα τῆς ὕδρας ἀνασχίσας τῇ χολῇ τοὺς ὀιστοὺς ἔβαψεν). Fast ohne Aenderung ist der erforderliche Sinn hergestellt, wenn man schreibt:

βέλεcί τ' ἀμφέβαλλ' ἰ-
ὸν, τριcώματον οἷcιν ἔ-
κτα βοτῆρ' Ἐρυθείαc.

In demselben Chorgesange V. 381
καὶ ψαλίοιc ἐδάμαccε πώλουc
Διομήδεοc, αἳ φονίαιcι φάτναιc
ἀχάλιν' ἐθόαζον
κάθαιμα cῖτα γένυcιν

ist ἐθόαζον für den Sinn unbrauchbar. Ich vermuthe ἐδάϊζον und sehe, dass bereits Hartung dieses in den Text gesetzt hat. Das wegfallende ἐθόαζον ist wahrscheinlich kurz vorher verloren gegangen V. 371

cύγχορτοί θ' Ὁμόλαc ἔναυ-
λοι, πεύκαιcιν ὅθεν χέραc
πληροῦντεc χθόνα Θεccαλῶν
ἱππείαιc ἐδάμαζον.

Ich halte nicht ἐδάμαζον (vergl. V. 381 ψαλίοιc ἐδάμαccε πώλουc), sondern

ἱππείαιc ἐθόαζον

für den richtigen Ausdruck. Vergl. Phoen. 794 ἱππείαιcι θοάζειc.

Herc. f. 875.

ὀτοτοτοῖ, cτέναξον· ἀποκείρεται
cὸν ἄνθοc πόλεοc ὁ Διὸc ἔκγονοc,
μέλεοc Ἑλλάc, ἃ τὸν εὐεργέταν
ἀποβαλεῖc.

Ich kann den gen. πόλεοc nicht für richtig halten. Zu cτέναξον gehört offenbar der voc. μέλεοc Ἑλλάc: „jammre, unglückliches Hellas, deine Zierde der Sohn des Zeus wird dir entrissen". In diesem Gedanken aber ist πόλεοc unerträglich. Wenn jemand cτέναξον als Anrede an einen Theil des Chors betrachten will, so passt dazu cὸν ἄνθοc schlecht; es wäre ἐμὸν oder ἡμέτερον nöthig. Die Handschrift giebt πόλεοc mit übergeschriebenem ιc(πόλιc). Diese Correktur entstammt dem richtigen Gefühl, dass die Stadt oder das Land angeredet werde. Es ist zu schreiben:

ὀτοτοτοῖ, cτέναξον· ἀποκείρεται
cὸν ἄνθοc πολιόν, ὁ Διὸc ἔκγονοc,
μέλεοc Ἑλλάc.

Herc. fur. 1415.

Ηρ. cὺ ποῖοc ἦcθα νέρθεν ἐν κακοῖcιν ὤν;
Θη. ὡc εἰc τὸ λῆμα παντὸc ἦν ἥccων ἀνήρ.
Ηρ. πῶc οὖν ἔτ' εἴπῃc ὅτι cυνέcταλμαι κακοῖc;
Θη. πρόβαινε. Ηρ. χαῖρ', ὦ πρέcβυ. ΑΜ. καὶ cύ μοι, τέκνον.

In πῶc οὖν ἔτ' εἴπῃc giebt weder ἔτι einen passenden Sinn

noch ist der Conjunktiv πῶc εἴπῃc zu rechtfertigen. L. Dindorf hat πῶc οὖν ἂν εἴποιc geschrieben, wovon Kirchhoff εἴποιc aufgenommen hat. Damit ist allerdings der passende Gedanke hergestellt, obgleich man geneigt ist πῶc οὖν ἂν εἴποιc nach einer bei den Tragikern sehr häufigen Ausdrucksweise als Wunsch zu fassen. Aber die Buchstaben ουνετει | πηc weisen auf νουθετεῖc hin. Man könnte πῶc νουθετεῖc οὖν schreiben; aber ich halte mit Paley ἐμέ für nöthig. Dieser schreibt πῶc οὖν ἔμ' εἴποιc und belegt die Auslassung von ἂν mit Bacch. 747, Phoen. 1201, Iph. A. 1210. An der ersten Stelle bietet die bessere Handschrift θᾶccον δὲ διεφοροῦντο cαρκὸc ἐνδυτὰ ἢ cὺ ξυνάψαι (mit übergeschriebenem c) βλέφαρα βαcιλείοιc κόραιc. Diese Ueberlieferung scheint die Lesart der anderen Handschrift ἢ cε ξυνάψαι zu bestätigen. Vergl. Suppl. 844 κρεῖccον' ἢ λέξαι λόγῳ τολμήματα. Für ἢ cὺ ξυνάψαιc kann man auf Hipp. 1186 καὶ θᾶccον ἢ λέγοι τιc verweisen. Da es aber Iph. T. 836 κρεῖccον' ἢ λόγοιcιν εὐτυχοῦντα heisst, so ist wahrscheinlich jene Stelle nach dieser, nicht umgekehrt zu verbessern. Jedenfalls kann dieser Fall nichts für unsere Stelle, die ganz verschieden davon ist, beweisen. Phoen. 1201

καλὸν τὸ νικᾶν· εἰ δ' ἀμείνον' οἱ θεοὶ
γνώμην ἔχουcιν, εὐτυχὴc εἴην ἐγώ.

hat Hermann allerdings ἂν für nothwendig erachtet (εὐτυχὴc εἶν ἂν) und auch Kirchhoff vermuthet εὐτυχήcετ', οἶδ' ἐγώ. Allein εὐτυχὴc εἴην ἐγώ ist ein formelhafter Wunsch, der statt des eigentlichen Nachsatzes steht:

γνώμην ἔχουcιν, — εὐτυχὴc εἴην ἐγώ.

An der dritten Stelle ist ἂν vor ἀντείποι ausgefallen und desshalb das bei Canter hergestellte τοῖcδ' in πρὸc τάδ' corrigiert worden. Ein derartiger Fall kann nichts gegen tausend andere beweisen. Also kann weder πῶc οὖν ἔμ' εἴποιc noch πῶc οὖν ἔτ' εἴποιc richtig sein. Ich schreibe:

πῶc νουθετεῖc δ' ἔμ', ὅτι cυνέcταλμαι κακοῖc.

Mit χαῖρ' ὦ πρέcβυ· — καὶ cύ μοι, τέκνον scheint das Stück zu schliessen und die V. 1419 ff., in welchen mehrere Ungeschicklichkeiten vorkommen, späterer Zusatz zu sein.

Suppl. 60.

παράπειcον δὲ còν ὦ, λιccόμεθ', ἐλθεῖν
τέκνον Ἰcμηνὸν ἐμάν τ' εἰc χέρα θεῖναι
νεκύων θαλερὰ cώματα λάϊνον τάφον.

Im dritten V., dessen Ueberlieferung theils unmetrisch theils sinnlos ist, hat die Emendation von Elmsley νεκύων θαλερῶν cῶμα ταλαίναc ἄταφον am meisten Beifall gefunden; nur zieht Nauck θαλερὸν und ἀτάφων vor. Kirchhoff vermuthet θαλερῶν cώματα δαρόν τ' ἀτάφων. Am bedenklichsten erscheint mir in diesen Aenderungen die Verwandlung von θαλερὰ in θαλερῶν oder θαλερόν,

384   N. Wecklein: Studien zu Euripides.

besonders desshalb weil sich uns hier ein gewissenhaftes Nachschreiben der überlieferten Buchstaben zu erkennen giebt. Dass θαλερῶν in der einen Handschrift von zweiter Hand beigeschrieben nur metrische Correktur ist, wird niemand bezweifeln. Ich halte darum entschieden an der Aenderung θαλερὰ πτώματα fest, welche ich bereits früher gemacht habe. Aber auch die Buchstaben ΑΛΑΙΝΟΝΤΑΦΟΝ weisen nicht auf ταλαίνας ἄταφον oder δαρόν τ' ἀτάφων, sondern auf ἀλαίνοντα τάφων hin. Diese Bemerkung musste ich zum zweitenmale machen, weil man die bereits von Hermann gefundene Emendation, die eigentlich als handschriftliche Lesart gelten kann, der Erwähnung nicht weiter für werth erachtet hat. Matthiae bemerkt freilich „ἀλαίνειν τινός carere aliquo, haud scio an nusquam legatur, sed eo sensu ἀλᾶcθαι dicitur, ut Pind. Ol. I 94 εὐφρο-cύναc ἀλᾶται (Tantalos, weil immerfort der Stein auf sein Haupt zu stürzen droht, Tro. 639 ὁ δ' εὐτυχήcαc εἰc τὸ δυcτυχὲc πεcὼν ψυχὴν ἀλᾶται τῆc πάροιθ' εὐπραξίαc cognato quidem verbo, sed usus tamen discreti". Aber diese Bemerkung will nicht viel bedeuten: einmal ist die Bedeutung von ἀλαίνειν der von ἀλᾶcθαι vollkommen gleich und ἀλαίνεν τινὸc muss dasselbe heissen wie ἀλᾶcθαί τινοc; dann muss ἀλαίνοντα τάφων einer handschriftlichen Lesart gleich geachtet werden und die Behauptung „hand scio an nusquam legatur" bedarf einer Beschränkung. Endlich heisst es unserer Stelle vollkommen entsprechend Tro. 1082 cὺ μὲν φθίμενοc ἀλαίνειc ἄθα-πτοc ἄνυδροc. Demnach ergiebt sich uns:

ἐμάν τ' εἰc χέρα θεῖναι
νεκύων θαλερὰ πτώματ' ἀλαίνοντα τάφων

Ich brauche nicht zu bemerken, dass dasjenige, was eigentlich zu νεκύων gehört, nach gewöhnlichem Gebrauch der Dichter mit πτώ-ματα verbunden ist. Zu πτώματα θαλερὰ νεκύων vergl. Phoen. 1481 πάρα γὰρ λεύccειν πτώματα νεκρῶν τριccῶν, 1697 Ἐτεο-κλέουc δὲ πτῶμα Πολυνείκουc τε ποῦ; Herc. f. 1131 ἰδοὺ θέαcαι τάδε τέκνων πεcήματα.

Suppl. 647.

πῶc γὰρ τροπαῖα Ζηνὸc Αἰγέωc τόκοc
ἔcτηcεν οἵ τε cυμμεταcχόντεc δορόc;
λέξον· παρὼν γὰρ τοὺc παρόνταc εὐφρανεῖc.

So bieten die beiden Handschriften; nur hat der Pal. die Variante ἀπόνταc. Markland, Hermann, Nauck haben τοὺc παρόνταc, Kirchhoff und Dindorf τοὺc ἀπόνταc in den Text gesetzt. Matthiae bemerkt gegen diejenigen, welche τοὺc ἀπόνταc aufnehmen „an igitur τοὺc ἀπόνταc interpretabuntur „qui pugnae non adfuerunt"? ὧν de praeterito tempore non memini me legere". Das ist eine ungerechtfertigte Bemerkung. So gut παρὼν „als Augenzeuge" heissen kann und hier heisst, ebenso gut kann τοὺc ἀπόνταc bedeuten „diejenigen die nicht Augenzeugen sind". Vergl. Soph. Ant. 1192 ἐγὼ, φίλη δέcποινα, καὶ παρὼν ἐρῶ und dazu die Anmerkung von Gust. Wolff. Ich sehe nicht ein, welchen Sinn παρὼν τοὺc παρόντας haben soll. Offenbar muss bei einer solchen Zusammenstellung das eine dieselbe Bedeutung haben wie das andere; das eine kann nicht etwa „als Augenzeuge", das andere „die hier gegenwärtigen" heissen. Unzweifelhaft aber bezeichnet παρών den Augenzeugen, der den Hergang genau berichten kann. Also ist τοὺc παρόντας unrichtig. Nicht minder sicher aber ist es, dass ἀπόντας nur die Correktur eines Lesers ist, der das ungeeignete von τοὺc παρόντας erkannte. Kirchhoff durfte nach seinem Verfahren ἀπόντας nicht in den Text aufnehmen. Die Emendation ist einfacher:

λέξον· παρὼν γὰρ οὐ παρόντας εὐφρανεῖc.

„denn als Theilnehmer wirst du Nichttheilnehmer damit erfreuen".

Suppl. 944.

ΘΗ. ὄλοιντ᾽ ἰδοῦcαι τούcδ᾽ ἂν ἠλλοιωμένουc.
ΑΛ. πικραὶ γὰρ ὄψειc καμάτῳ πέλει νεκρῷ.

Theseus will nicht, dass die argivischen Frauen die Leichen ihrer Söhne, die in Verwesung übergegangen (ἠλλοιωμένουc) und entstellt seien, mit eigenen Augen ansehen. Adrastos stimmt ihm bei: πικραὶ γὰρ ὄψειc. Die übrigen Worte sind im Flor. in χᾶμα τῷ τέλει νεκρῶν corrigiert, um wenigstens das Metrum herzustellen. Es sind mehrere Versuche der Emendation gemacht worden: Toup hat πικραὶ γὰρ ὄψειc αἷμα κὠτειλαὶ νεκρῶν (nach Hom. P 86), Hermann χάcματ᾽ ὠτειλῆc νεκρῶν, Kirchhoff πικρὰ γὰρ ὄψιc (so Reiske) καὶ μάλ᾽ οὖν τέλει νεκρῶν vermuthet. Der Sinn verlangt wol

πικραὶ γὰρ ὄψειc κειμένων πάλαι νεκρῶν.

„von Leichen, die seit langer Zeit unbestattet liegen".

Im vorhergehenden Verse ist ὄλοιντο ein durchaus unpassender Ausdruck; Kirchhoff hat dafür λυποῖντ᾽ in den Text gesetzt; näher liegt ὄνοιντ᾽.

Suppl. 1118.

πολλοῦ δὴ χρόνου ζώcηc μέτα δὴ
καταλειβομένης τ᾽ ἄλγεcι πολλοῖc.

Musgrave hat μέτα δὴ in μέτρα δὴ verbessert und ausserdem πόλλ᾽ ὧδε vermuthet: ein solcher Gebrauch von μέτρον ist nicht nachgewiesen. Verschieden davon ist das von Musgrave citierte ἐτέων μέτρα μινυνθάδια. Der richtige Ausdruck kann kaum anders heissen als

πολλοῦ τε χρόνου ζώcηc μῆκοc
καταλειβομένης τ᾽ ἄλγεcι πολλοῖc.

Vergl. Or. 72 μακρὸν δὴ μῆκος χρόνου, Aesch. Prom. 1020 μακρὸν δὲ μῆκος ἐκτελευτήcαc χρόνου.

## Hippol. 996.

ἐπίσταμαι γὰρ πρῶτα μὲν θεοὺς cέβειν
φίλοιc τε χρῆcθαι μὴ ἀδικεῖν πειρωμένοιc,
ἀλλ' οἵcιν αἰδὼc μήτ' ἐπαγγέλλειν κακὰ
μήτ' ἀνθυπουργεῖν αἰcχρὰ τοῖcι χρωμένοιc.

Ich halte τοῖcι χρωμένοιc für corrupt; es soll heissen „denen die Umgang mit ihnen haben" und ist so ein unnützer zweckloser Zusatz. Ganz missverstanden scheint die Stelle in dem Scholion: ἀντὶ τοῦ φίλοc εἰμὶ τῶν δικαίων ἀνθρώπων μήτ' ἀνταποδιδόναι κακὰ τοῖc χρωμένοιc ἐν κακοῖc, ὅ ἐcτι τοῖc μὴ ἀμυνομένοιc τοὺc προαδικοῦντας. Der richtige Ausdruck, wie ihn der Gegensatz fordert, ist: μήτε ἐπαγγέλλειν κακὰ μήτε ἀνθυπουργεῖν αἰcχρὰ τοῖc ἐπαγγέλλουcιν, „nec poscere turpia nec turpia poscentibus ipsi gratificari". Dieser Ausdruck wird hergestellt durch eine einfache Aenderung:

ἀλλ' οἵcιν αἰδὼc μήτ' ἐπαγγέλλειν κακὰ
μήτ' ἀνθυπουργεῖν αἰcχρὰ τοῖc κεχρημένοιc.

Vergl. Suppl. 326 οὐκ εἴ νεκροῖcι καὶ γυναιξὶν ἀθλίαιc προcωφελήcων, ὦ τέκνον, κεχρημέναιc. Man kann in dem Scholion cυμπράττειν τοῖc αἰcχροῖc καὶ τοῖc ταῦτα βουλομένοιc (oder βουλευομένοιc) noch eine Erinnerung an τοῖc κεχρημένοιc finden.

## Hippol. 1290.

πῶc οὐχ ὑπὸ γῆc τάρταρα κρύπτειc
δέμαc αἰcχυνθείc,
ἢ πτηνὸc ἄνω μεταβὰc βίοτον
πήματοc ἔξω πόδα τόνδ' ἀπέχειc;
ὡc ἐν γ' ἀγαθοῖc ἀνδράcιν οὔ cοι
κτητὸν βιότου μέροc ἐcτίν.

Zu μεταβὰc βίοτον giebt der Schol. die Erklärung μεταβιβάcαc, μεταβαλὼν, μεταλλάξαc τὴν ζωήν. Niemand wird μεταβὰc in transitiver Bedeutung nehmen wollen. Ich halte die Construction μεταβὰc βίοτον, welches nach Analogie von μεταβαλόμενοc βίοτον gesagt sein soll, für unmöglich: einmal kann der Accusativ nicht mit βαίνω, ἐκβαίνω πόδα gerechtfertigt werden; dann heisst μεταβὰc wie μεταχωρήcαc „mit Aenderung des Ortes an einen Ort gehen" und μεταβὰc βίοτον könnte höchstens bedeuten „von einem Orte wo kein Leben ist, an einen Ort wo Leben ist gehend". Nun aber soll das Gegentheil stattfinden: Theseus soll aus dem Leben scheiden und entweder hinauf in die Luft oder hinunter in die Unterwelt sich entfernen, weil er unter guten Männern nicht mehr leben könne. Darum glaube ich, dass ebenso wie im folgenden Vers Wakefield τοῦδ' für τόνδ', welches der Scholiast auch in seiner Erklärung giebt, hergestellt hat, βιότου für βίοτον geschrieben werden muss. Dann heisst μεταβὰc βιότου (vergl. ἀπαλλάccεcθαι βίου) „aus dem Leben ins Reich der Luft (πτηνόc) dich entfernend".

Hipp. 1378.

ὦ πατρὸς ἐμοῦ δύςτανος ἀρά
μιαιφόνων τε ςυγγόνων,
παλαιῶν προγεννητόρων
ἐξορίζεται κακὸν οὐδὲ μέλλει
ἐμολέ τ' ἐπ' ἐμὲ
τί ποτε τὸν οὐδὲν ὄντ' ἐπαίτιον κακῶν;

Was soll oder kann κακὸν παλαιῶν προγεννητόρων ἐξορίζεται heissen? Man erklärt ἐξορίζεται „prorumpit, liberat terminos quibus adhuc saeptum fuit", „ausgehen von jemanden", obwohl sich damit weder die Ableitung noch der sonstige Gebrauch von ἐξορίζειν vereinigen lässt und obwohl dabei οὐδὲ μέλλει gar keinen passenden Sinn hat. Weil vermuthet ἐπουρίζεται. Eine leichte Aenderung und den geeignetsten Sinn finde ich in ἐξακρίζεται „wird auf den Gipfel gebracht, steigt auf seinen Höhepunkt". Wie geeignet das Wort ist und wie sehr es gerade für den Sinn unserer Stelle passt, zeigt die Vergleichung von Aesch. Cho. 932 πολλῶν αἱμάτων ἐπήκριςε τλήμων Ὀρέςτης mit Ag. 1282 φυγὰς δ' ἀλήτης (Orestes) κάτειςιν, ἄτας τάςδε θριγκώςων φίλοις, Eur. Herc. f. 1280 παιδοκτονήςας δῶμα θριγκῶςαι κακοῖς. Das Verbum ἐξακρίζειν gebraucht Euripides Or. 275 ἐξακρίζετ' αἰθέρα πτεροῖς.

Iph. A. 71.

ἐλθὼν δ' ἐκ Φρυγῶν ὁ τὰς θεὰς
κρίνων ὅδ', ὡς ὁ μῦθος ἀνθρώπων ἔχει.

Ich kenne kein ähnliches Beispiel für einen so eigenthümlichen Gebrauch von ὅδε und zweifle nicht, dass ein Fehler in der Ueberlieferung liegt. Bekannt ist ὁ Ἰδαῖος βούτας. So wird auch hier ὅδ' ein Rest von ⟨β⟩οτ⟨ὴρ⟩ sein:

ἐλθὼν δ' ἐκ Φρυγῶν ὁ τὰς θεὰς
κρίνων βοτήρ, ὡς μῦθος ἀνθρώπων ἔχει.

Vergl. Rhes. 271 σκαιοὶ βοτῆρές ἐςμεν.

Iph. A. 366.

μυρίοι δέ τοι πέπονθας' αὐτὸ πρὸς τὰ πράγματα·
ἐκπονοῦς' ἔχοντες, εἶτα δ' ἐξεχώρηςαν κακῶς.

Menelaos macht seinem Bruder Agamemnon bittere Vorwürfe, dass er plötzlich in seinem Vorsatze die Tochter dem Zorne der Artemis zu opfern wieder wankend geworden sei. Daran wird die allgemeine Erfahrung geknüpft, dass viele Menschen eine Sache mit grösstem Eifer angreifen, bald aber ermatten und ihr Unternehmen schlecht zu Ende führen. Im Texte hat Canter ἔχοντες in ἑκόντες emendiert. Aber es steckt noch ein bedeutender Fehler darin. Einmal ist πρὸς τὰ πράγματα ein unnützer und kaum zu rechtfertigender Zusatz zu μυρίοι δέ τοι πεπόνθαςιν αὐτό. Der Hauptanstoss jedoch liegt in ἐκπονοῦc'; denn ἐκπονεῖν bezeichnet seiner Bedeutung nach („zu Ende führen, ausarbeiten") gerade das Gegentheil von dem was hier stẹben muss („sie greifen die Sache eifrig an"). Weil freilich giebt die Erklärung „ils se donnent volontairement beaucoup de peine pour arriver aux affaires"; aber wann kann ἐκπονοῦcι τὰ πράγματα das bedeuten? Die Emendation ist einfach:

μυρίοι δέ τοι πεπόνθαc' αὐτό· πρὸc τὰ πράγματα
ἐγκονοῦc' ἑκόντες, εἶτα δ' ἐξεχώρηcαν κακῶc.

Iph. A. 382.

τίc ἀδικεῖ cε; τοῦ κέχρηcαι; λέκτρ' ἐρᾷc χρηcτὰ λαβεῖν;

Heath hat das mangelhafte Metrum verbessert durch die Umstellung λέκτρα χρῇcτ' ἐρᾷc λαβεῖν. Aus zwei Gründen ist

τίc ἀδικεῖ cε; τοῦ κέχρηcαι; χρηcτὰ λέκτρ' ἐρᾷc λαβεῖν;

zu schreiben; einmal weil sich dann die falsche Stellung von χρηcτά sehr gut erklärt, indem es zuerst nach -χρηcαι übersehen und nachher über der Zeile nachgetragen wurde; dann weil der Gedanke die Voranstellung von χρηcτά fordert.

Iph. A. 568.

Μέγα τι θηρεύειν ἀρετὰ ν
γυναιξὶ μὲν κατὰ Κύπριν
κρυπτάν, ἐν ἀνδράcι δ' αὖ
κόcμοc ἔνδον ὁ μυριοπλη-
θὴc μείζω πόλιν αὔξει.

Im vorletzten Verse stellt man das Versmass gewöhnlich mit der Aenderung Musgrave's ἐνών her. Man könnte sich diese Aenderung gefallen lassen, wenn das übrige gesund wäre. Aber κόcμοc ὁ μυριοπληθήc ist sinnlos. Oder kann die Erklärung von Hermann „singulari ratione dictum κ. ὁ. μ. de modestia quae plurimis in rebus conspicua sit, eoque a mulierum temperantia, quae ad solas referatur res venereas, differat" befriedigen? Wir verstehen μυριοπληθήc nur in Verbindung mit πόλιc; allerdings tritt dann μυριοπληθῆ πόλιν dem κατὰ κρυπτὰν Κύπριν gegenüber; das Bewusstsein für ein ganzes Volk zu wirken und zu sorgen erhebt den Mann. Wir werden in ἔνδον ὁ ein verbum fin. zu suchen haben, wie es der poetische Stil verlangt; die Abtrennung von ὁ (Ο oder Є) gab den Anlass zur Aenderung von μυριοπληθῆ in μυριοπληθήc. In dem Δ von ἔνδον aber erblicke ich ein übergeschriebenes Α und schreibe:

ἐν ἀνδράcι δ' αὖ
κόcμοc ἄνωγε μυριοπλη-
θῆ μείζω πόλιν αὔξειν.

„in Männern andrerseits eifert die Tugendhaftigkeit an, das Wohl einer grossen Volksgemeinde zu fördern".

N. Wecklein: Studien zu Euripides. 389

Iph. A. 734.

οὐχ ὁ νόμος οὗτος, cù δὲ φαῦλ' ἡγεῖ τάδε.

Ich glaube nicht, dass die Verbesserungen cὺ δὲ τί (Elmsley), cὺ δ' ἄρα (Dindorf), cὺ δέ γε (Paley), coὶ δὲ φαῦλ' ἐcτὶν τάδε (Nauck) die Hand des Dichters herstellen. Den rechten Ton giebt
οὐχ ὁ νόμος οὗτος· ἢ cὺ φαῦλ' ἡγεῖ τάδε;

Iph. A. 1015.

ΑΧ. ἱκέτευ' ἐκεῖνον πρῶτα μὴ κτείνειν τέκνα·
ἢν δ' ἀντιβαίνῃ, πρὸς ἐμέ coι πορευτέον·
εἰ γὰρ τὸ χρῆζον ἐπίθετ', οὐ τοὐμὸν χρεὼν
χωρεῖν· ἔχει γὰρ τοῦτο τὴν cωτηρίαν·

Mögen die beiden letzten Verse interpoliert sein oder nicht, jedenfalls ist im letzten Verse τοῦτο fehlerhaft; der Gedanke „du bedarfst dann meiner nicht" verlangt die Begründung „denn die Sache selber bietet dir die gesuchte Rettung", also
ἔχει γὰρ αὐτὸ τὴν cωτηρίαν.
Vergl. die Redensart αὐτὸ δείξει, αὐτὸ δηλοῖ.

Iph. A. 1206.

τούτων ἄμειψαί μ', εἴ τι μὴ καλῶς λέγω.
εἰ δ' εὖ λέλεκται, νῷ μὴ δή γε κτάνῃς
τὴν cήν τε κἀμὴν παῖδα, καὶ cώφρων ἔcει.

Die Verbesserung, wie sie Dindorf nach Elmsley's und Paley's Vermuthungen giebt, εἰ δ' εὖ λέλεκται τἀμά, μηκέτι κτάνῃς wird kaum als annehmbar erscheinen; denn μηκέτι ist nicht recht brauchbar; am wenigsten aber τἀμά. Der Sinn und die überlieferten Worte νῷ und μὴ lassen mit ziemlicher Sicherheit auf das ursprüngliche schliessen („sind aber meine Worte gut, dann nimm sie zu Herzen und tödte nicht unser Kind"):
εἰ δ' εὖ λέλεκται, 'ν νῷ βαλὼν δὴ μὴ κτάνῃς.
Wegen 'ν vergl. z. B. Hel. 75 μὴ 'ν ξένῃ.

Iph. A. 1395.

εἰ δ' ἐβουλήθη cῶμα τοὐμὸν Ἄρτεμις λαβεῖν,
ἐμποδὼν γενήcομαι 'γὼ θνητὸς οὖcα τῇ θεῷ.

Die Correktur einer zweiten Hand im Palat. τὸ cῶμα ist natürlich nichts als ein Versuch das Metrum herzustellen; cῶμα stammt aus V. 1397. Nauck denkt an τόδ' αἷμα τοὐμόν, Weil an τόδ' αἷμα cφάγιον. Das richtige Wort, welches durch den Ton der Rede wie durch das in V. 1398 folgende θύετε angezeigt ist, lernen wir aus V. 1311 προθύματ' ἔλαβεν Ἄρτεμις πρὸς Ἴλιον kennen:
εἰ δ' ἐβουλήθη πρόθυμα τοὐμὸν Ἄρτεμις λαβεῖν.

In V. 1348 möchte ich schreiben:

ὡς χρεὼν cφάξαι νιν. — οὐδεὶc δ' εἶπ' ἐναντίον λόγον;
indem ich δ' εἶπ' nach (οὐ)δεὶc ausgefallen und dadurch die weiteren
Correkturen ἐναντία λέγει und κοὐδεὶc veranlasst sein lasse.

Iph. A. 1592.

ὁρᾶτε τήνδε θυcίαν, ἣν ἡ θεὸc
προύθηκε βωμίαν, ἔλαφον ὀρειδρόμον·
ταύτην μάλιcτα τῆc κόρηc ἀcπάζεται,
ὡc μὴ μιάνοι βωμὸν εὐγενεῖ φόνῳ.

Wenn der Interpolator verständlich und griechisch sich ausdrücken wollte, so musste er statt ταύτην μάλιcτα
 ταύτην ἀμοιβὴν τῆc κόρηc ἀcπάζεται
schreiben.

Iph. T. 110.

Orestes verzweifelt an der Möglichkeit, das Bildniss der Artemis aus dem Tempel zu entführen und damit den Auftrag des Gottes Apollon zu erfüllen. Er räth darum
 ἀλλὰ πρὶν θανεῖν, νεὼc ἔπι 102
 φεύγωμεν, ᾗπερ δεῦρ' ἐναυcτολήcαμεν.

Pylades ermuntert wie sonst auch jetzt seinen verzagten Freund und weiss dessen Kleinmuth zu entfernen. Fliehen dürfen wir nicht, sagt er; das ist auch nicht unsere Gewohnheit. Den Spruch des Gottes dürfen wir nicht verrathen. Wir wollen uns irgendwo an der felsigen Küste verstecken:

ὅταν δὲ νυκτὸc ὄμμα λυγαίαc μόλῃ, 110
τολμητέον τὸ ξεcτὸν ἐκ ναοῦ λαβεῖν
ἄγαλμα πάcαc προcφέροντε μηχανάc.
ὅρα δέ γ' εἴcω τριγλύφων ὅποι κενὸν
δέμαc καθεῖναι· τοὺc πόνουc γὰρ ἀγαθοὶ
τολμῶcι, δειλοὶ δ' εἰcὶν οὐδὲν οὐδαμοῦ. 115

OP. οὔτοι μακρὰν μὲν ἤλθομεν κώπῃ πόρον,
ἐκ τερμάτων δὲ νόcτον ἀροῦμεν πάλιν.
ἀλλ' εὖ γὰρ εἶπαc, πειcτέον.

Vor allem gilt es den corrupten V. 113 zu verbessern; denn den Text ὅρα δέ γ' εἴcω τριγλύφων ὅποι κενὸν δέμαc καθεῖναι wird niemand in Schutz nehmen wollen. In trefflicher Weise hat Blomfield ὅρα δὲ γ' εἴcω in ὅρα δὲ γεῖcα emendiert. Gewöhnlich nimmt man dazu noch die Aenderung Elmsley's ὅπου κενόν auf. Nauck vermuthet ὅποι χρεών. Aber der Ausdruck ὅπου κενόν oder ὅποι χρεών ist zu ungeschickt, als dass er für das Werk des Dichters gelten könnte. Madvig hat πείρα δέ γ' εἴcω τρ. ὅπου κενόν, Heimsoeth ὅρα, δ' ἑῶcι τρ. τόποι κενοί, Koechly ῥᾷcτον δέ γ' εἴcω, Bergk ἄριcτα δ' εἴcω, Weil ὅρα δ', ἔνεcτι vermuthet. Keine dieser Vermuthungen dürfte einen besonderen Vorzug verdienen. Denn auch ὅρα δ', ἔνεcτι τριγλύφων ὅπου κενὸν δέμαc καθεῖναι ist kein musterhafter Ausdruck, da die Oeffnung zwischen den Triglyphen nicht zufällig und der leere Raum nicht in, sondern zwischen den Triglyphen ist. Wer kann zweifeln, dass das in ὅρα δέ γ' εἴcω fehlerhafte γὲ am besten und richtigsten durch ὅρα δὲ γεῖcα beseitigt sei? Diese Aenderung hat an und für sich soviel innere Wahrscheinlichkeit, dass sie unbedingt festgehalten werden muss. Es fehlt nun noch ein Wort, welches der ganzen Stelle Verständniss und Licht giebt. Dieses Wort und seine Nothwendigkeit erkennt man aus den Worten des Phrygiers, der auf demselben Wege herausgekommen ist, auf welchem Orestes und Pylades hineingelangen wollen, Or. 1369 Ἀργεῖον ξίφοc ἐκ θανάτου πέφευγα κεδρωτὰ παcτάδων ὑπὲρ τέρεμνα Δωρικάc τε τριγλύφουc. Der Rest davon ist in ὅρα erhalten: ⟨Δ⟩ωρ⟨ικ⟩ὰ. Mit leichter Aenderung haben wir ausserdem ὅποι κενόν in ὀπὴν κενοῖ zu verwandeln und alles ist in Ordnung („das dorische Kranzgesims der Triglyphen oder das Kranzgesims der dorischen Triglyphen lässt eine Oeffnung leer um sich da hinabzulassen").

Eine zweite Schwierigkeit bieten die beiden ersten Verse des Orestes. Unmöglich können diese Verse dem Orestes gehören, auch nicht, wenn wir mit Badham οὕτω für οὗτοι schreiben. Orestes, welcher von seinem Entschlusse abgebracht ist und den Worten des Pylades beipflichtet, kann nur mit ἀλλ' εὖ γὰρ εἶπαc beginnen. Markland hat sie darum noch dem Pylades zugewiesen. Allein τοὺc πόνουc γὰρ ἀγαθοὶ τολμῶcι, δειλοὶ δ' εἰcὶν οὐδὲν οὐδαμοῦ sind ein bündiger Schluss der Rede, nicht aber jene Verse; denn die Rede kann nicht mit der besonderen Bemerkung nach der allgemeinen schliessen. Dindorf hält desshalb die Verse für interpoliert. Sie tragen aber durchaus keine Anzeichen von Interpolation an sich und es lässt sich auch gar nicht absehen, was die Interpolation veranlasst haben soll. Wenn die Verse weder an ihrem Platze geeignet noch interpoliert erscheinen, so bleibt nichts anderes übrig als Versetzung, da an eine Lücke hier nicht zu denken ist. Wir haben oben so zahlreiche Beispiele verkehrter Versordnung kennen gelernt, dass dieses Heilmittel das unbedenklichste von allen sein muss. Dieses ist auch bereits von Bergk versucht worden, welcher die beiden Verse nach V. 103 setzt und den Orestes seine Rede in folgender Weise schliessen lässt:

ἀλλ' ἢ πρὶν θανεῖν νεὼc ἔπι
φεύγωμεν, ἧπερ δεῦρ' ἐναυcτολήcαμεν;
οὗτοι μακρὸν μὲν ἤλθομεν κώπῃ πόρον,
ἐκ τερμάτων δὲ νόcτον ἀροῦμεν πάλιν.

Dabei aber entsteht wieder ein anderer Anstoss. Wenn Orestes selbst die Flucht mit solcher Entschiedenheit von der Hand weist, so begreift man den Anfang der Rede des Pylades nicht, in welchem dieser sich so eindringlich gegen das Aufgeben des Planes ausspricht (φεύγειν μὲν οὐκ ἀνεκτὸν οὐδ' εἰώθαμεν· τὸν τοῦ θεοῦ δὲ χρηcμὸν οὐ κακιcτέον). Auch andere nehmen die Worte ἀλλὰ πρὶν θανεῖν . .

ἐναυστολήσαμεν; als Frage, damit Orestes sich nicht feig zeige, während doch, zwar nicht Feigheit, wohl aber Kleinmuth und Hoffnungslosigkeit ganz zum Charakter des Orestes gehört. Jener Auffassung widerspricht auch die Stellung und Beziehung der Worte θανούμεθ'· ἀλλὰ πρὶν θανεῖν, sowie der Zusatz ᾗπερ δεῦρ' ἐναυστολήσαμεν, welcher nur zu dem Gedanken passt „das Beste ist's so schnell wie möglich auf demselben Wege zurückzukehren auf dem wir gekommen". Eine passende Stelle finden die Verse entweder nach V. 105 oder nach V. 112. Die letztere Stellung ist gewiss die richtige wegen des inneren Zusammenhangs, der zwischen ihnen und dem vorangehenden πάcαc προcφέροντε μηχανάc gewonnen wird: „wir müssen auf jede mögliche Weise des Bildes habhaft zu werden suchen; denn wir können doch nicht nachdem wir die lange Fahrt gemacht, am Ziele unverrichteter Sache wieder umkehren". Es lautet also die Stelle:

ὅταν δὲ νυκτὸς ὄμμα λυγαίας μόλῃ,
τολμητέον τὸ ξεcτὸν ἐκ ναοῦ λαβεῖν
ἄγαλμα, πάcαc προcφέροντε μηχανάc. 112
οὔτοι μακρὸν μὲν ἤλθομεν κώπῃ πόρον, 116
ἐκ τερμάτων δὲ νόcτον ἀροῦμεν πάλιν. 117
Δωρικὰ δὲ γεῖcα τριγλύφων ὀπὴν κενοῖ 113
δέμας καθεῖναι· τοὺc πόνουc γὰρ ἀγαθοὶ
τολμῶcι, δειλοὶ δ' εἰcὶν οὐδὲν οὐδαμοῦ.

Iph. T. 143.

ὦ δμωαί, δυcθρηνήτοιc
ὡc θρήνοιc ἔγκειμαι, τᾶc
οὐκ εὐμούcου μολπᾶc βοὰν
ἀλύροιc ἐλέγοιc.

Um Metrum und Construction dieser Stelle in Ordnung zu bringen, lässt man gewöhnlich mit Elmsley βοάν aus. Wie aber soll βοὰν in den Text gekommen sein? Als accus. findet es gar keine Erklärung. Aber es ist auch kaum wahrscheinlich, dass der gen. in der Form βοᾶν Glossem zu τᾶc οὐκ εὐμούcου μολπᾶc sei. Was aber das Hauptbedenken gegen die Tilgung von βοὰν erregt, ist die Wahrnehmung, dass das Metrum auch so nicht vollständig hergestellt erscheint. Dindorf sieht sich veranlasst δυcθρηνήτοιc ἴδεθ' ὡc zu schreiben und Koechly ergänzt μούcας (μούcας μολπαῖς). Die Corruptel ist einfacher: μολπᾶc ist aus μέλπουcα entstanden und als diese Umänderung vor sich gegangen, musste τὰν οὐκ εὐμούcου (μολπᾶc βοάν) bei irgend einem Gefühle für passenden Ausdruck in τᾶc οὐκ εὐμούcου übergehen:

ὦ δμωαί, δυcθρηνήτοιc
ὡc θρήνοιc ἔγκειμαι, τὰν
οὐκ εὔμουcον μέλπουcα βοὰν
ἀλύροιc ἐλέγοιc.

Aehnlich ist in V. 579 cπουδῆc von Musgrave in cπεύδουc' verbessert worden.

Iph. T. 246.

ΙΦ. ποδαποί; τίνοc γῆc ὄνομ' ἔχουcιν οἱ ξένοι;
ΒΟΥ. Ἕλληνεc· ἕν τοῦτ' οἶδα κοὐ περαιτέρω.
ΙΦ. οὐδ' ὄνομ' ἀκούcαc οἶcθα τῶν ξένων φράcαι;

Trefflich und einzig richtig hat Monk τίνοc γῆc cχῆμ' ἔχουcιν οἱ ξένοι; emendiert. Es bedarf nur noch einer leichten Aenderung: die Antwort auf τίνοc γῆc cχῆμ' ἔχουcιν kann nur "Ἕλληνοc sein ("Ἕλληνοc γῆc cχῆμ' ἔχουcιν). Wegen "Ἕλληνοc γῆc vergl. z. B. V. 341 "Ἕλληνοc ἐκ γῆc.

Iph. T. 395. 407. 414. 425.

Am besten hat Bergk die Lücke nach δι-ε-πέραcε ausgefüllt mit πόρτιν; allein es ist wahrscheinlich, dass Euripides ebenso wie Aeschylus die Etymologie von Βόcπορος (βοὸc πόρος) wiedergegeben und daher nicht nur τὰν βοῦν, sondern auch διεπόρευcε geschrieben habe (vergl. Prom. 732 ἔcται δὲ θνητοῖc εἰc ἀεὶ λόγοc μέγαc τῆc cῆc πορείαc, Βόcπορος δ' ἐπώνυμοc κεκλήcεται):

ἵν' οἴcτροc ὁ ποτώμενοc Ἀργόθεν
ἄξενον ἐπ' οἶδμα διεπόρευcε ⟨τὰν βοῦν⟩.

In V. 407
ἢ ῥοθίοιc εἰλατίνοιc δικρότοιcι κώπαιc

schreibt man gewöhnlich nach Seidler's Vorschlag εἰλατίναιc, ohne die durchaus unpassende und stilwidrige Häufung der Epitheta zu beachten. Diesen Fehler hat bereits Kirchhoff bemerkt und ἢ ῥοθίοιc εἰλατίνοιc δικρότοιο κώπαc vermuthet. Aber unmöglich kann εἰλατίνοιc Attribut zu ῥοθίοιc sein. Schon die Stellung (vergl. Hermann zu Aesch. Prom. 155) zeigt die durch den Sinn geforderte Verbindung an:

ἢ ῥοθίοιc εἰλατίναc δικρότοιcι κώπαc.

Offenbar ging εἰλατίναc unter Einwirkung der umgebenden Adjektiva in εἰλατίνοιc über, κώπαc aber wegen δικρότοιcι in κώπαιc. Vergl. Hel. 1461 εἰλατίναc πλάταc, zu ῥοθίοιc V. 426 ῥοθίῳ δραμόντες, Cycl. 16 γλαυκὴν ἅλα ῥοθίοιcι λευκαίνοντεc.

V. 414 geben die Handschriften:

φίλα γὰρ ἐλπὶc γένετ' ἐπὶ πήμαcι βροτῶν
ἄπληcτοc ἀνθρώποιc.

in der Ald. ist γένετ' in ἐγένετ' verwandelt; näher liegt γέγονεν, welches dem Sinne nach besser entspricht. Auf gleiche Weise hat Nauck Or. 493 τούτου τίc ἀνδρῶν γένετ' ἀcυνετώτεροc (ἐγένετ' ist spätere Correktur in einer Handschrift, wie γένοιτ' in einer anderen) emendiert (τούτου τίc ἀνδρῶν γέγονεν ἀcυνετώτεροc;). Besonders spricht für diese Umänderung die handschriftliche Lesart Or. 506 αὐτὸc κακίων ἐγένετο μητέρα κτανών, wo die Emendation von Nauck κακίων γέγονε bei weitem den Vorzug verdient vor der Porson'schen Umstellung κακίων μητέρ' έγένετο κτανών. Ferner ist der Ausdruck έπι πήμαcι βροτῶν sinnlos; βροτῶν ist um so weniger brauchbar, als άνθρώποιc nachfolgt; von Schaden (πήμαcι) aber kann hier keine Rede sein. Mit Recht hat Bergk βροτῶν getilgt, mit έπί γε πήμαcιν aber ist der Stelle nicht aufgeholfen. Welcher Begriff hier erforderlich sei, lässt Soph. Ant. 615 ahnen:

ά γάρ δή πολύπλαγκτοc έλ-
πίc πολλοῖc μέν ὄναcιc άνδρῶν,
πολλοῖc δ' άπάτα κουφονόων έρώτων.

Im Wünschen und Begehren ist die Hoffnung unersättlich den Menschen. Man könnte an έπι πόθοιc πόρων denken, wie Madvig Adv. crit. p. 260 έπι χρήμαcι πόρων vermuthet hat; allein πήμαcι ist nur eine Abbreviatur (πημᾶcι) für ποθήμαcι:

φίλα γάρ έλπὶc γέγονεν έπὶ ποθήμαcιν
άπληcτοc άνθρώποιc.

Das Wort πόθημα ist aus Hesych. bekannt, der es mit άγάπη και αἴτηcιc erklärt. Das ähnlich gebildete πόνημα gebraucht Euripides V. 165. Jenes Wort glaube ich mit Recht in Soph. Trach. 554 hergestellt zu haben (Ars Soph. em. p. 73), wo ich λυτήριον πόθημα vermuthet habe statt des sinnlosen λυτήριον λύπημα (d. i. λυτήριον λυ πῆμα). Vergl. das sonst nicht vorkommende cτέργημα Soph. Trah. 1138.

Ein sinnloses Wort steht noch unangefochten in V. 422

πῶc Φινεῖδαc άύπνουc
άκτάc έπέραcαν
παρ' ἄλιον αἰγιαλὸν ἐπ' Ἀμφιτρίταc
ῥοθίῳ δραμόντεc.

Wie kann man von denen, welche auf dem Meere fahren (ἐπ' Ἀμφιτρίταc) sagen, dass sie an der Meeresküste hinsegeln? Das kann doch nur vom Lande aus (vergl. Alc. 595) und von solchen gesagt werden, die zu Lande fahren. Was der Dichter, welcher von dieser Küste sprach und von den Gefahren der Fahrt, angeben musste, erkennt man aus der Beschreibung jener Küste in Xenoph. Anab. VII 5, 12 Cαλμυδηccὸν ἔνθα τῶν εἰc τὸν Πόντον πλεουcῶν νεῶν πολλαὶ ὀκέλλουcι καὶ ἐκπίπτουcι· τέναγοc γάρ ἐcτιν ἐπὶ παμπολὺ τῆc θαλάττηc und bei Strabo p. 319 ἔρημοc αἰγιαλὸc καὶ λιθώδηc, ἀλίμενοc, άναπεπταμένοc πολὺc πρὸc τοὺc βορέαc cταδίων ὅcον ἑπτακοcίων μέχρι Κυανέων τὸ μῆκοc vergl. dazu Aesch. Prom. 726 τραχεῖα πόντου Cαλμυδηccία γνάθοc, ἐχθρόξενοc ναύταιcι, μητρυιὰ νεῶν. Demnach ist zu schreiben:

παρ' ἀλίμενον αἰγιαλὸν ἐπ' ἀμφιτρίταc,

oder vielmehr, da die Responsion mit V. 442 Τρῳάδα λιποῦcα πόλιν, ἵν' ἀμφὶ χαίτᾳ kaum durch die Vertretung von zwei Kürzen durch eine Länge oder durch die Schreibung Τρωϊάδα befriedigend hergestellt sein dürfte,

πῶc Φινεΐδαc ἀΰπνουc
ἀκτὰc ἐπέραcαν
ἀλίμενον αἰγιαλὸν ἐπ' ἀμφιτρίταc
ῥοθίῳ δραμόντεc,

indem wir παρὰ als Glossem ausscheiden (◡ ◡◡ ◡ _ ◡ ◡◡ ◡ _ ◡ _ _).

Iph. T. 540.
τίc εἶ ποθ'; ὡc εὖ πυνθάνει τἀφ' Ἑλλάδοc.

In diesem Verse ist τἀφ' ein unrichtiger Ausdruck. Man könnte höchstens τὰ ἐπὶ Ἑλλάδοc verstehen: da aber τἀφ' nur τὰ ἀπὸ bedeutet, so ist τἀφ' fehlerhaft; denn τἀφ' wäre nach dem gewöhnlichen griechischen Sprachgebrauch z. B. bei ἀγγέλλειν richtig, dagegen kann τὰ ἀπὸ Ἑλλάδοc weder „die Ereignisse in Griechenland" bedeuten noch hat πυνθάνεcθαι ἀπὸ Ἑλλάδοc einen Sinn. Die Verbesserung ist einfach:

τίc εἶ ποθ'; ὡc εὖ πυνθάνει τἀμφ' Ἑλλάδοc.

So steht πυνθάνεcθαι τὰ ἀμφὶ, τὰ περὶ Ἑλλάδοc nach dem bekannten Gebrauche der Präpositionen ebenso wie man πυνθάνεcθαι περὶ Ἑλλάδοc sagt. Vergl. Aesch. Prom. 702 τὸν ἀμφ' ἑαυτῆc ἆθλον ἐξηγουμένηc und dazu meine Anmerkung.

Iph. T. 591.
cὺ δ', εἰ γὰρ, ὡc ἔοικαc, οὔτε δυcγενὴc
καὶ τὰc Μυκήναc οἶcθα χοῦc κἀγὼ θέλω.
cώθητι, καὶ cὺ μιcθὸν οὐκ αἰcχρὸν λαβὼν
κούφων ἕκατι γραμμάτων cωτηρίαν.

Die Verbindung cώθητι καὶ cὺ ist unmöglich, die Vermuthungen von Bergk und Weil οἶcθαc, ὡc κἀγὼ θέλω (cωθῆναι), cώθητι καὶ cύ, οἶcθά γ' (was soll γὲ bedeuten?), ὡc κἀγὼ θέλω, cώθητι καὶ cύ sind nach Form und Inhalt im höchsten Grade bedenklich. Wenn καὶ cὺ richtig ist, dann muss es jedenfalls zu dem folgenden gezogen und mit Hermann erklärt werden: „καὶ cὺ pertinet ad μιcθὸν λαβών. Mercedem quod litteras perferat accepturus est Orestes salutem; mercedem item Iphigenia, quod eum servat, spem litteras suas Argos esse perventuras". Es ist aber kein Wunder, wenn eine solche Erklärung nicht jedermann befriedigt. Und dass dieses Unbehagen nicht bloss Geschmackssache ist, erweist sich schon durch die Bemerkung, dass der Dichter, zumal nach cὺ δὲ cώθητι, nicht καὶ cὺ, sondern καὐτὸc hätte schreiben müssen. Canter und Markland haben cώθητι καὶ Ζῆ, Boissonade καί coι, Musgrave cώθητι κεῖcε (cώθητ' ἐκεῖcε), was Dindorf in den Text setzt, Kirchhoff cώθητι· καὶ γὰρ μιcθὸc οὐ cμικρὸc λαβεῖν vorgeschlagen. Die Emendation ist weit einfacher. V. 699 heisst es ἀλλ' ἕρπε καὶ ζῆ; dasselbe haben wir

hier in umgekehrter Folge: cώθητι (ζῆ) καὶ coῦ vergl. Hesych. coῦ·
ἴθι, τρέχε, ὅρμα, also
cώθητι καὶ coῦ μιcθὸν οὐκ αἰcχρὸν λαβών.
Orestes soll am Leben bleiben und aufbrechen, Pylades aber bleiben,
wie es im folgenden heisst.

Iph. T. 876.

τίνα coι πόρον εὑρομένα
πάλιν ἀπὸ πόλεωc, ἀπὸ φόνου πέμψω
πατρίδ᾽ ἐc Ἀργείαν,
πρὶν ἐπὶ ξίφοc αἵματι cῷ | πελάcαι;

Hierin ist ἀπὸ πόλεωc sinnlos. Köchly vermuthet ἀπὸ ξένης.
Man müsste zur Erklärung der handschriftlichen Lesart πόλεωc als
eine erklärende Ueberschrift über ξένης betrachten, wobei man nur
eher das Glossem γῆc oder χθονός als πόλεωc erwartete. Allein es
giebt eine einfache Aenderung, welche zugleich stilgerechter ist; ἀπὸ
πόλεωc ist nichts anderes als ἀπ᾽ ὀλέθρου c'. Voraus lasse ich
nach (εὑρομέν)α α noch einmal folgen: εὑρομένα | αὖ πάλιν.

Nachher muss ξίφοc αἵματι cῷ πελάcαι jedenfalls als ein
schwülstiger Ausdruck bezeichnet werden. Das Schwert nähert sich
nicht dem Blute, sondern der Kehle. Sehr leicht aber konnte ΛΑΙΜΟΙ
in ΑΙΜΑΤΙ übergehen. Vergl. Or. 1472 παίειν λαιμῶν ἔμελλεν
εἴcω μέλαν ξίφοc, Iph. A. 1084 βρότειον αἱμάccοντεc λαιμόν. Das
Versmass besteht dann aus einem Anapäst und einem Dochmius,
wenn nicht πρὶν ποτε für πρὶν ἐπὶ zu schreiben ist (Kretikus und
Dochmius) vergl. Soph. Ant. 120 πρὶν ποθ᾽ ἁμετέρων αἱμάτων
πληcθῆναι, Aesch. Suppl. 38 ὄλοιντο, πρίν ποτε λέκτρων ἐπιβῆναι.

Wir erhalten also:

τίνα coι πόρον εὑρομένα
αὖ πάλιν ἀπ᾽ ὀλέθρου c᾽, ἀπὸ φόνου πέμψω
πατρίδ᾽ ἐc Ἀργείαν,
πρὶν ἐπὶ ξίφοc λαιμῷ cῷ
· πελάcαι.

Iph. T. 1239. Phoen. 619.

φέρεν ἶνιν
ἀπὸ δειράδοc εἰναλίαc,
λοχεῖα κλεινὰ λιποῦc᾽
ἀcτάκτων μάτηρ ὑδάτων
τὰν βακχεύουcαν Διονύcῳ
Παρνάcιον κορυφάν.

Mit richtigem Gefühle hat Seidler ἀcτάκτων ὑδάτων auf Παρνάcιον κορυφάν bezogen. Dass an den kleinen Bach Inopos nicht
zu denken ist, wie Hermann meint, zeigt schon das Wort δειράδοc.
Aber einerseits kann man ἀcτάκτων ὑδάτων nicht von μάτηρ un-

abhängig sein lassen und mit τὰν Παρνάςιον κορυφάν verbinden, andrerseits ist die Bezeichnung der Leto als μάτηρ ὑδάτων undenkbar. Neuerdings schreiben Weil und Koechly ἀςτάκτων ματέρ' εἰς ὑδάτων, wobei die Präposition εἰς nicht gut gebraucht ist. Ich glaube, ἄςτακτος weist auf ein anderes Wort hin; einen poetischen Ausdruck gewinnen wir, wenn wir μάτηρ aus μα entstanden sein lassen und ἄςτακτον νᾶμ' ὑδάτων schreiben. Die Glosse von Hesychius ἄςτακτον· οὐ καταςτάζον, ἀλλὰ ῥύδην bezieht sich vielleicht auf unsere Stelle. Unentschieden muss es bleiben, ob εἰς (ausgefallen zwischen -οῦς' und ἀς-) ἄςτακτον νᾶμ' oder ἄςτακτον πρὸς νᾶμ' zu schreiben ist. Dem V.

ἄςτακτον πρὸς νᾶμ' ὑδάτων

entspricht in der Antistrophe

γᾶς εὐνὰς ἔφραζον υ-,

was Hartung zu γᾶς εὐνὰς ἔφραζε ςαφῶς ergänzt.

Auf gleiche Weise wie hier scheint das von Hermann mit Recht verworfene μάτηρ Phoen. 649 entstanden zu sein:

Βρόμιον ἔνθα τέκετο μάτηρ
Διὸς γάμοιςι.

Ich erkenne in μάτηρ die Endsilbe μα, in (τέκε)το die Anfangssilbe λο von λόχευμα. Vor Διὸς mag παῖς κόρα („seine — des Kadmos — jungfräuliche Tochter") ausgefallen sein:

Βρόμιον ἔνθα τέκε λόχευμα
⟨παῖς κόρα⟩ Διὸς γάμοιςι.

Vergl. dazu Ion 921 ἔνθα λοχεύματα ςέμν' ἐλοχεύςατο Λατὼ Δίοιςί ςε καρποῖς.

Ion 98.

ςτόμα τ' εὔφημον φρουρεῖτ' ἀγαθὸν
φήμας τ' ἀγαθὰς
τοῖς ἐθέλουςιν μαντεύεςθαι
γλώςςης ἰδίας ἀποφαίνειν.

Unverständlich ist γλώςςης ἰδίας: was soll oder kann ἰδίας bedeuten? Niemand wird erklären wollen, dass die Aussprüche des Gottes jedesmal in der Sprache des Orakel suchenden abgefasst waren. Angeredet sind Φοίβου Δελφοὶ θέραπες, die Priester welche den Bescheid des Gottes den Fragenden zu übermitteln hatten. Der Sinn ist durch die Worte ςτόμα εὔφημον φρουρεῖτε und φήμας ἀγαθὰς τοῖς ἐθέλουςιν μαντεύεςθαι ἀποφαίνειν hinlänglich angezeigt. Die Priester sollen ihren heiligen Dienst mit ehrfurchtsvoller Scheu verrichten, auf dass denen, welche den Gott befragen, guter Bescheid zu Theil werde. Die φῆμαι ἀγαθαί nun gehen aus von Apollo; Apollo aber ist der Mund oder die Zunge des Zeus; denn Διὸς πάρα θέςφατα πάντα (Hom. hymn. Merc. 472) und der von Delphi kommende Ausspruch wird bei Soph. O. R. 151 mit ὦ Διὸς ἁδυεπὲς φάτι begrüsst. Wir haben demnach zu verbessern: γλώccηc Δίαc ἀποφαίνειν. In ähnlicher Weise ist Hel. 197 in den Handschriften ἰδαίῳ für δαῖῳ geschrieben. Im vorhergehenden hat Hermann φρουρεῖτ', ἀγαθῶν φήμαc ἀγαθὰc . . ἀποφαίνειν geschrieben, während L. Dindorf bloss φρουρεῖν für φρουρεῖτ' setzt. Jedenfalls kann die Verbindung cτόμα εὔφημον ἀγαθὸν φρουρεῖτε nicht richtig sein; ebenso bedenklich aber wird der doppelte Gen. ἀγαθῶν φήμαc ἀγαθὰc γλώccηc Δίαc. Wir werden vielmehr cτόμα εὔφημον ἀγαθῶν φρουρεῖτε („hütet den Mund, dass er nur gute Worte spreche und dadurch εὔφημον werde") verbinden müssen.

cτόμα τ' εὔφημον φρουρεῖτ' ἀγαθῶν
φήμαc τ' ἀγαθὰc
τοῖc ἐθέλουcιν μαντεύεcθαι
γλώccηc Δίαc ἀποφαίνειν.

Vielleicht ist auch mit Kirchhoff cτόμα δ' und ausserdem φρουρεῖν τ' oder mit Hermann φρουρεῖτ' ἀγαθῶν, φήμαc ἀγαθὰc . . ἀποφαίνειν (d. i. ὥcτε ἀποφαίνειν) zu corrigieren.

Ion 131.

εὐφάμουc δὲ πόνουc μοχθεῖν
οὐκ ἀποκάμνω.

εὐφάμουc giebt nicht den richtigen Begriff, den der Zusammenhang fordert. Denn voraus heisst es: herrlich ist mein Dienst (καλόν τε τὸν πόνον λατρεύω); ruhmvoll ist mein Dienst (κλεινὸc δ' ὁ πόνοc μοι). Man erwartet hiernach ein Adjektiv, welches die glückliche Lage des Tempeldieners des weiteren schildert; darin aber, dass er bei seinem Dienste ehrfurchtsvoll schweigt oder nur fromme Worte spricht, liegt kein Glück; wohl aber darin, dass der Dienst ihm leicht und angenehm ist. Darum halte ich mit Rücksicht auf die öfters vorkommende Verwechslung von φ und κ (vergl. oben S. 366 zu Androm. 1219)

εὐκαμάτουc δὲ πόνουc μοχθεῖν
οὐκ ἀποκάμνω.

für die ursprüngliche Lesart. Vergl. V. 189 καλλίφαρον für καλλιβλέφαρον. Wir haben dann dieselbe Wendung wie in πόνον ἡδὺν κάματόν τ' εὐκάματον (Bacch. 66 von bakchischem Gottesdienst). Im entsprechenden Verse der Strophe

κήπων ἐξ ἀθανάτων,
ἵνα δρόcοι τέγγουcι ἱεραὶ,
τὰν ἀέναον παγὰν
ἐκπροϊεῖcαι

ergänze ich das lückenhafte τὰν also:

κήπων ἐξ ἀθανάτων,
ἵνα δρόcοι τέγγουc' ἱεραὶ

γά⟨πεδο⟩ν, ἀέναον παγὰν
ἐκπροϊεῖcαι.

γήπεδον ist ja bekanntlich das eigentliche Wort für Gartenboden.

### Ion 359.

ΙΩΝ. οἴμοι· προcῳδὸc ἡ τύχη τὠμῷ πάθει.
ΚΡ. καὶ c', ὦ ξέν', οἶμαι μητέρ' ἀθλίαν ποθεῖν.
ΙΩΝ. καὶ μή γ' ἐπ' οἶκτόν μ' ἔξαγε, οὗ 'λελήcμεθα.
ΚΡ. cιγῶ· πέραινε δ' ὧν c' ἀνιcτορῶ πέρι.

Nach den letzten Worten der Kreusa sollte man glauben, dass Ion eine an ihn gestellte Frage noch nicht vollständig beantwortet habe. Statt dessen ist vorher immer Ion der fragende und ausforschende und nachher giebt er nicht irgend eine weitere Aufklärung, sondern stellt eine neue Frage οἶcθ' οὖν ὃ κάμνει τοῦ λόγου μάλιcτά coι; Mithin verlangen wir

cιγῶ· πέραινε δ' ὧν ἀνιcτορεῖc πέρι.

„Ich bin stille davon; fahre nur mit deinem Ausfragen fort". Im vorausgehenden Vers hat Nauck gut ἄ, μή μ' ἐπ' οἶκτον vermuthet. Wir können καὶ in vortheilhafter Weise beibehalten, wenn wir schreiben:

μὴ καί μ' ἐπ' οἶκτον ἔξαγ', οὗ 'λελήcμεθα.

### Ion 375.

εἰ τοὺc θεοὺc ἄκονταc ἐκπονήcομεν
φράζειν ἃ μὴ θέλουcιν ἢ προβωμίοιc
cφαγαῖcι μήλων ἢ δι' οἰωνῶν πτεροῖc.

Der Ausdruck „durch die Vögel mittels der Flügel" ist hässlich. Durch den Flug, d. h. durch die Richtung des Fluges geben die Götter ihren Willen kund. Auch Nauck bezeichnet in der neuesten Auflage δι' οἰωνῶν πτεροῖc als fehlerhaft. Offenbar muss in πτεροῖc das von διὰ abhängige Substantiv enthalten sein:

cφαγαῖcι μήλων ἢ δι' οἰωνῶν πόρουc.

„Durch die Bahnen des Vögelflugs". Vergl. Aesch. Prom. 280 αἰθέρα θ' ἁγνὸν πόρον οἰωνῶν.

### Ion 566.

ΧΟ. κοιναὶ μὲν ἡμῖν δωμάτων εὐπραξίαι·
ὅμωc δὲ καὶ δέcποιναν εἰc τέκν' εὐτυχεῖν
ἐβουλόμην ἂν τούc τ' 'Ερεχθέωc δόμουc.

Hierin widerspricht ἡμῖν dem Gedanken. Xuthos hat in Ion seinen Sohn erkannt. Der Chor, welcher immer Partei ergreift für seine Herrin und angestammte Fürstin, kann die Freude des Xuthos nicht theilen und bemerkt: „an dem Glücke des Hauses nimmt zwar auch deine Gemahlin Theil; doch wünschte ich, dass du nicht allein dich der Nachkommenschaft erfreuest, sondern dass auch meine

Fürstin und mit ihr der Stamm des Erechtheus mit Kindern gesegnet sei". Von sich spricht der Chor nicht. Dass dies der richtige Sinn ist, zeigt schon die Stellung von κοιναί. Demnach fordert der Zusammenhang die Aenderung:

κοιναὶ μὲν ὑμῖν δωμάτων εὐπραξίαι.

Ion 683.

πόθεν ὁ παῖς ὅδ' ἀμφὶ ναοὺς σέθεν
τρόφιμος ἐξέβα, γυναικῶν τίνος;
οὐ γάρ με σαίνει
θέσφατα μή τιν' ἔχῃ δόλον.

Die Negation οὐ verdankt ihren Ursprung nur einem Missverständnisse von σαίνει. Nicht mit οὐ σαίνει, sondern nur mit σαίνει θέσφατα kann μή τιν' ἔχῃ δόλον verbunden sein: „das Orakel berührt mich, weckt in mir die Besorgniss, es möchte eine List in ihm stecken". Ich habe zuerst an cὰ γάρ gedacht und ich sehe, dass auch Heimsoeth cὰ γάρ μ' ἔcηνε θέcφατα vermuthet. Aber die richtige Verbindung giebt

ἀτάρ με σαίνει
θέσφατα μή τιν' ἔχῃ δόλον.

Dem ἀτάρ με σαίνει entspricht in der Antistrophe ὄλοιτ' ὄλοιτ' ὤ.

Ion 725.

ὦ πρέσβυ παιδαγώγ' 'Ερεχθέως πατρὸς
τοὐμοῦ ποτ' ὄντος, ἡνίκ' ἦν ἔτ' ἐν φάει.

Die Worte „der mein Vater einstmals war als er noch lebte" oder „der ehemals lebte als er noch lebte" scheinen zum mindesten ungeeignet zu sein. Es muss heissen:

τοὐμοῦ ποτ' ὢν τόθ' ἡνίκ' ἦν ἔτ' ἐν φάει.

Vergl. V. 977 αἰδούμεθ' εὐνὰς τὰς τόθ' ἡνίκ' ἐσθλὸς ἦν, dazu El. 287 πατρός γε παιδαγωγὸς ἀρχαῖος γέρων.

Ion 837.

ἀμήτορ', ἀναρίθμητον, ἐκ δούλης τινὸς
γυναικός, εἰς σὸν δῶμα δεσπότην ἄγει.

Es lässt sich schwer erweisen, dass ἐκ δούλης τινὸς γυναικὸς nicht richtig sei. Und doch warum soll der Dichter eine solche Härte zugelassen haben, da

ἀμήτορ', ἀναρίθμητον, ἐκ δούλης τινὸς
γενόμενον εἰς σὸν δῶμα δεσπότην ἄγει.

auf der Hand lag? Leicht konnte unter Einwirkung des vorhergehenden ἐκ δούλης τινὸς ein Abschreiber γενόμενον mit γυναικός verwechseln.

Ion 925.

ὦ θύγατερ, οἴκτου σὸν βλέπων ἐμπίπλαμαι
πρόσωπον, ἔξω δ' ἐγενόμην γνώμης ἐμῆς.

κακῶν γὰρ ἄρτι κῦμ' ὑπεξαντλῶν φρενί
πρύμνηθεν αἴρει μ' ἄλλο cῶν λόγων ὕπο,
οὕc ἐκβαλοῦcα τῶν παρεcτώτων κακῶν
μετῆλθες ἄλλων πημάτων καινὰc ὁδούc.

Das Gleichniss vom stürmischen Meere erinnert an Aesch. Sept. 758 κακῶν δ' ὥcπερ θάλαccα κῦμ' ἄγει· τὸ μὲν πίτνον, ἄλλο δ' ἀείρει τρίχαλον ὅ καὶ περὶ πρύμναν πόλεωc καχλάζει. Aber zwischen beiden Gleichnissen ist ein bedeutender Unterschied. Bei Aeschylus ist das Bild entlehnt von dem gewaltigen Wogenschlage, der um das Schiff tost. Man sieht die Wellen an das Schiff herankommen, eine höher als die andere, die τρικυμία, auf welche sich τρίχαλον bezieht. Bei Euripides aber ist nicht von der Gefahr, sondern von dem Ueberschlagen der Wogen die Rede. Wenn es aber heisst: „während ich eine Woge ausschöpfe", so kann darauf nicht folgen „hebt mich oder hebt das Schiff einen andern in die Höhe", sondern nur „füllt eine andere über mich herein". Demnach ist αἴρει falsch und auch αἱρεῖ, woran man zunächst denken könnte, giebt nicht den richtigen Sinn. Es muss heissen

κακῶν γὰρ ἄρτι κῦμ' ὑπεξαντλῶν φρενὶ
πρύμνηθεν ἄρδει μ' ἄλλο cῶν λόγων ὕπο

„übergiesst mich vom Hintertheile her eine zweite". Warum es heisst „vom Hintertheile her", wissen diejenigen, die auf dem Wasser gefahren sind.

Ion 1014. 1015. 1138.

ὁ δεύτεροc δ' ἀριθμὸc ὅν λέγειc τί δρᾷ;

Ich habe früher ὁ δεύτεροc δὲ θρόμβοc emendiert. Ueber θρόμβοc kann kein Zweifel sein; denn es wird auf διccοὺc cταλαγμοὺc αἵματοc V. 1003 Bezug genommen. Allein die Ueberlieferung kann noch genauer festgehalten werden mit

ὁ δεύτεροc γὰρ θρόμβοc ὅν λέγειc τί δρᾷ;

Hierin steht γὰρ ebenso wie in dem vollkommen gleichen V. Bacch. 477

τὸν θεὸν ὁρᾶν γὰρ φῂc cαφῶc ποῖόc τιc ἦν;

In dem folgenden Verse

κτείνει, δρακόντων ἰὸc ὤν τῶν Γοργόνοc

scheint τῶν nicht passend zu sein; vielleicht hat es ἐκ Γοργόνοc geheissen wie V. 1003 Γοργοῦc ἄπο. Dagegen muss der Artikel nothwendig hergestellt werden in V. 1138

μέτρημ' ἔχουcαν τοὺν μέcῳ τε μυρίων
ποδῶν ἀριθμόν, ὡc λέγουcιν οἱ cοφοί.

Abgesehen davon, dass γὲ nicht am Platze ist, kann Krüger Gr. Gr. I § 50, 2, 8 lehren, dass es heissen muss

μέτρημ' ἔχουcαν τοὺν μέcῳ τῶν μυρίων
ποδῶν ἀριθμόν.

Cycl. 153.

ΣΕΙΛΗΝΟΣ. παπαιάξ, ὡς καλὴν ὀςμὴν ἔχει.
ΟΔΥΣ. εἶδες γάρ αὐτήν; ΣΕΙ. οὐ μὰ Δί', ἀλλ' ὀςφραίνομαι.
ΟΔ. γεῦςαί νυν, ὡς ἂν μὴ λόγῳ 'παινῇς μόνον.

Für ὀςμὴν hat Reiske μορφὴν vermuthet; auch Hermann hält mit Bothe und Francke den Witz für abgeschmackt, wenn εἶδες sich bloss auf καλήν beziehe, und glaubt, dass Euripides παπαιάξ, γεύςιν ὡς καλὴν ἔχει geschrieben habe, während ὀςμὴν als Erklärung zu γεύςιν in den Text gekommen sei. Hermann verweist dabei auf Bekker Anecd. p. 87, 31 γεύεςθαι, οὐ μόνον ἐπὶ τοῦ ἐςθίειν, ἀλλὰ καὶ ἐπὶ τοῦ ὀςφραίνεςθαι.. Εὐριπίδης Κύκλωπι. Diese Bemerkung hat offenbar das Verbum γεύεςθαι, nicht das Substantiv γεῦςις im Auge und scheint nur auf einem Missverständniss, welches durch das obige ὀςφραίνομαι veranlasst ist, zu beruhen; es sollte mit Beziehung auf den oben a. V. 155 heissen οὐ μόνον ἐπὶ τοῦ ἐςθίειν, ἀλλὰ καὶ ἐπὶ τοῦ πίνειν. Die Stelle bedarf keiner Aenderung. Um den Scherz zu würdigen, muss man nur an die Eristik der Sophisten denken, die uns freilich ferne liegt, damals aber grosses Aufsehen erregte. Es gehörte zur Kunst der Eristiker einen im uneigentlichen Sinne gebrauchten Ausdruck aufzugreifen und damit den Gegner „niederzuwerfen". So gebraucht im Platonischen Euthyd. p. 287 B Sokrates den Ausdruck τί ςοι ἄλλο νοεῖ τοῦτο τὸ ῥῆμα; Dies benützt der Eristiker Dionysodoros in folgender Weise: πότερον ψυχὴν ἔχοντα νοεῖ τὰ νοοῦντα ἢ καὶ τὰ ἄψυχα; Τὰ ψυχὴν ἔχοντα. Οἶςθα οὖν τι, ἔφη, ῥῆμα ψυχὴν ἔχον; Μὰ Δί' οὐκ ἔγωγε. Τί οὖν ἄρτι ἤρου, ὅ τί μοι νοοῖ τὸ ῥῆμα; Τί ἄλλο γε, ἢν δ' ἐγώ, ἢ ἐξήμαρτον διὰ τὴν βλακείαν; Weil νοεῖν in eigentlicher Weise von einem geistigen Wesen gebraucht wird, fragt Dionysodoros, ob ein Ausdruck auch einen Geist besitze, da er νοεῖ τὸ ῥῆμα gesagt habe. So wird καλός gewöhnlich von körperlicher Gestalt gebraucht. Darum fragt Odysseus, ob der Duft vielleicht körperliche Gestalt habe, weil er ihn schön nenne. Der Silen versteht sich nicht auf solche Kunst und entgegnet dummdreist „nein Gestalt hat er nicht, wohl aber Geruch".

Cycl. 361.

μή μοι μὴ προδίδου·
μόνος μόνῳ κόμιζε πορθμίδος ςκάφος.

Polyphem ist in seine Höhle gegangen, um einige von den Gefährten des Odysseus zu verspeisen. Der Chor der Satyrn drückt sein Entsetzen über das gräuliche Vorhaben aus und spricht: „Oeffne deinen weiten Rachen; du kannst jetzt die Glieder der Fremdlinge gesotten und gebraten kauen auf dichtzottigem Ziegenfelle ausgestreckt". Auf diese Worte folgen die beiden oben angeführten Verse; dann führt der Chor fort mit:

χαιρέτω μὲν αὖλις ἥδε,
χαιρέτω δὲ θυμάτων

ἀποβώμιος ἃν ἔχει θυcίαν
Κύκλωψ Αἰτναῖος ξενικῶν
κρεῶν κεχαρμένος βορᾷ.

Bei solchem Zusammenhang muss der Inhalt obiger Verse durchsichtig und klar sein. Diesen hat schon Hoepfner richtig angegeben: „gib mir nichts davon; iss du es allein". An und für sich ist die Hermann'sche Erklärung des ersten Verses „ne mihi prode haec i. e. fac ne frustra haec apparaverimus" unverständlich und beruht auf der falschen Annahme, der Chor sei mit in die Höhle gegangen und komme der Reihe nach heraus. Freilich kann μή μοι μὴ προδίδου das nicht heissen und die Emendation ist unsicher. Den Sinn stellt am einfachsten die Besserung von Madvig Adv. crit. p. 267 μή μοι μὴ προcδίδου („ne mihi partem dederis") her, vergl. V. 531, Hel. 700, Aristoph. Equ. 1222, Pax 1111; nur ist das Versmass bedenklich. Was aber sollen die folgenden Worte heissen? Kann der Satz „führe dir allein zu des Fahrzeugs Bauch" einen Sinn haben? Hermann giebt die Erklärung „solus soli tibi confer hanc celocem: q. e. solus soli tibi inger quas nos aspernamur carnes humanas". Absolut verlangt πορθμίδοc cκάφοc, wenn es verständlich sein soll, eine nähere Bestimmung. Verständlich ist z. B. der Gebrauch von πορθμὶc in dem Bruchstück des Philoxenus bei Athen. p. 643 A πορθμίδαc πολλῶν ἀγαθῶν πάλιν εἴcφερον γεμούcαc. Kurz und gut, es liegt hier ein Fehler vor, der sich auf die leichteste Weise bessern lässt durch:

μόνοc μόνῳ γέμιζε πορθμίδοc cκάφοc.

„allein fülle dir voll des Schiffes Bauch, d. h. allein nimm dir eine volle Schiffsladung" vergl. V. 505 cκάφοc ὁλκὰc ὡc γεμιcθεὶc ποτὶ cέλμα γαcτρὸc ἄκραc.

Cycl. 392.

καὶ χάλκεον λέβητ᾽ ἐπέζεcεν πυρί,
ὀβελούc τ᾽ ἄκρουc μὲν ἐγκεκαυμένουc πυρί
ξεcτούc δὲ δρεπάνῳ γ᾽ ἄλλα, παλιούρου κλάδῳ.

Den letzten Vers hat Scaliger verständlich gemacht durch die Aenderung τἄλλα, παλιούρου κλάδων. Hievon ist τἄλλα, der Gegensatz zu ἄκρουc, natürlich unzweifelhaft richtig; dagegen giebt κλάδων den Gedanken nicht genau; denn die Bratspiesse sind nicht aus den Zweigen des Dornbaums gefertigt, sondern sind nichts als rohe Zweige die nur abgeästet und an der Spitze gebäht sind. Die Endung ist gefälscht worden durch die falsche Beziehung auf δρεπάνῳ: es muss heissen:

ξεcτούc δὲ δρεπάνῳ τἄλλα, παλιούρου κλάδουc.

Cycl. 514.

λύχνα δ᾽ ἀμμένει δάια cὸν
χρόα χὼc τέρεινα νύμφα
δροcερῶν ἔcωθεν ἄντρων.

Die verschiedenen Versuche Metrum und Sinn dieser Stelle in Ordnung zu bringen scheinen nicht gelungen zu sein. Hermann, welcher im vorhergehenden Verse die treffliche Ergänzung ⟨φίλοc ὢν⟩ φιλεῖ τιc ἡμᾶc gefunden hat, vermuthet hier minder glücklich

λύχνα δ' ἀμμένει διαὶ còν
χρόα c', ὡc τέρεινα νύμφα.

An dem Gedanken, „lucernae te propter formam tuam exspectant: nam intus est in antro tenera sponsa" wird kaum Jemand Gefallen finden. W. Dindorf hat

λύχνα δ' ἀμμένει πάλαι còν ,
χρό·· ἄγ' ὡc τέρεινα νύμφα

in den Text gesetzt. Was soll der Cyklope unter λύχνα δ' ἀμμένει πάλαι còν χρόα verstehen? Auch die Vermuthung von Kirchhoff

λύχνα c' ἀμμένει· πελᾷ còν
χρόα χρῷ τέρεινα νύμφα

kann nicht genügen: weder ist λύχνα c' ἀμμένει verständlich noch der Ausdruck χρῷ τέρεινα ohne Anstoss.

Wenn man die durchgängige Zweideutigkeit des Ausdrucks beachtet, wird man bald merken, was in ΔΑΙΑΣΟΝ enthalten ist. Offenbar ΔΑΙΔΟΝ. Im folgenden hat schon Fix καὶ für χὡc hergestellt; dieses ist durch Ueberschrift von ὡc (καὶ ὡc) entstanden, weil man den Vergleich nicht richtig fasste. Durch den Zusatz καὶ τέρεινα νύμφα tritt das Vorhergehende erst ins rechte Licht. Wir haben also

⟨φίλοc ὢν⟩ φιλεῖ τιc ἡμᾶc.
λύχνα δ' ἀμμένει ⟨cε⟩δᾴδων
χρόα καὶ τέρεινα νύμφα
δροcερῶν ἔcωθεν ἄντρων.

Die Worte φίλοc ὢν φιλεῖ τιc ἡμᾶc haben dem Cyklopen gegenüber einen erotischen Sinn; in Wirklichkeit denkt der Chor an Odysseus. Darauf spricht der Chor dem Scheine nach von Hochzeitsfackeln, von einer schlanken Braut, die des Polyphem in der Grotte harre, von bunten Kränzen (cτεφάνων οὐ μία χροιά), die bald um das Haupt des Cyklopen gewunden werden sollen: in Wahrheit meint er mit den λύχνα δᾴδων die Leuchte des brennenden δαλόc, mit der τέρεινα νύμφα eine Nymphe anderer Art, eine Dryade, den schlanken und geglätteten Baumstamm, der ins Auge des Cyklopen gestossen werden soll; mit dem buntfarbigen Kranz endlich die Blutströme, welche dem geblendeten um den Kopf fliessen werden. Die Redeweise ἀμμένει cε χρόα ist bekannt (παίει ῥοπάλῳ με τὸ νῶτον, τὰ γόνατα κόποc ἕλοι με καματηρὸc ἄν, Krüger II § 46, 16, 3). Durch die nähere Bestimmung χρόα wird der Ausdruck verfänglich.

Cycl. 525.

ΚΥ. θεὸc δ' ἐν ἀcκῷ πῶc γέγηθ' οἴκουc ἔχων;
ΟΔ. ὅπου τιθείc, ἐνθάδ' ἐcτὶν εὐπετήc.

So hat die bessere Handschrift; die geringere bietet die Correktur τιθεῖ τις. Porson schreibt τιθῇ τις, aber wir dürfen nicht von der Correktur, sondern wir müssen von der besseren Lesart ausgehen. In dieser ist τιθεὶς eine gewöhnliche Verschreibung für τίθης. Kirchhoff schreibt ὅπου τιθῇς ἄν; allein es dürfte sich kaum ein Beispiel aufweisen, wo ἄν im conjunctivischen Relativsatz so vom Relativ getrennt wäre. Man dürfte darum einer anderen Verbesserung von Kirchhoff ὅπου τιθῇς νιν den Vorzug geben, wenn nicht der Sinn einen anderen Begriff verlangte:

ὅπου τίθης οὖν, ἐνθάδ' ἐςτὶν εὐπετής.

„Wo du auch immer ihn hinthust, da ist er gerne". Für die Stellung von οὖν vergl. Soph. Trach. 1247 πράςςειν ἄνωγας οὖν, O. R. 1517 οἶςθ' ἐφ' οἷς οὖν εἶμι; Ai. 34 πάντα γὰρ τά τ' οὖν πάρος, Eur. Med. 533 ὅπῃ γὰρ οὖν ὤνηςας.

Cycl. 544.

ΣΕΙ. κλίθητί νυν μοι πλευρὰ θεὶς ἐπὶ χθονός.
ΚΥ. τί δῆτα τὸν κρατῆρ' ὄπιςθέ μου τίθης;
ΣΕΙ. ὡς μὴ παριών τις καταβάλῃ. ΚΥ. πίνειν μὲν οὖν
κλέπτων cὺ βούλει; κάτθες αὐτὸν εἰς μέςον.

Diese Situation kann ich mir nicht erklären. Man sieht aus V. 544 und aus κάτθες αὐτὸν εἰς μέςον, dass die beiden einander an der Seite liegen, das Gesicht sich zukehrend. Wenn nun Silen den Mischkrug hinter den Cyklopen (ὄπιςθέ μου) setzt, so begreift man nicht, wie er das thun kann um verstohlen daraus zu trinken. Vielmehr muss Silen den Krug hinter seinen eigenen Rücken schaffen, um ihn heimlich zu leeren, wenn der Cyklope mit Odysseus im Gespräch begriffen ist, wie er es nachher trotz der Vorsicht des Polyphem wirklich thut (V. 551 τὸν οἶνον ἐκπίνεις λάθρᾳ). Demnach glaube ich, dass man

τί δῆτα τὸν κρατῆρ' ὄπιςθέ cου τίθης;

zu verbessern hat. Die Worte ὡς μὴ παριών τις καταβάλῃ sind natürlich eine schlechte Ausrede, die um so spasshafter ist, als die Furcht als völlig grundlos erscheint.

Cycl. 608.

λήψεται τὸν τράχηλον
ἐντόνως ὁ καρκίνος
τοῦ ξένων δαιτυμόνος· πυρὶ γὰρ τάχα
φωςφόρους ὀλεῖ κόρας.

In dieser Stelle ist zweierlei anstössig. Einmal enthält der Satz πυρὶ γὰρ τάχα φωςφόρους ὀλεῖ κόρας keine Begründung oder Erläuterung zu dem vorausgehenden. Denn wenn die Feuerzange den Hals packt, so ist das etwas ganz anderes als wenn die Augen ausgebrannt werden. Dann stimmt das überhaupt nicht zusammen, dass dieselbe Feuerzange den Hals einzwängen und zugleich die Augen zerstören soll. Es liegt hier die falsche Trennung eines Wortes vor:

πυράγρα τάχα
φωcφόρουc ὀλεῖ κόραc.

Or. 60.

Ἑλένην
προύπεμψεν εἰc δῶμ' ἡμέτερον· ἔcτιν δ' ἔcω
κλαίουc· ἀδελφὴν ξυμφοράc τε δωμάτων.

Ich weiss nicht, ob ich andere davon überzeugen kann, dass ἔcτιν δ' ἔcω nicht der richtige und geeignete Ausdruck sei. Die vorausgehenden Worte erwecken die Vorstellung, dass Helena sich im Hause befinde; die Angabe ἔcτιν δ' ἔcω ist also überflüssig. Dagegen gehört zur plastischen Darstellung der Weinenden die Bestimmung ἧcται und ich zweifle nicht, dass vom Dichter geschrieben worden ist:

ἧcται δ' ἔcω
κλαίουc· ἀδελφὴν ξυμφοράc τε δωμάτων

Vergl. z. B. Iph. A. 1175 ἐπὶ δὲ δακρύοιc μόνη κάθημαι τήνδε θρηνῳδοῦc' ἀεί.

Orest. 183.

οὐχὶ cῖγα cῖγα φυλαccομένα
cτόματοc ἀνακέλαδον ἀπὸ λέχεοc ἥ-
cυχον ὕπνου χάριν παρέξειc, φίλα;

Bei Lobeck Paralip. p. 385 heisst es: omnino substantiva in os exeuntia quae a verbis primitivis ducta actionem significent, perrara sunt: μετάμελοc, ἀνακέλαδοc, ἀνάπαλοc. Das Wort μετάμελοc wird als Adjektiv gebraucht, als Substantiv findet es sich bei Thucydides (VII 55) und späteren. Dieser Gebrauch scheint zu den Eigenthümlichkeiten des Thucydideischen Stils zu gehören. So findet sich παράλογοc sonst immer als Adjektiv, nur bei Thucydides kommt es als Substantiv vor wie ὁ παράλογοc αὐτοῖc μέγαc ἦν, πολὺ δὲ μείζων ἔτι τῆc cτρατείαc ὁ μετάμελοc (n. O.). Das Substantiv ἀνάπαλοc, ἄμπαλοc ist seit der Verbesserung von Pind. Ol. VII 110 durch Boeckh (ἄμ πάλον für ἄμπαλον) verschwunden. Wir werden demnach gegen den substantivischen Gebrauch von ἀνακέλαδοc in der obigen Stelle des Euripides von vornherein Misstrauen hegen. Dass aber wirklich hier ein Fehler des Textes vorliegt, zeigt das folgende ἀπό. Unmöglich, wenn auch gewöhnlich angenommen, ist die Construction von ἀπό mit λέχεοc („procul ab lecto"); denn man kann nicht φυλαccομένα ἀπὸ λέχεοc verbinden, da φυλάccεcθαι ἀνακέλαδον „ein Aufschreien verhüten" die Bestimmung „fern vom Bette" nicht verträgt; φυλάccεcθαι κέλαδον und κέλαδον ἀπέχειν ἀπὸ λέχεοc sind zwei ganz verschiedene Dinge, die nicht zusammengehören. Entweder muss der Chor schweigen oder er muss fern vom Bette sprechen, damit er Orestes nicht wecke. Noch weniger wird man ἀπό mit ϲτόματοϲ verbinden wollen, es müsste denn Jemand „das Aufschreien das vom Munde herkommt" für gewählter halten als „das Aufschreien des Mundes". Offenbar ist λέχεοϲ abhängig von ἥϲυχον ὕπνου χάριν; ἀνακέλαδοϲ aber ist, wie die Analogie lehrt, Adjektiv und ἀπό ist verderbt aus ὅπα. Uebrigens entspricht der Vers

ϲτόματοϲ ἀνακέλαδον ὅπα λέχεοϲ ἄ-

vollkommen dem antistrophischen

ἄγαμοϲ, ἔπιδ', ἄτεκνοϲ ἅτε βίοτον ἁ

und besteht aus drei cretici; an eine weitere Aenderung, wie sie Hermann macht, um zwei Dochmien herzustellen (ἀπὸ δὲ λέχεοϲ), ist nicht zu denken. Der Ausdruck erinnert an Aesch. Ag. 236 ϲτόματόϲ τε καλλιπρῴρου φυλακὰν καταϲχεῖν φθόγγον ἀραῖον οἴκοιϲ, welches gesagt ist für φυλάϲϲειν ϲτόματοϲ φθόγγον, dem hier entspricht φυλάϲϲεϲθαι ϲτόματοϲ ἀνακέλαδον ὅπα („sich vor einem lauttönenden Rufe des Mundes in Acht nehmen").

Or. 632.

Μενέλαε, ποῖ ϲὸν πόδ' ἐπὶ ϲυννοίᾳ κυκλεῖϲ,
διπλῆϲ μερίμνηϲ διπτύχουϲ ἰὼν ὁδούϲ;

Nauck Eur. St. I S. 47 vermuthet τῷ ϲὺ für ποῖ ϲόν. Weil bemerkt dagegen: la conjecture de Nauck détruit le tour naturellement symbolique de l' expression. Cf. Hec. 812 ποῖ μ' ὑπεξάγειϲ πόδα. Diese Bemerkung könnte man gelten lassen, wenn nicht ἐπὶ ϲυννοίᾳ dabei stünde. So kann der natürliche Ausdruck nur heissen: „bei welcher Ueberlegung drehst du dich im Kreise?" („was überlegst du, dass du dich so unruhig hin- und herbewegst"). Nauck hat seine Emendation nicht vollendet, es muss geschrieben werden:

Μενέλαε, ποίᾳ πόδ' ἐπὶ ϲυννοίᾳ κυκλεῖϲ;

Or. 711.

ἀλκῇ δέ ϲ' οὐκ ἄν, ᾗ ϲὺ δοξάζειϲ ἴϲωϲ,
ϲώϲαιμ' ἄν· οὐ γὰρ ῥᾴδιον λόγχῃ μιᾷ
ϲτῆϲαι τρόπαια τῶν κακῶν ἅ ϲοι πάρα.
οὐ γάρ ποτ' Ἄργουϲ γαῖαν εἰϲ τὸ μαλθακὸν
προϲηγόμεϲθα· νῦν δ' ἀναγκαίωϲ ἔχει
δούλοιϲιν εἶναι τοῖϲ ϲοφοῖϲι τῆϲ τύχηϲ.

Der Satz οὐ γάρ ποτ' Ἄργουϲ γαῖαν εἰϲ τὸ μαλθακὸν προϲηγόμεϲθα entbehrt des rechten Sinnes. Einmal fehlt ἄν, dann könnte man Ἄργουϲ γαῖαν προϲηγόμεϲθα („zu gewinnen suchen") verstehen, nicht aber γαῖαν προϲηγόμεϲθα εἰϲ τὸ μαλθακόν. Weil glaubt, dass mit der leichten Verbesserung προϲηγόμεϲθ' ἄν, wie bereits Hartung geschrieben hat, geholfen sei und erklärt mit Musgrave εἰϲ τὸ μαλθακόν im Sinne von μαλθακῶϲ, dessen Gegensatz πρὸϲ τὸ καρτερόν (Aesch. Prom. 212) sei. Allein nicht nur ist ein

solcher Gebrauch von εἰς τὸ μαλθακόν sehr bedenklich und wird
durch Beispiele wie εἰς τὸ ἀκριβὲς εἰπεῖν, ἐς τὸν πωλικὸν τρόπον
nicht erwiesen, sondern es würde auch die Bedeutung von μαλθακῶς
dem Sinne der Stelle nicht genügen. Oder ist προςαγόμεθα Ἄργους
γαῖαν μαλθακῶς ein geeigneter Ausdruck statt μαλθακοῖς λόγοισιν?
Mag demnach auch die Aenderung προςηγόμεςθ' ἄν durchaus unbedenklich sein, hier muss die Ueberlieferung προςηγόμεςθα als Bestätigung dafür dienen, dass die Lesart, welche der Schol. erklärt,
die ursprüngliche ist. Auf diese hat Kirchhoff aufmerksam gemacht.
Das Scholion εἰ γὰρ ἦν τοῦτο ῥᾴδιον, οὔποτε διὰ τοῦ Ἄργους τὴν
γῆν ἤγουν διὰ τὸ Ἄργος προςεφέρομεν ἑαυτοὺς εἰς τὸ μαλθακόν·
νῦν δὲ ἀναγκαίως ἔχει τοῖς coφοῖς δούλους εἶναι τῆς τύχης giebt
mit den Worten οὔποτε διὰ — τὸ Ἄργος προςεφέρομεν ἑαυτοὺς
εἰς τὸ μαλθακόν einen passenden Gedanken für den Satz οὐ — προςηγόμεςθα, der nicht in unserer Ueberlieferung gefunden werden
konnte. Wir müssen also dieses Scholion zur Grundlage der Emendation machen, wie es Kirchhoff gethan hat: ex his sequitur v. 712
olim fuisse εἰ γάρ, non οὐ γάρ, v. 713 post τρόπαια excidisse ἦν
sive id lectum fuit a scholiasta sive non fuit; deinde v. 714 οὐ γὰρ
corruptum esse ex οὐκ ἄν sive οὔ τἄν, quod videri potest legisse
schol. Hiedurch ist zugleich erwiesen, dass die Meinung von Dindorf, die drei letzten Verse seien interpoliert, unrichtig ist. Wohl
ist es gestattet zu behaupten „interpolatoris veteris fraudem non
animadvertit Aristophanes Byzantius, de quo schol. τὸ δὲ Ἄργους
γράφεται καὶ Ἄργου, ἵν᾽ ἢ Ἄργου γαῖα· Ἀριστοφάνης δὲ μετὰ
τοῦ c", aber weder ist ein Anlass der Interpolation ersichtlich,
was z. B. der Fall wäre, wenn εἰ γὰρ für οὐ γὰρ in den Handschriften stünde, noch scheint überhaupt ein genügender Grund vor-
zuliegen, diese Verse für unecht zu halten. Stellen wir aber den
Text nach den Andeutungen des Scholions her, dann erklärt es sich,
woher die ganze Corruptel entstanden ist. Kirchhoff ist sich nicht
ganz consequent geblieben; er führt fort: non sequitur legisse scho-
liastam δι᾽ Ἄργους γαῖαν. nihilominus ποτ᾽ vix sanum putaverim,
verum corruptum e πρός. v. denique 715 pro librorum προςηγόμεςθα
malim προηγόμεςθα. Allerdings braucht der Schol. nicht διά gelesen
zu haben, aber er muss ein entsprechendes Wort im Text gehabt
haben. Dieses Wort war παρά. Wenn wir nämlich den Text so
herstellen:

εἰ γὰρ ῥᾴδιον λόγχῃ μιᾷ
cτῆcαι τρόπαι᾽ ἦν τῶν κακῶν ἅ coι πάρα,
οὐκ ἄν παρ᾽ Ἄργους γαῖαν εἰς τὸ μαλθακὸν
προςήγομεςθα· νῦν δ᾽ ἀναγκαίως ἔχει κτέ.,

so genügt die gewöhnliche Verwechslung von παρ᾽ und γάρ, um die
übrigen Nachbesserungen hervorzurufen. Wegen der Bedeutung von
παρά („um Argos willen", „die Rücksicht auf Argos hätte uns nicht
zu rücksichtsvollem Vorgehen bestimmt") vergl. Thuc. I 141 καὶ

ἕκαςτος οὐ παρὰ τὴν ἑαυτοῦ ἀμέλειαν οἴεται βλάψειν, Isocr. Archid. § 52 παρὰ τοῦτον γίγνεται ἡ cωτηρία, Krüger Gr. Gr. I § 68, 36, 6.

Or. 832.

τίc ἔλεος μείζων κατὰ γᾶν<br>
ἢ ματροκτόνον αἷμα χειρὶ θέςθαι;

Mir scheint der Ausdruck χειρὶ θέςθαι sehr leblos und nichtssagend zu sein. Da Aeschylus αὐτάδελφον αἷμα δρέπεςθαι gesagt, wird wol auch Euripides hier geschrieben haben:

ἢ ματροκτόνον αἷμα<br>
χειρὶ δρέπεςθαι;

Or. 984.

ἵν' ἐν θρήνοιςιν ἀναβοάςω<br>
γέροντι πατρὶ Ταντάλῳ.

Die Lesart des cod. Marc. 468 (F) θρήνοιc darf man als Fingerzeig für eine andere Trennung der Worte betrachten; denn als etwas anderes braucht die Aenderung

ἵν' ἐν θρήνοιc ἰὰν βοάcω

nicht zu gelten.

Or. 1395.

ΦΡ. αἴλινον αἴλινον ἀρχὰν θανάτου
βάρβαροι λέγουcιν, αἰαῖ,
Ἀcιάδι φωνᾷ,
βαcιλέων ὅταν αἷμα χυθῇ κατὰ γᾶν ξίφεcιν
cιδαρέοιcιν Ἅιδα.

Die Lesart ἀρχὰν θανάτου ist sinnlos. Das Wort θανάτου verdankt offenbar seinen Ursprung einer Erklärung zu ξίφεcιν cιδαρέοιcιν Ἅιδα, vergl. das Schol. τοῖc θάνατον ἐξεργαζομένοιc. Musgrave vermuthete ἰαχὰν θανάτου, Kirchhoff ἀρχὰν θανάτῳ, Weil ἀχὰν θανάτου. Aber das Scholion εἰώθαcιν οἱ βάρβαροι τὸν αἴλινον ἐν ἀρχῇ θρήνου λέγειν enthält gewiss den richtigen Gedanken: der Weheruf αἴλινον αἴλινον war der Anfang der Klage. Wenn Kirchhoff zu dem Schol. bemerkt: non puto tamen aliud scholiastum in libris suis legisse quam quod nostri praebent, so möchte ich doch bezweifeln, ob ἀρχὴν θανάτου mit ἀρχὴν θρήνου erklärt worden wäre. Natürlich aber giebt der Schol. nicht das eigentliche Wort — ἀρχὰν θρήνου hat Hartung in den Text aufgenommen —, sondern die Erklärung (Hesych. ἰαλέμων· θρήνων, δυcτήνων, ἀθλίων vergl. V. 1390); überhaupt ist nicht θρήνου das bezeichnende Wort, sondern ἰαλέμου, welches mit aller Sicherheit an die Stelle von θανάτου gesetzt werden darf:

αἴλινον αἴλινον ἀρχὰν ἰαλέμου<br>
βάρβαροι λέγουcιν.

Vergl. Tro. 1304 ἰαλέμῳ τοὺc θανόνταc ἀπύειc, besonders Aesch. Cho. 423 ἔκοψα κομμὸν Ἄριον ἔν τε Κιccίαc νόμοιc ἰηλεμιcτρίαc.

Or. 1446. (El. 831. Herc. fur. 526.)
ὁ δὲ cυνεργὸc ἄλλ' ἔπραcc'
ἰὼν κακὸc Φωκεύc·
οὐκ ἐκποδὼν ἴτ', ἀλλ' ἀεὶ κακοὶ Φρύγεc;

Der Phrygier erzählt die Ermordung seiner Herrin. Nachdem er berichtet, was Orestes gethan, kommt er auf Pylades (ὁ cυνεργὸc) zu sprechen. Dieser schaffte die Dienerschaft bei Seite. In der angeführten Stelle liegt ein bedeutender Fehler, über den die Erklärer in der Regel stillschweigend hinweggehen: das verbum dicendi, welches die Worte des Pylades οὐκ ἐκποδὼν ἴτ', ἀλλ' ἀεὶ κακοὶ Φρύγεc; einführt, kann in keiner Weise fehlen. Ganz anders verhält es sich z. B. mit der Stelle, welche man mit der unsrigen vergleichen kann, Phoen. 574

καὶ cκῦλα γράψειc πῶc ἐπ' Ἰνάχου ῥοαῖc;
Θήβαc πυρώcαc τάcδε Πολυνείκηc θεοῖc
ἀcπίδαc ἔθηκε;

oder mit Iph. A. 356 κἀμὲ παρεκάλειc· τί δράcω; τίν' ἀπόρων εὕρω πόρον; Ueber El. 831 s. oben S. 362. Doch ich glaube, es braucht an den Fehler nur erinnert zu werden. Der Anmerkung von Klotz „vix est quod commemorem, ubi res ipsa loquatur, non opus fuisse verbo dicendi in eiusmodi voce introducenda, quae et a quo proficiscatur et quo pertineat ex omni loco apparet" kann ich nicht die geringste Bedeutung zuerkennen, es müsste denn Jemand der Meinung sein, dass alle Worte und Sätze, ohne welche die Beziehung anderer Worte zur Noth verstanden werden kann, in einer zusammenhängenden Darstellung einfach fortbleiben können. Wo die Corruptel liegt, ist ebenso klar. Das ganz überflüssige ἰὼν ist zusammengezogen aus ἰύζων:

ὁ δὲ cυνεργὸc ἄλλ' ἔπραcc'
ἰύζων κακὸc Φωκεύc·
„οὐκ ἐκ ποδὼν ἴτ', ἀλλ' ἀεὶ κακοὶ Φρύγεc";

Das Wort ἰύζων passt gerade für unsere Stelle sehr gut, weil es gebraucht wird von dem Geschrei, mit welchem man Thiere scheucht.

Rhes. 250.
ἔcτι Φρυγῶν τιc ἔcτιν ἄλκιμοc.
ἔνι δὲ θράcοc ἐν αἰχμᾷ· ποτὶ Μυcῶν, ὃc ἐμὰν cυμμαχίαν ἀτίζει.

Die Erklärung des Schol. ὁ τὴν cυμμαχίαν ἀτίζων πρὸc Μυcῶν φηcίν ἐcτιν ist sinnlos. Ganz misslungen ist die Verbindung ἔνι δὲ θράcοc ἐν αἰχμᾷ ποτὶ Μυcῶν ὃc ἐμὰν cυμμαχίαν ἀτίζει mit der Deutung ἔνεcτι θράcοc ἐν αἰχμῇ πρὸc ἐκεῖνον ὃc ἐμὴν Μυcῶν cυμμαχίαν ἀτίζει, denn weder ist πρὸc ὃc ἀτίζει griechisch, noch ist ein solcher Gedanke hier möglich. Der Chor rühmt die Tapferkeit der Trojaner (Dolon ist ein Trojaner), nicht der Mysier: ὃc ἐμὴν cυμμαχίαν ἀτίζει heisst „wer meine Bundesgenossenschaft d. i. mich als Bundesgenossen verschmäht". Die Verbindung von ἔνι .. αἰχμᾷ mit dem folgenden ist undenkbar. In ποτὶ Μυcῶν muss der Inhalt eines Satzes liegen wie etwa in ἐc κόρακαc, eine Verwünschung oder der Ausdruck des Abscheus gegen denjenigen, „der mich für einen verächtlichen Bundesgenossen hält". Die Anspielung an das sprichwörtliche ἔcχατοc Μυcῶν (ultimus Mysorum) haben schon die Scholiasten im Sinne (ἢ ὡc εἰπεῖν ἔcχατοc καὶ οὐδενὸc λόγου ἄξιοc οἷον Μυcόc ἐcτιν ὁ ἀτιμάζων ἡμᾶc). Natürlich hindert den Gebranch des Sprüchworts bei einem griechischen Dichter nicht etwa der Umstand, dass die Mysier zu den Bundesgenossen der Trojaner gehören (V. 541). Die Emendation ist einfach folgende:

πόθι Μυcῶν, ὃc ἐμὰν cυμμαχίαν ἀτίζει;

„wo unter den Mysiern ist derjenige der meine Bundesgenossenschaft verachtet d. h. der letzte der Mysier ist, niederträchtig ist wer etc."

Rhes. 683.

ΟΔ. οὔ cε χρὴ εἰδέναι· θανεῖ γὰρ cήμερον δράcαc κακῶc.
ΗΜ. οὐκ ἐρεῖc ξύνθημα, λόγχην πρὶν διὰ cτέρνων μολεῖν;
ΟΔ. ἴcτω· θάρcει. ΗΜ. πέλαc ἴθι. παῖε πᾶc.
ΟΔ. ἦ cὺ δὴ 'Ρῆcον κατέκταc; ΧΟ. ἀλλὰ τὸν κτενοῦντα cέ.
ΟΔ. ἴcχε πᾶc τιc. ΗΜ. οὐ μὲν οὖν. ΗΜ. ἆ, φίλιον ἄνδρα μὴ θένηc.

Um Ordnung in diese Verwirrung zu bringen, ist vor allem festzuhalten, dass von Rhesus hier keine Rede sein kann: „absurde, ut iam Musgravius animadvertit, chorus quaereret ἦ cὺ δὴ 'Ρῆcον κατέκταc, quasi iam compertum habeat, quod infra demum v. 747 comperit, Rhesum ab Graecis esse occisum" (Dindorf). Vergeblich versucht Badham Philol. X p. 338 die Worte im Munde des Odysseus verständlich zu machen: „Ulysses solus de caede Rhesi loqui poterat qui solus caedem patratam sciret. Huius astutiam ita depingere voluit auctor fabulae, ut facinoris quod ipse fecisset auctorem se persequi fingeret". Der Chor hat nachher keine Ahnung von der Ermordung des Rhesus und die Worte ἀλλὰ τὸν κτενοῦντα cέ haben nach diesen Worten absolut keinen Sinn. Badham ordnet die ganze Stelle in folgender Weise:

ΧΟ. οὐκ ἐρεῖc ξύνθημα, λόγχην πρὶν διὰ cτέρνων μολεῖν;
ΟΔ. ἦ cὺ δὴ 'Ρῆcον κατέκταc; ΧΟ. ἀλλὰ τὸν κτενοῦντα cέ
ἱcτορῶ. ΟΔ. θάρcει, πέλαc ἴθε. ΧΟ. παῖε παῖε παῖε πᾶc.

Hierin kann ich ἀλλὰ τὸν κτενοῦντα cέ ἱcτορῶ in keiner Weise verstehen. Dindorf schreibt ΟΔ. ἦ cύ που 'Ρῆcον κατεῖδεc; ΗΜ. μᾶλλα τὸν κτενοῦντα cέ und voraus ΟΔ. ἀλλὰ θάρcει. πέλαc ἴθ', ἴcτω. ΗΜ. παῖε παῖε παῖε πᾶc. Auch dieser Versuch, welcher übrigens dem Odysseus eine nach παῖε παῖε παῖε πᾶc durchaus nicht angezeigte Frage beilegt, scheitert an den Worten ἀλλά oder μᾶλλά τὸν κτενοῦντά ϲε. Denn der Sinn „nein, aber den habe ich gesehen, der dich tödten soll" ist ziemlich schwülstig. Unter solchen Umständen wird es geeignet sein gerade von den Worten ἀλλὰ τὸν κτενοῦντα cὲ auszugehen. Eine für die Situation allein passende Bedeutung erhalten diese Worte, wenn wir ἀλλά bei Seite lassen und uns vor τὸν κτενοῦντα ϲέ die Aufforderung παῖε denken: Die Aufforderung des einen Halbchors, der andere möge auf ihn drein schlagen, erwidert Odysseus mit der Drohung: τὸν κτενοῦντα ϲὲ „(du wirst auf den dreinschlagen,) der dich tödten wird", also „du wirst mit dem Leben büssen". Daraus geht hervor, einmal dass die sinnlosen Worte ἢ cὺ δὴ Ῥῇϲον κατέκταϲ; von ungeschickter Interpolation herrühren, zweitens dass die Corruptel des vorausgehenden Verses in Zusammenhang steht mit der Entstellung des folgenden Verses: erst in Folge der Interpolation sind aus einem Verse zwei geworden und bei dieser Theilung ist der erste Vers zu kurz gekommen. Wenn wir mit Badham ἱϲτορῶ für ἴϲτω schreiben, lässt sich das Ganze in folgender Weise wieder herstellen:

HM. A. οὐκ ἐρεῖϲ ϲύνθημα, λόγχην πρὶν διὰ ϲτέρνων μολεῖν;
HM. B. ἱϲτορῶ· θάρϲει· πέλαϲ ἴθι· παῖε. ΟΔ. τὸν κτενοῦντα ϲέ.

Der zweite Halbchor verlangt gleichfalls das Losungswort (ἱϲτορῶ „ich will es wissen") und da keine Antwort erfolgt, fordert er den ersten näher stehenden Halbchor auf Muth zu fassen und sich dem unbekannten Menschen zu nähern. Dieser thut es und nachdem er ganz nahe gekommen, führt jener fort „haue zu". Da aber zeigt Odysseus sein Schwert und droht „wage es nicht; sonst bist du verloren".

Mit Recht scheint Dindorf auch den V. 683 als Interpolation zu betrachten (seclusi versum pluribus de caussis suspectum, in quo mira etiam synizesis vocabulorum χρὴ εἰδέναι, cui dissimilis est usitata μὴ particulae synizesis cum εἰδέναι aliisque vocabulis); jedenfalls ist ϲήμερον, welches in den besten Handschriften fehlt, eine schlechte Ergänzung statt αὐτόθεν („auf der Stelle").

Tro. 282.

μυϲαρῷ δολίῳ λέλογχα φωτὶ δουλεύειν,
πολεμίῳ δίκαϲ, παρανόμῳ δάκει,
ὃϲ πάντα τἀκεῖθεν ἐνθάδ'
ἀντίπαλ' αὖθιϲ ἐκεῖϲε διπτύχῳ γλώϲϲᾳ,
φίλα τὰ πρότερ' ἄφιλα τιθέμενοϲ πάντων.

In dieser Schilderung des doppelzüngigen Odysseus sind die Worte ὃϲ πάντα . . διπτύχῳ γλώϲϲᾳ unverständlich. Von vornherein fehlt das verbum finitum. Wir werden gut thun dieses in dem ungehörigen ἀντίπαλ' zu suchen. Den richtigen Sinn erhalten wir, wenn wir ἀντίπαλ' verändern in ἀν⟨ε⟩τί⟨θει⟩ πάλ⟨ιν τ'⟩:

ὃc πάντα τἀκεῖθεν ἐνθάδ᾽
ἀνετίθει πάλιν τ᾽ αὖθιc ἐκεῖcε διπτύχῳ γλώccᾳ
„welcher alles von dort hieher und wieder zurück dorthin umsetzte in seiner Doppelzüngigkeit" d. i. der alles nach den Umständen zu wenden und zu drehen wusste. Vergl. Hel. 1140 ὃc τὰ θεῶν ἐcορᾷ δεῦρο καὶ αὖθιc ἐκεῖcε καὶ πάλιν ἀντιλόγοιc πηδῶντ᾽ ἀνελπίcτοιc τύχαιc.

Tro. 466.

ΕΚ. ἐᾶτέ μ᾽, οὔτοι φίλα τὰ μὴ φίλ᾽, ὦ κόραι,
κεῖcθαι πεcοῦcαν· πτωμάτων γὰρ ἄξια
πάcχω τε καὶ πέπονθα κἄτι πείcομαι.

Der Aufforderung des Chors entsprechend wollen die Mädchen, welche Hekabe begleiten, die greise Fürstin, die zu Boden gesunken ist, wieder aufheben. Ihnen wehrt Hekabe mit den oben angeführten Worten. Darin kann ich οὔτοι φίλα τὰ μὴ φίλα nicht verstehen: was soll damit gesagt sein? Oder welche Pointe können etwa die Worte „nicht lieb ist (wird) was unlieb ist" enthalten? Paley gibt die Erklärung: what is disagreeable, can in no wise be acceptable i. e. your officious services. Wer kann das unter τὰ μὴ φίλα verstehen? Hekabe muss vielmehr, wenn sie den Dienerinnen verbietet sie aufzuheben, als Grund angeben: „lieb ist mir (jetzt) was (sonst) widerwärtig ist", vergl. V. 287 φίλα τὰ πρότερ᾽ ἄφιλα τιθέμενοc. Sie sagt: „sonst würdet ihr mir einen Gefallen thun, wenn ihr mich vom Boden aufhöbet; jetzt aber liege ich gerne auf dem Boden; lasst mich also liegen". Demnach ist mit der leichtesten Aenderung zu schreiben:

ἐᾶτέ μ᾽ οὕτω, φίλα τὰ μὴ φίλ᾽, ὦ κόραι,
κεῖcθαι πεcοῦcαν·

Tro. 911. 910. 684.

ΜΕ. cχολῆc τὸ δῶρον· εἰ δὲ βούλεται λέγειν,
ἔξεcτι. τῶν cῶν δ᾽ οὕνεχ᾽, ὡc μάθῃ, λόγων
δώcω τόδ᾽ αὐτῇ, τῆcδε δ᾽ οὐ δώcω χάριν.

Helena hat ihren Gemahl um die Erlaubniss gebeten sich zu vertheidigen, um nachzuweisen, dass sie den Tod nicht verdient habe. Menelaos will ihre Vertheidigung nicht hören; Hekabe aber tritt dafür ein und bittet den Menelaos, er möge Helena nicht ungehört sterben lassen:

δὸc, setzt sie V. 907 hinzu, τοὺc ἐναντίουc λόγουc
ἡμῖν κατ᾽ αὐτῆc· τῶν γὰρ ἐν Τροίᾳ κακῶν
οὐδὲν κάτοιcθα· cυντεθεὶc δ᾽ ὁ πᾶc λόγοc
κτενεῖ νιν οὕτωc ὥcτε μηδαμοῦ φυγεῖν.

Der Bitte fügt sich Menelaos mit den oben angeführten Worten. In diesen stimmt ὡc μάθῃ nicht zu τῆcδε χάριν οὐ δώcω; denn dieser Ausdruck zeigt an, dass eine Rücksicht auf Helena gar nicht in Betracht komme. Es wird vielleicht Jemand erwidern, dass in ὡc μάθῃ eine Bitterkeit gegen Helena liege, welche noch vor ihrem Tode die Anklagen und Verweise der Hekabe hören und durch sie gekränkt werden solle. Allein was Menelaos sagen muss, erkennt man aus den Worten τῶν γὰρ ἐν Τροίᾳ κακῶν οὐδὲν κάτοιςθα. Hekabe sagt: „lass sie reden; mir aber gestatte ihr zu erwidern; denn von ihrem schlechten Benehmen in Troja weisst du nichts". Darauf muss Menelaos entgegnen: „ich will sie reden lassen nicht um ihretwillen, sondern nur deiner Gegenrede halber, begierig zu vernehmen, was du über ihr Treiben in Troja mitzutheilen vorhast". Es muss also heissen:

ἔξεςτι. τῶν ςῶν δ' εἵνεχ', ὡς μάθω, λόγων
δώςω τόδ' αὐτῇ, τῆςδε δ' οὐ δώςω χάριν.

Hiernach mag es nicht Zufall sein, dass zwei bessere Handschriften μάθῃς für μάθῃ geben. In V. 684, wo der Chorführer zu der Klagrede der Andromache die Bemerkung macht:

εἰς ταὐτὸν ἥκεις ςυμφορᾶς. θρηνοῦςα δὲ
τὸ ςὸν διδάςκεις μ' ἔνθα πημάτων κυρῶ.

scheint gleichfalls εἰς ταὐτὸν ἥκω ςυμφορᾶς das richtige zu sein und das ς in ἥκεις vom Anfang des nächsten Wortes herzustammen. Mit θρηνοῦςα δὲ τὸ ςὸν .. κυρῶ wird die Folge von εἰς ταὐτὸν ἥκω ςυμφορᾶς angegeben.

Auch in den angeführten Worten der Hekabe ist noch ein Fehler versteckt. Wenn es da heisst ὁ λόγος κτενεῖ νιν οὕτως ὥςτε μηδαμοῦ φυγεῖν, so begreift man nicht, wie ein höherer Grad des Todes das Entrinnen mehr verhindern soll (οὕτως ὥςτε) als ein einfacher Tod. Mit κτενεῖ verhält es sich gewiss ebenso wie mit der Lesart ἓν γὰρ κτενεῖ ς' ἔπος oder ἓν γὰρ οὖν κτενεῖ ς' ἔπος Med. 585. Auch an unserer Stelle ist zu schreiben:

τενεῖ νιν οὕτως ὥςτε μηδαμοῦ φυγεῖν.

„wird sie so niederstrecken, dass sie sich nicht zu entwinden weiss". Für μηδαμοῦ φυγεῖν hat eine Handschrift μηδαμῶς φυγεῖν. Fix hat μηδαμῇ φυγεῖν vermuthet (Soph. Phil. 789 μὴ φύγητε μηδαμῇ). Vielmehr leitet μηδαμοῦ φυγεῖν auf μηδάμ' ἐκφυγεῖν hin.

Tro. 1091. 1121.

μᾶτερ, ὤμοι, μόναν δή μ' Ἀχαιοὶ κομί-
ζουςι ςέθεν ἀπ' ὀμμάτων
κυανέαν ἐπὶ ναῦν
εἰναλίαιςι πλάταις
ἢ Σαλαμῖν' ἱερὰν
ἢ δίπορον κορυφὰν
Ἴςθμιον.

In dieser Stelle ist ein ganz bedeutender sinnstörender Fehler, wie es scheint, bis jetzt unbemerkt geblieben. Entweder muss es heissen: „sie führen mich auf das Schiff um mich nach Salamis zu bringen" (κομίζουςιν ἐπὶ ναῦν Σαλαμῖν' ἱερὰν πορεύςοντες) oder

„sie führen mich auf dem Schiffe nach Salamis". Dass diese Bemerkung richtig und nicht etwa eine Verbindung der beiden Vorstellungen anzunehmen ist, zeigt der Zusatz εἰναλίαισι πλάταις, welcher nach κομίζουσι κυανέαν ἐπὶ ναῦν unerträglich ist, wenn er nicht durch ein Participium eine Stütze erhält. Ueberhaupt machen die beiden Bestimmungen κυανέαν ἐπὶ ναῦν und εἰναλίαισι πλάταις einander überflüssig, da die eine das gleiche wie die andere aussagt. Endlich ist κυάνεος kein Epitheton für Schiff — etwas anderes ist κυανόπρῳρος, κυανέμβολος —, sondern wie das lateinische caeruleus für Meer (vergl. Iph. T. 7 κυανέαν ἅλα στρέφει). Und auf den Begriff „Meer" weist uns gleich die Präposition ἐπὶ c. acc. hin (πλεῖν ἐπὶ πόντον). Dann aber kann nicht anders geschrieben werden als

κυανέαν ἐπὶ λίμν-
αν ἁλίαισι πλάταις.

„sie führen mich weg von deinen Augen über die dunkelblaue See auf dem Meeresschiffe, sei es nach dem heiligen Salamis u. s. w." Es ist klar, wie leicht bei der Trennung λίμν- αν ΛΙΜΝ in ναῦν übergehen konnte. Vergl. die ähnliche Stelle Hec. 444

αὔρα, ποντιὰς αὔρα, ἅτε
ποντοπόρους κομίζεις θοὰς
ἀκάτους ἐπ' οἶδμα λίμνας,
ποῖ με τὰν μελέαν πορεύσεις;

In V. 1121

νεκρὸν ὃν πύργων δίκημα πικρὸν
Δαναοὶ κτείναντες ἔχουσιν

würde πικρὸν ein passendes Epitheton sein, wenn man an ein erfreuliches δίκημα πύργων anderer Art denken könnte. Darum wird ΔΙΣΚΗΜΑΠΙΚΡΟΝ anders zu trennen sein:

ὃν πύργων δίκημ' ἀπ' ἀκρῶν
Δαναοὶ κτείναντες ἔχουσιν.

Vergl. V. 725 ῥῖψαι δὲ πύργων δεῖν σφε Τρωικῶν ἄπο, Androm. 10 ῥιφέντα πύργων Ἀστυάνακτ' ἀπ' ὀρθίων.

Tro. 1325. 728.

ΕΚ. ἐμάθετ', ἐκλύετε; ΧΟ. περγάμων κτύπον.
ΕΚ. ἔνοσις ἅπασαν ἔνοσις ἐπικλύσει πόλιν.

Ich finde das Fut. ἐπικλύσει durchaus unpassend. Hekabe hört das Krachen und folgert daraus das, was sie sagt. Die Erschütterung aber, welche die ganze Stadt durchbraust, ist gegenwärtig, nicht künftig; also ist auch das ἐπικλύζειν gegenwärtig; denn die Verbreitung über die ganze Stadt (ἅπασαν ἐπικλύζει) folgert ja Hekabe nur aus der Stärke des Getöses. Die Aenderung ἐπικλύζει ist einfach: dergleichen Verwechselungen finden sich häufig. Soph. Phil. 786 habe ich ἐργάζει für ἐργάσει hergestellt (Ars Soph. em. p. 38). Auch oben V. 727

μήτ' ἀντέχου τοῦδ', εὐγενῶc δ' ἄλγει κακοῖc,
μήτε cθένουcα μηδὲν ἰcχύειν δόκει.
ἔχειc γὰρ ἀλκὴν οὐδαμῇ.

ist ἰcχύειν für ἰcχύcειν herzustellen. Denn Talthybios sagt „bilde dir nicht das Gegentheil von dem ein was ist".

Tro. 1194.

ὦ καλλίπηχυν Ἕκτοροc βραχίονα
cῴζουc', ἄριcτον φύλακ' ἀπώλεcαc cέθεν. 1195
ὡc ἡδὺc ἐν πόρπακι cὸc κεῖται τύποc
ἴτυόc τ' ἐν εὐτόρνοιcι περιδρόμοιc ἰδρώc,
ὃν ἐκ μετώπου πολλάκιc πόνουc ἔχων
ἔcταζεν Ἕκτωρ προcτιθεὶc γενειάδι.

Hekuba redet den Schild des Hektor an. Im dritten Verse (1196) ändert man gewöhnlich mit Dobree cὸc in cῷ, nachdem Reiske cοι dafür vermuthet. Die Aenderung von cὸc in cῷ ist nicht unbedenklich und um so weniger wahrscheinlich, als es keiner Aenderung bedarf, sobald man cῶc für cὸc schreibt:

ὡc ἡδὺc ἐν πόρπακι cῶc κεῖται τύποc.

Phoen. 208.

Ἰόνιον κατὰ πόντον ἐλά-
τᾳ πλεύcαcα περιρρύτων
ὑπὲρ ἀκαρπίcτων πεδίων 210
Σικελίαc Ζεφύρου πνοαῖc
ἱππεύcαντοc ἐν οὐρανῷ
κάλλιcτον κελάδημα.

Für die Verbesserung ἱππεύcαντοc ἐν ἀρμένῳ, welche ich im Rh. Mus. 1872 S. 165 bekannt gemacht habe, verweise ich nachträglich auf Iph. T. 431 cυριζόντων κατὰ πρύμναν εὐναίων πηδαλίων αὔραιc ἐν Νοτίαιc καὶ πνεύμαcι Ζεφύρου.

Phoen. 214.

πόλεοc ἐκπροκριθεῖc' ἐμᾶc
καλλιcτεύματα Λοξίᾳ 215
Καδμείων ἔμολον γᾶν,
κλεινῶν Ἀγηνοριδᾶν
ὁμογενεῖc ἐπὶ Λαΐου
πεμφθεῖc' ἐνθάδε πύργουc.
ἴcα δ' ἀγάλμαcι χρυcοτεύ- 220
κτοιc Φοίβῳ λάτριc ἐγενόμαν.

Für ἐγενόμαν in V. 221 hat eine Handschrift γενοίμαν. Die Responsion mit dem strophischen Verse 209 -τᾳ πλεύcαcα περιρρύτων sucht Nauck dadurch herzustellen, dass er -κτοιc Φοίβῳ γενόμαν λάτριc schreibt. Das Mittel der Emendation ist etwas bedenklich. Auch fehlt für die Schlusssilbe von λάτρις die Position, da ἔτι folgt. Es giebt eine einfachere Verbesserung, welche zugleich ein bezeichnendes Wort an die Stelle von ἐγενόμαν setzt:

ἴcα δ' ἀγάλμαcι χρυcoτεύ-
κτοιc Φοίβῳ λάτριc ἀγόμαν.

Phoen. 250.

ἀμφὶ δὲ πτόλιν νέφοc
ἀcπίδων πυκνὸν φλέγει
cχῆμα φοινίου μάχηc.

Das Wort cχῆμα ist nichtssagend und prosaisch. Dies hat bereits Heimsoeth bemerkt, welcher nach den Worten eines Schol. cύμβολον μάχηc: cῆμα φοινίου μάχηc vorschlägt. Allerdings findet sich dieser Ausdruck auch V. 1378, aber dort heisst es ἐπεὶ δ' ἀφείθη, πυρcὸc ὥc, Τυρcηνικῆc cάλπιγγοc ἠχὴ cῆμα φοινίου μάχηc, während in unserer Stelle cῆμα φοινίου μάχηc unverständlich ist. Ein treffliches, für die Schilderung sehr geeignetes Wort giebt uns die Variante in Rhes. 209 καὶ χάcμα θηρόc an die Hand, wo zwei Handschriften cχῆμα bieten, in einer über cχῆμα geschrieben steht: γρ. χάcμα. Die Schilderung

ἀμφὶ δὲ πτόλιν νέφοc
ἀcπίδων πυκνὸν φλέγει
χάcμα φοινίου μάχηc

erinnert uns sofort an Soph. Ant. 117 cτὰc δ' ὑπὲρ μελάθρων φονώcαιcιν ἀμφιχανὼν κύκλῳ λόγχαιc ἑπτάπυλον cτόμα.

Phoen. 322.

ὅθεν ἐμάν τε λευκόχροα κείρομαι
δακρυόεcc' ἀνεῖcα πένθει κόμαν,
ἄπεπλοc φαρέων λευκῶν, τέκνον,
δυcόρφναια δ' ἀμφὶ τρύχη τάδε
cκότι' ἀμείβομαι.

Die beste Handschrift bietet im vorletzten Verso ἀμφιτρύχη. Nach der bei Hesychios und in Bekk. Anecd. p. 389 vorkommenden Glosse ἀμφιτρυχῆ· κατερρωγότα stellt man gewöhnlich die Construction mit dem adjektivischen ἀμφιτρυχῆ her. Sehen wir ab von der Construction, so verdient das Substantiv τρύχη unbedingt den Vorzug. Nicht nur ist τρύχη oder τρύχη πέπλων ein gewöhnlicher Ausdruck für zerrissene Trauerkleider (vergl. z. B. El. 184 cκέψαι μου πιναρὰν κόμαν καὶ τρύχη τάδ' ἐμῶν πέπλων), sondern die Verbindung der drei Adjektiva δυcόρφναια ἀμφιτρυχῆ cκότια ist durchaus stilwidrig. Wahrscheinlich wurde aus ἀμφὶ τρύχη das in jener Glosse vorliegende Adjektiv ἀμφιτρυχῆ erst dann gemacht, als bereits cκότι' ἀμείβομαι aus cκότια λείβομαι entstanden war:

δυcόρφναια δ' ἀμφὶ τρύχη τάδε
cκότια λείβομαι

„über diese dunkeln Trauergewänder fliessen dunkel meine Thränen". Was hier die Verbindung mit δέ nach τέ betrifft, so darf man diese nicht mit dem öfters, z. B. Phoen. 1625, Med. 1250 sich findenden Gebrauch von δέ nach τέ verwechseln. Hier hat sich das Glied, welches mit καί nachfolgen sollte, in ἄπεπλος φαρέων λευκῶν verloren und diesem negativen Ausdruck tritt mit δέ der positive δυcόρφναια δὲ ἀμφὶ τρύχη λείβομαι gegenüber („meine Haare sind geschoren und nicht weisse, sondern dunkle Trauergewänder lege ich an").

Phoen. 404.

οὐδ' ηὐγένεια c' ἦρεν εἰc ὕψοc μέγα;

εἰc ὕψοc μέγα ist ein ungeeigneter Ausdruck; denn warum heisst es nicht bloss εἰc ὕψοc? Wie es Bacch. 181 δεῖ γάρ νιν..
αὔξεcθαι μέγαν heisst, so ist hier der richtige Ausdruck:

οὐδ' ηὐγένεια c' ἦρεν εἰc ὕψοc μέγαν.

Phoen. 515.

χρῆν δ' αὐτὸν οὐχ ὅπλοιcι τὰc διαλλαγάc,
μῆτερ, ποιεῖcθαι· πᾶν γὰρ ἐξαιρεῖ λόγοc
ὃ καὶ cίδηροc πολεμίων δράcειεν ἄν.

Man könnte ἐξαιρεῖ in Erinnerung an die Redensart νεῖκοc ἐξαιρεῖν für die richtige Lesart halten, wenn es nachher nicht ὃ καὶ cίδηροc π. δράcειεν ἄν, sondern etwa λύcειεν ἄν hiesse. Nun aber verlangt der Gedanke „gütliche Unterredung leistet die gleichen Dienste wie das Schwert von Feinden" ein anderes Wort:

πᾶν γὰρ ἐξαρκεῖ λόγοc,
ὃ καὶ cίδηροc πολεμίων δράcειεν ἄν.

Phoen. 916.

ἄπερ πέφηνε, ταῦτα κἀνάγκη c' ὁρᾶν.

So habe ich im Rhein. Mus. a. O. für cε δρᾶν geschrieben. Zu den dort aufgezählten Verwechselungen von ὁρᾶν und δρᾶν Aesch. Sept. 554, Soph. O. C. 654 kommt noch eine dritte in Soph. Ai. 379, wo Wakefield πάντα δρῶν für πάνθ' ὁρῶν hergestellt hat. πέφηνε für πέφυκε ist eine Emendation von Camper vergl. Or. 1528, wo die Handschrift B πέφηναc für πέφυκαc hat.

Phoen. 1039.

βροντᾷ δὲ cτεναγμὸc
ἀχά τ' ἦν ὅμοιοc,
ὁπότε πόλεοc ἀφανίcειεν
ἁ πτεροῦcca παρθένοc τιν' ἀνδρῶν.

Statt des Begriffs der Gleichheit (ὅμοιοc) erwartet man den Begriff der Gleichzeitigkeit (ὁμοῦ) wie in der ganz entsprechenden

Stelle Soph. O. R. 186 παιὰν δὲ λάμπει ςτονόεςςά τε γῆρυς ὅμαυλος, also

ἀχά τ' ἦν ὅμαυλος.

Vergl. El. 879 ἀλλ' ἴτω ξύναυλος βοὰ χαρᾷ.

Phoen. 1304.

cχεδὸν τύχα πέλας φόνου·
κρινεῖ φάος τὸ μέλλον.

Diese Stelle habe ich in den Blättern f. d. bayr. Gym. VIII S. 114 in folgender Weise verbessert:

cχεδὸν τύχας ἐπὶ ξυροῦ
κρινεῖ φάος τὸ μέλλον.

πέλας φόνου scheint eine Erklärung zu τύχας ἐπὶ ξυροῦ zu sein wie Aesch. Cho. 883

ἔοικε νῦν αὐτῆς ἐπὶ ξυροῦ πέλας
αὐχὴν πεσεῖσθαι πρὸς δίκης πεπληγμένος

das unmögliche πέλας als Glossem zu ἐπὶ ξυροῦ τύχης erscheint. Vergl. Soph. Ant. 996 φρόνει βεβὼς αὖ νῦν ἐπὶ ξυροῦ τύχης.

Phoen. 1514.

τάλαιν' ὣς ἐλελίζει.
τίς ἄρ' ὄρνις ἢ δρυὸς ἢ ἐλάτας
ἀκροκόμοις ἀμφὶ κλάδοις
ἑζομένα μονομάτερος ὀδυρμοῖς
ἐμοῖς ἄχεςι ςυνῳδός;

Das sinnlose τάλαιν' ὣς ἐλελίζει habe ich ebd. als ein verirrtes von ἑζομένα getrenntes Stück betrachtet und mit Rücksicht auf Aristoph. Av. 211 und Eur. Hel. 1107 τάλαιν' ὣς in ἀλαίνουc', ἐλελίζει ἑζομένα in ἐλελιζομένα geändert:

τίς ἄρ' ὄρνις ἢ δρυὸς ἢ ἐλάτας
ἀκροκόμοις ἀμφὶ κλάδοις ἀλαίνους'
ἐλελιζομένα μονομάτωρ ὀδυρμοῖς
ἐμοῖς ἄχεςι ςυνῳδός.

Phoen. 1536.

κλύεις, ὦ κατ' αὐλὰν ἀλαίνων γεραιὸν
πόδα δεμνίοις
δύςτανος ἰαύων.

Den Widersinn, welcher in der Verbindung von κατ' αὐλὰν ἀλαίνων πόδα und δεμνίοις ἰαύων liegt, habe ich ebd. S. 111 durch Einfügung von ἢ beseitigt und dadurch einen Dochmius

πόδ᾽ ἢ δεμνίοις

hergestellt, wie er voraus mehrmals zu finden ist. Auch V. 1544 νέκυν ἔνερθεν ἢ bildet einen solchen.

Phoen. 1723.
ἰὼ ἰὼ δυςτυχεςτάτας φυγὰς
ἐλαύνων τὸν γέροντά μ' ἐκ πάτρας.
ἰὼ ἰώ, δεινὰ δείν' ἐγὼ τλάς.

Wenn zwei geringe Handschriften ἐλαύνει für ἐλαύνων bieten, so ist das natürlich nur ein Versuch eine grammatische Construction herzustellen und eine Emendation (Κρέων ἐλαύνει) darf durchaus nicht darauf gebaut werden. Die richtige Construction ist durch die Lesart φυγᾶς angezeigt, d. h. es ist ἐλαύνων τὸν zum Genitiv zu verbinden:
ἰὼ ἰὼ δυςτυχεςτάτας φυγὰς
ἐλαυνόντων γέροντά μ' ἐκ πάτρας.
"Wehe weh über diejenigen welche mich den Greis (vergl. Krüger II § 50, 7, 4) in unglückseligster Weise aus dem Vaterlande treiben". Ueber den Gen. bei ἰὼ und den doppelten Accusativ des Inhalts und äusseren Objects giebt die Grammatik Aufschluss.

Eur. fr. 50 (Stob. flor. 62, 15).
ἤλεγχον· οὕτω γὰρ κακὸν δούλων γένος·
γαστὴρ ἄπαντα, τοὐπίςω δ' οὐδὲν ςκοπεῖ.

Ich glaube, es bedarf keiner weiteren Begründung, wenn ich den zweiten Vers also schreibe:
γαστὴρ ἄπαντα, τοὐπίςω δ' οὐδεὶς ςκοπεῖ.

Den Anlass zur Corruptel scheint der Verlust des ς vor ς(κοπεῖ) gegeben zu haben.

Eur. fr. 63 (Stob. flor. 111, 8).
Ἑκάβη, τὸ θεῖον ὡς ἄελπτον ἔρχεται
θνητοῖςιν, ἕλκει δ' οὔποτ' ἐκ ταὐτοῦ τύχας.

Mit Recht bemerken Nauck und Dindorf zum zweiten Verse: τύχας suspectum. Nicht bloss ist der Ausdruck ἕλκει ἐκ ταὐτοῦ τύχας undeutlich und unverständlich, sondern auch die Redensart ἕλκειν τύχας kaum möglich. Sicher hat es geheissen:
ἕλκει δ' οὔποτ' ἐκ ταὐτοῦ ζυγοῦ.
Ich erinnere an die sprichwörtliche Redensart τὸν αὐτὸν ζυγὸν ἕλκειν.

Eur. fr. 89 (schol. Aristoph. Ran. 93).
πολὺς δ' ἀνεῖρπε κιςςὸς, εὐφυὴς κλάδος,
ἀηδόνων μουςεῖον.

Für κλάδος vermuthet Hermann κλάδοις, Bergk κλάδους. Noch ist der richtige Gedanke, wie er zur Beschreibung des Epheus gehört, nicht hergestellt. Der Rav. hat nicht εὐφυής, sondern ἐκ φυῆς und dieses ist zu verbessern in ἐμφυής: ·
πολὺς δ' ἀνεῖρπε κιςςὸς ἐμφυὴς κλάδοις
ἀηδόνων μουςεῖον.

Vergl. z. B. Hipp. 118, wo die beste Handschrift mit anderen εὔτονον für ἔντονον giebt, Aesch. Ag. 1438, wo die Handschriften εὖ πρέπει für das von Auratus hergestellte ἐμπρέπει haben.

Eur. fr. 106 (Ammon. de diff. voc. p. 137).

ὁρῶ μὲν ἀνδρῶν τόνδε γυμνάδα ςτόλον
ςτείχοντα θεωρὸν ἐκ τρόχων πεπαυμένον.

Im Rh. Mus. XXVIII p. 627 habe ich den zweiten Vers in folgender Weise emendiert:

ςτείχοντ᾽ ἄθυρον ἐκ τρόχων πεπαυμένον.

Eur. fr. 194 (Stob. flor. 48, 3).

ὁ δ᾽ ἥςυχος φίλοιςί τ᾽ ἀςφαλὴς φίλος
πόλει τ᾽ ἄριςτος. μὴ τὰ κινδυνεύματα
αἰνεῖτ᾽· ἐγὼ γὰρ οὔτε ναυτίλον φιλῶ
τολμῶντα λίαν οὔτε προςτάτην χθονός.

Der Superlativ ἄριςτος ist höchst ungeschickt. Schon Nauck hat daran Anstoss genommen und ἀρεςτός vorgeschlagen. Aber damit ist noch nicht das rechte Wort gewonnen. Auch Aesch. Sept. 182 ἢ ταῦτ᾽ ἄριςτα καὶ πόλει ςωτήρια ist nicht mit Dindorf ταῦτ᾽ ἀρεςτά oder nach Meineke's Vermuthung ταῦτα χρηςτά zu schreiben, sondern nach Prom. 997 ὅρα νυν εἴ ςοι ταῦτ᾽ ἀρωγὰ φαίνεται: ταῦτ᾽ ἀρωγά, wie vor mir schon H. Weil erkannt hat. Dasselbe ist auch in unserer Stelle herzustellen:

ὁ δ᾽ ἥςυχος φίλοιςί τ᾽ ἀςφαλὴς φίλος
πόλει τ᾽ ἀρωγός.

Auch Hel. 1288

ςὸν ἔργον, ὦ νεᾶνι· τὸν παρόντα μὲν
ςτέργειν πόςιν χρή, τὸν δὲ μηκέτ᾽ ὄντ᾽ ἐᾶν·
ἄριςτα γάρ ςοι ταῦτα πρὸς τὸ τυγχάνον.

scheint ἀρωγά geeigneter als ἄριςτα.

Eur. fr. 214 (Stob. flor. 70, 10).

πᾶςι δ᾽ ἀγγέλλω βροτοῖς
ἐςθλῶν ἀπ᾽ ἀνδρῶν εὐγενῆ ςπείρειν τέκνα.

Das corrupte ἀνδρῶν ist in ἀλόχων zu verbessern. Aus den Anmerkungen von Dindorf und Nauck (ed. 1869) erseho ich, dass Meineke ἀπ᾽ ἀρχῶν, Herwerden ἀπ᾽ ἀλόκων, Heimsoeth ἐπ᾽ ἀλόκων vorgeschlagen hat, während Nauck ἐςθλοῖν ἀπ᾽ ἀμφοῖν für das richtige hält. Davon ist ἀρχῶν eine unpassende Bezeichnung; mit dem bildlichen ἀλόκων stimmt der Begriff von ἐςθλός nicht überein; bei ςπείρειν τέκνα ist an den einen Ehegatten gedacht; ἐςθλοῖν ἀπ᾽ ἀμφοῖν erscheint demnach als unmöglich.

Eur. fr. 340 (Stob. flor. 83, 16).

πατέρα τε παιςὶν ἡδέως ςυνεκφέρειν
φίλους ἔρωτας ἐκβαλόντ᾽ αὐθαδίαν,

παῖδάς τε παιρί· καὶ γὰρ οὐκ αὐθαίρετοι
βροτοῖς ἔρωτες οὐδ' ἑκουσία νόσος.

Um zu πατέρα . . cuνεκφέρειν das regierende Verbum zu gewinnen schreibt Meineke δεῖ τοὺς statt des ungeschickten φίλους. Allein da die besten Handschriften das unmetrische φίλος darbieten, so ist φίλους nur metrische Correktur, die Emendation aber hat von φίλος auszugehen. Für φίλος bietet sich in sehr einfacher Weise ὄφελος („es frommt", ὄφελός ἐστιν) dar:

πατέρα τε παισὶν ἡδέως cuνεκφέρειν
ὄφελος ἔρωτας κτέ.

Eur. fr. 475, 16 (Porphyr. de abst. 4, 19).

πάλλευκα δ' ἔχων εἵματα φεύγω
γένεςίν τε βροτῶν καὶ νεκροθήκης
οὐ χριμπτόμενος τήν τ' ἐμψύχων
βρῶςιν ἐδεςτῶν πεφύλαγμαι.

Für νεκροθήκης hat eine Handschrift νεκροθήκη. In νεκροθήκης ist sowohl der Numerus als der Casus falsch. Der Gedanke verlangt den Plural; etwas anderes ist das collective γένεςιν. Die grammatische Construction fordert, dass νεκροθήκης abhängig sei von φεύγω und οὐ χριμπτόμενος nur als nähere Bestimmung, zu welcher man sich αὐταῖς ergänzen mag, nachkomme; also

πάλλευκα δ' ἔχων εἵματα φεύγω
γένεςίν τε βροτῶν καὶ νεκροθήκας
οὐ χριμπτόμενος κτέ.

Eur. fr. 597 (Clem. Alex. Strom. V p. 667).

ἀκάμας τε πέριξ χρόνος ἀενάῳ
ῥεύματι πλήρης φοιτᾷ τίκτων
αὐτὸς ἑαυτόν.

In dieser Schilderung des ewigen Stroms der Zeit hat πλήρης keinen Sinn. Ich vermuthe dafür πηγῆς.

Eur. fr. 640 (Schol. Il. 10, 56).

μάτην γὰρ οἴκῳ còν τόδ' ἐκβαίη τέλος,

Für οἴκῳ còν ist weder mit Valckenaer οἴκῳ cῷ noch mit Cobet οἴκων cῶν, sondern οἴκοιςιν zu schreiben. Der Dativ ist nothwendig. Der Uebergang von οἴκῳ cῷ in οἴκῳ còν ist nicht wahrscheinlich. Dagegen konnte der Einfluss der geläufigsten Cäsur leicht die Trennung οἴκοι (οἴκῳ) cιν veranlassen.

Eur. fr. 738 (Stob. flor. 106, 7).

πολλοὶ γεγῶτες ἄνδρες οὐκ ἔχους' ὅπως
δείξουςιν αὐτοὺς τῶν κακῶν ἐξουςίᾳ.

In ἄνδρες kann nicht dasjenige liegen, was hier der Gegensatz und der Zusatz von γεγῶτες verlangt. Es muss heissen:

ἐcθλοὶ γεγῶτες ἄνδρες οὐκ ἔχους' ὅπως
δείξουςιν αὑτοὺς τῶν κακῶν ἐξουςίᾳ.

Vergl. fr. 1092 ἄρχεςθαι χρεὼν κακοὺς ὑπ' ἐςθλῶν καὶ κλύειν τῶν κρειςςόνων, 645 ὅταν κακός τις ἐν πόλει πράςςῃ καλῶς, νοςεῖν τίθηςι τῶν ἀμεινόνων φρένας, παράδειγμ' ἔχοντας τῶν κακῶν ἐξουςίαν. Vielleicht hat πολλοὶ im vorhergegangenen Verse gestanden (πολλοὶ γὰρ αὖ | ἐςθλοί).

Eur. fr. 775 u. 781 (aus dem cod. Claromont. vergl. G. Hermann opusc. III p. 3—21).

775, V. 1. μνηςθεὶς ὅ μοί ποτ' εἶφ' ὅτ' εὐνάςθη θεός.
αἰτοῦ τί χρῄζεις ἕν· πέρα γὰρ οὐ θέμις
λαβεῖν ςε· κἂν μὲν τυγχάνῃς ε...
θεοῦ πέφυκας· εἰ δὲ μή, ψευδὴς ἐγώ.

Im dritten V. giebt die Collation von Bekker τυγχάνῃς ε..., woraus Bekker τυγχάνῃς ἐτητύμως machen will; die von Hase ΙΥΙΧΛΛΙΙΙΩΔΩΝ, worin Hermann τυγχάνῃς, ςάφ' ἴςθ' ὅτι, Nauck τυγχάνῃς δώρων θεοῦ findet: τυγχάνῃς δώρων θεοῦ, θεοῦ πέφυκας ist gewiss nicht das ursprüngliche. Die beiden Collationen weisen hin auf τυγχάνῃς εὐχῶν ςέθεν. Es fragt sich, ob im ersten Verse nicht μνηςθεῖς' zu schreiben sei.

V. 10 ἀλλ' ἕρπ' ἐς οἴκους· καὶ γὰρ ἀϊδ' ἔξω δόμων
δμωαὶ περῶςιν, αἳ πατρὸς
caίρουςι δῶμα καὶ δόμων κειμήλια
καθ' ἡμέραν φοιβῶςι.

Bekkerus, αἳ πατρὸς . . τας γάμους. Coniciat quis fortasse θέντος γάμους. Sed aperte repugnat quod sequitur, καθ' ἡμέραν. Apographa ΛΙΠΑΤΡΟΣΙΟΙΑΩΡΙΜΟΙ. Minio quarta a fine litera I in E mutata, supra scripto A. Hermann zweifelt nicht, dass Euripides αἳ πατρὸς κοιμωμένου geschrieben habe. Aber die Buchstaben ΕΜΟΙ führen offenbar auf ἐμοῦ und die vorausgehenden ΩΡ geben als Gegensatz zu καθ' ἡμέραν das Wort νύκτωρ, also

δμωαὶ περῶςιν, αἳ πατρὸς νύκτωρ ἐμοῦ
caίρουςι δῶμα.

V. 37 περὶ γὰρ μεγάλων γνώμας δείξει,
παῖδ' ὑμεναίοις, ὥς φηςι, θέλων
ζεῦξαι νύμφης τε λεπάδνοις.

Worauf soll sich ὥς φηςι beziehen? Der Dichter wird angeben, woher der Chor der Mägde seine Kunde habe; wird also ὥς φαςι geschrieben haben.

781, V. 1 πυρός τ' Ἐρινὺς ἐν νεκροῖς θερηνυαι
ζῶς' ἥδ' ἀνίης' ἀτμὸν ἐμφανῆ . .

Hermann hat für θερηνυαι θερήϊον geschrieben mit der Bemerkung: θερήϊον pro θέρειον neque defendam nec damnem. Herwerden vermuthet ἐν νεκρῷ κεραυνίου ζῶς' ἐξανίης'. Hievon ist ἐν νεκρῷ wohl richtig, wenn auch Hermann bemerkt: ἐν νεκροῖc universe dictum sit necesse est, cum admiratione, etsi de solo Phaethonte intellegendum. Im übrigen weisen die Buchstaben θερηνυαι nach Bekkers, ΘΕΡΗΙΟΝ nach Haso's Abschrift entschieden hin auf ΘΕΡΜΑΙΝΕΤΑΙ, also

πυρόc τ' Ἐρινὺc ἐν νεκρῷ θερμαίνεται
ζῶc' ἠδ' ἀνίηc' ἀτμὸν ἐμφανῆ υ —.

Das Feuer wird wieder lebendig, wie man an der Hitze wahrnimmt, welche der Leichnam des Phaethon ausströmt.

V. 33 γυναῖκ' ἄνωχθι πᾶcι τοῖc κατὰ cτέγαc
θεοῖc χορεῦcαι καὶ κυκλώcαcθαι δόμουc
cεμνοῖcιν ὑμεναίοιcιν, Ἑcτίαc θ' ἕδοc,
ἀφ' ἧc γε cώφρων παcαν .. αρχετ ...
εὐχὰc π ..

Hermann ergänzt πᾶc ἂν ἄρχεcθαι θέλοι | εὐχὰc ποιεῖcθαι. Allein einmal führt αρχετ nicht auf ἄρχεcθαι, sondern auf ἄρχεται, παcαν darf also nicht in πᾶc ἂν aufgelöst, sondern muss zu πᾶc ἀν⟨ὴρ⟩ ergänzt werden. Zweitens gehört zu Ἑcτίαc ἕδοc ein neues Verbum und wir werden dies in εὐχὰc π .. zu suchen haben. Danach vermuthe ich

Ἑcτίαc θ' ἕδοc,
ἀφ' ἧc γε cώφρων πᾶc ἀνὴρ ἐξάρχεται,
εὐχαῖc προcελθεῖν.

Vergl. fr. 775, 46 εὐχαῖc ἐγὼ λιccομένα προcέβαν.

Eur. fr. 803 (Stob. flor. 43, 16).

ἀλλ' οὔποτ' αὐτὸc ἀμπλακὼν ἄλλον βροτὸν
παραινέcαιμ' ἂν παιcὶ προcθεῖναι κράτη,
πρὶν ἂν κατ' ὄccων τυγχάνῃ μέλαc cκότοc,
εἰ χρὴ διελθεῖν πρὸc τέκνων νικώμενον.

Der zweite V. enthält das Gegentheil von dem was der Sinn fordert. Man darf seinen Kindern keine Macht einräumen, bevor man seine Augen schliesst, wenn man den Kindern nicht zuletzt unterthan werden will. Nothwendig muss es also heissen:

εἰ χρὴ διελθεῖν μὴ τέκνων νικώμενον,

die minder geläufige Construction von νικᾶcθαι mit Gen. scheint das Glossem πρὸc veranlasst zu haben.

Eur. fr. 860 (Anecd. Bekk. p. 343).

θεοὶ χθόνιοι .
ζοφερὰν ἀδίαυλον ἔχοντεc
ἕδραν φθειρομένων Ἀχεροντίαν λίμνην.

Bekker, welcher ζοφερὸν in ζοφερὰν emendiert hat, sucht die Anapäste in folgender Weise herzustellen: ζοφερὰν ἀδίαυλον ἔχοντεc ἕδραν | τὴν φθειρομένων Ἀχεροντείαν | λίμνην. Gewiss nicht

glücklich. Gut vermuthet Nauck Ἀχερουτίδα für Ἀχεροντίαν.
Daneben muss beachtet werden, dass es unsinnig ist, wenn die
Todten in der Unterwelt als φθειρόμενοι bezeichnet werden. Versmass und Gedanke fordern

θεοὶ χθόνιοι
ζοφερὰν ἀδίαυλον ἔχοντες ἕδραν
φθιμένων Ἀχεροντίδα λίμνην.

Eine ähnliche Corruptel ist mir begegnet

Theogn. 653.

εὐδαίμων εἴην καὶ θεοῖς φίλος ἀθανάτοισιν,
Κύρν᾽· ἀρετῆς δ᾽ ἄλλης οὐδεμιῆς ἔραμαι.

Das Glück und das Wohlgefallen der Götter kann nicht als ἀρετή betrachtet werden. Auch giebt der Satz „nach einem anderen Vorzug strebe ich nicht" keinen passenden Sinn. Wer den Göttern lieb sein will, muss gerade viele Tugenden und Vorzüge besitzen. Der Dichter will hier offenbar etwas ähnliches sagen wie Sokrates, welcher die Götter einfach um das Gute anflehte; er hat geschrieben:

Κύρν᾽· ἀρῆς δ᾽ ἄλλης οὐδεμιῆς ἔραμαι.

„glücklich möge ich sein und den unsterblichen Göttern wohl gefallen. Das ist die einzige Bitte, die ich liebe; um etwas anderes mag ich nicht flehen." Zu ἀρῆς vergl. Hom. O 377 ὣς ἔφατ᾽ εὐχόμενος, μέγα δ᾽ ἔκτυπε μητίετα Ζεύς, ἀράων ἀίων, Pind. Isthm. VI 62 εἴ ποτ᾽ ἐμὰν, ὦ Ζεῦ πάτερ, θυμῷ 'θέλων ἀρὰν ἄκουσας, νῦν ςε νῦν εὐχαῖς .. λίσσομαι.

Eur. fr. 901, 4 (Clem. Alex. Strom. IV p. 620).

κἂν ἄμορφος ἦ πόσις,
χρὴ δοκεῖν εὔμορφον εἶναι τῇ γε νοῦν κεκτημένῃ. 5
οὐ γὰρ ὀφθαλμὸς τὸ κρίνειν .. ἐςτὶν ἀλλὰ νοῦς.
εὖ λέγειν δ᾽, ὅταν τι λέξῃ, χρὴ δοκεῖν, κἂν μὴ λέγῃ,
κἀκπονεῖν ἂν τῷ ξυνόντι πρὸς χάριν μέλλῃ λέγειν.

Im letzten Verse entspricht λέγειν dem Sinne nicht. Die gute Gattin soll thun, was sie dem Gatten am Auge absieht; sie soll alles durchführen, mit dessen Durchführung sie dem Gatten einen Gefallen zu erweisen hoffen kann. Statt λέγειν verlangt der Sinn also ein Synonymon von ἐκπονεῖν:

κἀκπονεῖν ἂν τῷ ξυνόντι πρὸς χάριν μέλλῃ τελεῖν.

In dem lückenhaften sechsten Verse möchte ich den gemachten Besserungen: τὸ μορφὴν κρῖνόν ἐςτιν, τὸ ταῦτα κρῖνόν ἐςτιν, τὸ κρῖνον ἐςτι κάλλος, τὸ κρίνειν δυνατόν oder ἱκανόν ἐςτι folgende vorziehen:

οὐ γὰρ ὀφθαλμὸς τὸ κρίνειν ⟨κύρι⟩ος τάδ᾽, ἀλλὰ νοῦς.

Eur. fr. 904, 9 (Clem. Alex. Strom. V p. 688).

πέμψον δ᾽ ἐς φῶς ψυχὰς ἐνέρων
τοῖς βουλομένοις ἄθλους προμαθεῖν

πόθεν ἔβλαστον, τίc ῥίζα κακῶν,
τίνα δεῖ μακάρων ἐκθυcαμένουc
εὑρεῖν μόχθων ἀνάπαυλαν.

τίνα δεῖ . . ἐκθυcαμένουc hat Valckenaer hergestellt für τίνα δὴ ..
ἐκθυcαμένοιc. Damit ist die Emendation noch nicht abgethau.
Niemand wird τίνα mit ἀνάπαυλαν verbinden wollen, obwohl nach
dem vorhergehenden τίc ῥίζα diese Beziehung gewiss den acc. τίνα
veranlasst hat. Man kann aber ἐκθύεcθαί τι im Sinne „durch Opfer
etwas sühnen, abwenden" erklären, nicht aber ἐκθύεcθαί τινα mit
der Bedeutung „einen Gott durch Opfer versöhnen". Die durch
ἐκθυcαμένοιc angezeigte Verwirrung der Casus hat eben weiter um
sich gegriffen und man muss herstellen:

τίνι δεῖ μακάρων ἐκθυcαμένουc
εὑρεῖν μόχθων ἀνάπαυλαν.

Vergl. oben S. 371 zu Hel. 127.

# Anhang.

## Zu Aeschylus, Sophokles und den Fragmenten der griechischen Tragiker.

### Aesch. Pers. 450.

ἐνταῦθα πέμπει τούςδ', ὅπως, ὅτ' ἐκ νεῶν
φθαρέντες ἐχθροὶ νῆςον ἐκςωζοίατο,
κτείνειαν εὐχείρωτον Ἑλλήνων ςτρατόν.

Es ist von der Aufstellung einer Division auf der Insel Psyttalia die Rede. Die dort aufgestellten Perser sollen die Schiffbrüchigen, welche sich an die Insel retten, auffangen und tödten. In diesem Zusammenhang ist Ἑλλήνων ςτρατόν gewiss ein schiefer Ausdruck. Wie kann, wenn einzelne Leute, die sich durch Schwimmen an die Insel retten, aufgefangen werden, von einem leicht zu bewältigenden Hellenenheere die Rede sein? Auf den richtigen Ausdruck weist εὐχείρωτον hin. Denn wenn es heisst:

κτείνειαν εὐχείρωτον Ἑλλήνων ἄγραν.

erhalten wir die geeignete Färbung der Rede. Die Corruptel scheint unter dem Einfluss des gewöhnlichen Versschlusses Ἑλλήνων ςτρατός (vergl. V. 384) entstanden zu sein, wie z. B. dem Verfasser des Rhesus der Versschluss Ἀργείων ςτρατός sehr geläufig ist.

### Aesch. Pers. 609.

ἔςτειλα, παιδὸς πατρὶ πρευμενεῖς χοάς.

Der Med. giebt ἐςτείλατο für ἔςτειλα. Solche ungewöhnliche Lesarten des Med. fordern eine Erklärung. Nur zu oft hat sich gezeigt, dass darunter die ursprüngliche Lesart verborgen ist. Ich leite nun ἐςτείλατο aus ἔςτειλά τέ (κνου) ab und finde diese Vermuthung bestätigt durch das Scholion πατρὶ παιδός; denn das Scholion kann doch nicht einfach die gleichen Worte als Erklärung geben; häufig aber wird τέκνον mit παῖς glossiert. Wir haben demnach

ἔςτειλα, τέκνου πατρὶ πρευμενεῖς χοάς

als ursprüngliche Lesart zu betrachten.

### Aesch. Ag. 131.

οἷον μή τις ἄγα θεόθεν κνεφάςῃ προτυπὲν
        ςτόμιον μέγα Τροίας
ςτρατωθέν.

Ich habe von meinen Studien zu Aeschylus eine Ansicht zurückzunehmen, die Ansicht, die ich mit vielen anderen getheilt habe, dass cτρατωθέν in obiger Stelle corrupt sei. Das Wort bedarf nur der richtigen Erklärung. Ich habe bereits in meinen Studien S. 9 auf die besondere Gewohnheit des Aeschylus aufmerksam gemacht, den metaphorischen Ausdruck in die Wirklichkeit hereinzurücken und mit einer Art Ironie die Illusion des Bildes aufzuheben. Die Heereswoge wird bei ihm eine Woge des trockenen Landes (χερcαῖον) genannt. Darnach ist Ag. 47 cτρατιῶτιν ἀρωγήν zu erklären. Menelaos und Agamemnon führen einen Rechtsstreit mit Priamus (μέγας ἀντίδικος); sie haben einen Rechtsbeistand (ἀρωγός), aber einen Rechtsbeistand besonderer Art; wir würden sagen „die Kanonen werden für sie sprechen". In der gleichen Bedeutung steht ἀρωγή Eum. 588 ἀρωγὰς δ' ἐκ τάφου πέμπει πατήρ. Ares ist Ag. 437 ein Goldwechsler, aber cωμάτων; er hält die Wage nicht am Wechslertische wie der τραπεζίτης, sondern ἐν μάχῃ δορός; er schickt den Verwandten von Ilion heim einen schweren Staub (βαρὺ[1] ψῆγμα), aber nicht einen schweren Goldstaub, sondern einen schweren Kummer verursachenden Staub vom Scheiterhaufen (πυρωθὲν, vergl. damit ἐκ πυρὸς cυθεὶς von dem πόντιος ξεῖνος d. h. vom Stahle Sept. 942). Ebenso wie es hier πυρωθὲν βαρὺ ψῆγμα heisst und βαρὺ ψῆγμα als Ausdruck der dem χρυcαμοιβός zukommt durch πυρωθέν eine Bestimmung aus der Wirklichkeit erhält, auf die gleiche Weise wird cτόμιον μέγα Τροίας (das gewaltige Zaumgebiss von Troja) als cτρατωθέν bezeichnet, als ein Zaumgebiss, das nicht aus Metall, sondern aus einem Heere gemacht ist. Gerade die Form und der Gebrauch von πυρωθέν giebt uns die beste Erklärung für die Bedeutung von cτρατωθέν.

Aesch. Agam. 948.

πολλὴ γὰρ αἰδὼς cωματοφθορεῖν ποcὶν
φθείροντα πλοῦτον ἀργυρωνήτους θ' ὑφάς.

In dem ersten Verse ist das sinnlose cωματοφθορεῖν von Auratus in cτρωματοφθορεῖν, von Schütz in δωματοφθορεῖν, von Franz in εἱματοφθορεῖν geändert worden. Die Wahl kann nur zwischen δωματοφθορεῖν und εἱματοφθορεῖν sein; jenes haben Blomfield, Hermann, Enger, dieses Dindorf aufgenommen. Lässt man objektiv die diplomatische Wahrscheinlichkeit entscheiden, so verdient εἱματοφθορεῖν den Vorzug; denn c rührt von dem Endbuchstaben von αἰδὼς her; ειμ und ωμ konnten sehr leicht verwechselt werden. Eine ganz gleiche Verwechslung glaube ich Philol. XXXII S. 184 in Cho. 131 nachgewiesen zu haben, wo ich das überlieferte πῶς

---

1) Die von Hermann, Dindorf u. a. aufgenommene Aenderung von Schütz βραχύ verdirbt die ganze Stelle. Vergl. Eur. Suppl. 1125 φέρω . . ἐκ πυρὸς πατρὸς μέλη βάρος μὲν οὐκ ἀβριθὲς ἀλγέων ὕπερ.

ἀνάξομεν δόμοιc in πεῖcμ' ἄναψον ἐν δόμοιc corrigiert habe. Wenn es nach Heimsoeth (Wiederh. d. Dr. d. Aesch. S. 129) den Anschein hat, als ob der Gebrauch einer solchen Metapher in dem Gebete unstatthaft sei, so bemerke ich nur, dass der Dichter selbst im folgenden Verse mit νῦν γέ πωc ἁλώμεθα auf die Anwendung eines bildlichen Ausdrucks hinweist¹). Auch Eur. Herc. f. 1250

Θηcεύc. ὁ πολλὰ δὴ τλὰc Ἡρακλῆc λέγει τάδε;
Ἡρακλῆc. οὔκουν τοcαῦτά γ' εἰ μέτρῳ μοχθητέον,

worin zwischen οὔκουν τοcαῦτά γ' und μέτρῳ μοχθητέον kein Verhältniss der Begründung stattfindet, welches den Gebrauch von εἰ rechtfertigte, möchte ich γ' εἰ in πώ verwandeln:

οὔκουν τοcαῦτά πω· μέτρῳ μοχθητέον.

Aber nicht bloss von Seite der Ueberlieferung, sondern auch von Seite des Sinnes verdient εἱματοφθορεῖν den Vorzug. In dieser Beziehung bemerkt Ahrens Philol. Suppl. I S. 586 richtig: „Schütz verstand „domum universam perdere", wobei er dann zugleich εἰδὼc falsch durch „verendum cavendumque est" wiedergeben musste; dagegen Blomfield und die folgenden „rem familiarem perdere", wie das herodotische οἰκοφθορεῖν, unter Vergleichung von V. 960. 961. Aber auch diese Auffassung ist unzulässig, weil δῶμα nicht wie οἶκοc die Bedeutung res familiaris hat." Ein dritter und entscheidender Grund wird sich uns sogleich ergeben. Mag man nämlich δωματοφθορεῖν oder εἱματοφθορεῖν für das richtige halten, unerträglich ist in jedem Falle das folgende φθείροντα. Das haben Dindorf, Hermann u. a. bemerkt und Dindorf hat πατοῦντα, Hermann cτείβοντα, Ahrens γέροντα für φθείροντα vermuthet. Zuletzt hat Keck τρύχοντα dafür gesetzt und φθείροντα als Glossem von jenem betrachtet. Es würde schwer sein zu einer Entscheidung zu gelangen, wenn nicht zufällig ein merkwürdiges Ueberbleibsel der ursprünglichen Lesart vorhanden wäre. Der cod. Flor. bietet nämlich nach Hermann'scher Collation nicht φθείροντα, sondern φθάροντα. Eine methodische Kritik muss in dieser eigenthümlichen Lesart einen Fingerzeig erblicken und in der That leitet uns dieses φθάροντα auf das einzig passende φαρῶν τε:

πολλὴ γὰρ αἰδὼc εἱματοφθορεῖν ποcὶν
φαρέων τε πλοῦτον ἀργυρωνήτουc θ' ὑφάc.

Die Schönheit, welche in der Fülle des Ausdrucks εἱματοφθορεῖν φαρῶν — ὑφάc liegt, ist bekannt. Aeschylus sagt z. B. Ag. 990 ὑμνῳδεῖ θρῆνον, Sept. 652 ναυκληρεῖν πόλιν, Sophokles El. 190 οἰκονομῶ θαλάμουc, Ai. 549 αὐτὸν (τὸν παῖδα) δεῖ πωλοδαμνεῖν, Trach. 760 ταυροκτονεῖ βοῦc, Empedocles (V. 286) ᾠοτοκεῖ μακρὰ

---

1) Zu dem Asyndeton κατοίκτειρόν τ' ἐμὲ φίλον τ' Ὀρέcτην· πεῖcμ' ἄναψον ἐν δόμοιc vergl. Eur. fr. 129 N. ὦ ξένε κατοίκτειρόν με τὴν παναθλίαν, λῦcόν με δεcμῶν.

δένδρεα, der gewöhnlichen Redensarten νέκταρ οἰνοχόει (Hom. A 598), ἵππους, αἶγας βουκολεῖν, ὗν βουθυτεῖν (Arist. Plut. 819), τοῖς σκέλεσι χειρονομεῖν (Herod. VI 129), οἰκοδομεῖν τεῖχος, δημαγωγεῖν τοὺς ἄνδρας, naves aedificare nicht zu gedenken. Vergl. Lobeck Paralip. p. 537. Nach der Hand finde ich φαρῶν auch unter verschiedenen Verbesserungsvorschlägen von M. Schmidt (in der österr. Z. f. Gymn. 1864 S. 141), welcher schwankt zwischen δώματ' εἰσθορεῖν τόσον φθείροντα πλοῦτον und δωμάτων φθείρειν τόσον φαρῶν τε πλοῦτον und ὧν ἀποφθείρειν τόσον φαρῶν τε πλοῦτον.

Aesch. Ag. 1267.

ἴτ' ἐς φθόρον πεσόντ'· ἐγὼ δ' ἅμ' ἕψομαι.
ἄλλην τιν' ἄτην ἀντ' ἐμοῦ πλουτίζετε.

Kassandra wirft die Kränze und Zeichen ihrer priesterlichen Würde von sich und ruft ihnen die angegebenen Worte nach. Die Constructionät ἦν πλουτίζετε ist unmöglich. Schütz hat ἄταις, Stanley ἄτης dafür geschrieben, welches letztere die meisten Herausgeber aufnehmen, unter anderen Hermann mit der Bemerkung „non dubito quin verum sit ἄτης, in quo acerba inest exprobratio mali ab Apolline dati. Ut πλουτεῖν cum genitivo construitur, ita quidni etiam πλουτίζειν?" Allein die Aenderung von ἄτην in ἄτης oder ἄταις ist im höchsten Grade unwahrscheinlich. An und für sich sind solche Aenderungen der Casus sehr zweifelhaft und es ist geradezu undenkbar, dass ἄτης in ἄτην verwandelt worden sei. Es erscheint also als sehr gerechtfertigt, wenn Hahn eine andere Emendation versucht; nur ist seine Besserung μάντιν desshalb bedenklich, weil sie eine Umstellung nothwendig macht (μάντιν τιν' ἄλλην). Ein sehr passendes und bezeichnendes Wort erhalten wir, wenn wir MATAIAN aus (T)INATHN herauslesen:

ἄλλην ματαίαν ἀντ' ἐμοῦ πλουτίζετε.

Zu dem Gebrauch von μάταιος vergl. unten zu Soph. Trach. 888. Zu πλουτίζετε V. 586.

Aesch. Choeph. 71.

θιγόντι δ' οὔτι νυμφικῶν ἑδωλίων
ἄκος, πόροι τε πάντες ἐκ μιᾶς ὁδοῦ
βαίνοντες τὸν                              ·α·
χερομυσῆ φόνον καθαίροντες ἰοῦσαν ἄτην

Einen wesentlichen Beitrag zur vollständigen Herstellung dieser Strophe glauben wir dadurch geben zu können, dass wir das in ἰοῦσαν enthaltene Wort gefunden haben. Welcher Sinn in den Worten ἰοῦσαν ἄταν enthalten sein müsse, darüber kann man seit Scaliger's trefflicher Conjektur ἔλουσαν μάτην nicht mehr in Zweifel sein. Bamberger hat statt dessen κλύσαιεν ἂν μάτην vorgeschlagen, Weil schreibt ἔλουσαν ἂν μάταν und bemerkt mit Recht gegen

Bambergers Vorschlag „ἔλουcαν ἄν propius ad Medic. scripturam accedit et indicativus aoristi potius quam optativus locum habet in re quae fieri non potest, omnium fluminum in unum coniunctione". Aber auch ἔλουcαν erklärt die handschriftliche Lesart nicht völlig; vielmehr ist ἰοῦcαν aus ἠ]ιόν[η]cαν entstanden. Den Gebrauch dieses Wortes bei Aeschylus erfahren wir aus den Mittheilungen, welche Miller in den Mél. de litt. Gr. über den cod. Flor. des Etym. M. veröffentlicht hat. Im Etym. M. p. 37, 27 wird αἰονᾶν mit καταντλεῖν, καταχέειν, λούειν erklärt. Dazu bringt Miller p. 151 den Zusatz: ἠόνηcαc cὺν τῷ ι ἀντὶ τοῦ ἔλουcαc ἢ κατάντληcαc (l. κατήντληcαc)· εἴρηται δὲ ἐν τῷ ἐξῃονήθην, Ὦροc ὁ Μιλήcιοc· ἡ δὲ χρῆcιc παρὰ Αἰcχύλῳ.

Im vorhergehenden Verse fehlt die erste Silbe des Dochmius. Welcher Emendation der Vorzug gebühre, der von Lachmann und Hermann διαίνοντεc oder der von Bamberger προβαίνοντεc, darf keinen Augenblick ungewiss sein. Eine Bestätigung erhält διαίνοντεc durch das ähnlich lautende ἠόνηcαν (αἰονάω), wenn anders ein Ausdruck wie ποταμοὶ πάντεc λούοντεc ἂν ἔλουcαν μάτην als ein schöner und der poetischen Diktion angemessener betrachtet werden darf. Wenn aber διαίνοντεc das ursprüngliche ist, dann muss festsehen, was Hermann bemerkt „videtur καθαίροντεc ex interpretatione natum esse". Wer sieht nicht, dass gerade hiedurch διαίνοντεc eine neue Bestätigung erhält? Denn gern wird man von den zwei Participien βαίνοντεc καθαίροντεc das eine preisgeben. Nachdem aber Hermann καθαίροντεc als Glossem zu διαίνοντεc erkannt hatte, handelte er inconsequent, indem er das Wort in anderer Form beibehielt (καθαρcίοιc ἴοιεν ἂν μάτην). Man muss annehmen, dass καθαίροντεc neben διαίνοντεc τὸν beigeschrieben war und an Stelle eines darunterstehenden Wortes in den Text gerieth. Welches dieses Wort gewesen sei, kann natürlich nicht bestimmt werden; nur soviel ist gewiss, dass es kein passenderes giebt als ῥοαῖcιν. Darnach hat man sich die Entstehung der handschriftlichen Lesart in folgender Weise zu erklären:

διαίνοντεc τὸν
καθαίροντεc
χερομυcῆ φόνον ⟨ῥοαῖcιν⟩ ἠόνηcαν ἂν μάταν.

Ganz mit Recht aber scheint Dindorf zu V. 70 παναρκέταc zu bemerken: requiritur vocabulum cretici mensuram habens. Wir werden

διαφέρει τὸν αἴτιον _ ‿ _ νόcου βρύειν

als ein geeignetes Versmass und einen passenden Versschluss anerkennen müssen. Darnach ist im antistrophischen Verse ῥοαῖc für ῥοαῖcιν zu ergänzen, so dass die ganze Antistrophe, in welcher θιγόντι eine treffliche und evidente Emendation Scaligers ist, also lautet:

θιγόντι δ' οὔτι νυμφικῶν ἐδωλίων
ἄκοc, πόροι τε πάντεc ἐκ μιᾶc ὁδοῦ

διαίνοντες τὸν
χερομυσῆ φόνον ⟨ῥοαῖς⟩ ἠόνησαν ἂν μάταν.

Ueber den Chor der Eumeniden.

De choro Eumenidum ist eine berühmte vor beiläufig fünfzig Jahren erschienene Abhandlung von G. Hermann betitelt. In dieser ist der unwiderlegliche Beweis geführt, dass der Chor der Eumeniden weder aus 50, wie Pollux IV 110 berichtet, noch aus 3 Personen nach Blomfields Meinung bestanden hat. Hermann nimmt für die Eumeniden wie für den Agamemnon die Zahl von 15 Choreuten an nach dem Scholion zu Aristoph. Ri. 586 ὁ δὲ τραγικὸς ιε΄ ὡς Αἰσχύλος Ἀγαμέμνονι und nach dem Schol. zu Eum. 585 τοῦτο οὐ πρὸς τὰς τρεῖς, ἀλλὰ πρὸς τὸν χορόν· ιε΄ γὰρ ἦσαν und bestätigt diese Annahme durch die ganz vorzügliche Bemerkung, dass die 12 Iambenpaare Ag. 1348—1371 an die einzelnen Choreuten, nicht an Hemichorien zu vertheilen seien. Die Zahl 15 erhält er, indem er die drei vorhergehenden trochäischen Tetrameter drei Choreuten zuweist. Hermann kannte damals das von Dindorf im Philol. XX (1863) S. 27 mitgetheilte Scholion aus den cχόλια παλαιὰ εἰς Ἀγαμέμνονα des Triklinius im cod. Farn. noch nicht, welches mit Hermann's Annahme sowohl in Betreff der Zahl des Chors als auch in Betreff der Vertheilung jener Partie unter einzelne Choreuten übereinstimmt: πεντεκαίδεκα εἰσὶν οἱ τοῦ τραγικοῦ χοροῦ ὑποκριταὶ καὶ ἕκαστος αὐτῶν δίστιχον γνώμην λέγει· εἰπόντων δὲ τῶν ιβ΄, πρὶν καὶ τοὺς πεντεκαίδεκα εἰπεῖν, προλαβοῦσα ἐξῆλθεν ἡ Κλυταιμνήστρα κτέ. Dindorf vermuthet mit Recht, dass dieses Scholion den verlorenen mediceischen Scholien entnommen sei; es ist dieselbe Ueberlieferung, welche in dem a. Schol. zu den Eumeniden sowie in dem zu den Rittern hervortritt; denn in dem letzten wird, wie bereits Hermann bemerkt hat, der Agamemnon aus demselben Grunde angeführt wie für die Zahl des komischen Chors die Vögel, in welchen die 24 Chorpersonen namentlich aufgezählt sind, namhaft gemacht werden. Trotz dieser Ueberlieferung kann die Zahl 15 nicht richtig sein; jene Partie des Agamemnon muss mit O. Müller unter 12 Choreuten vertheilt werden; es ist eine Berathung; es muss also jedes Mitglied des Chors seine Stimme abgeben; der a. Scholiast meint freilich, dass der Chor von Klytämnestra unterbrochen werde; aber die letzte Stimme

ταύτην ἐπαινεῖν πάντοθεν πληθύνομαι
τρανῶς Ἀτρείδην εἰδέναι κυροῦνθ᾽ ὅπως.

ist abschliessender Natur, wie bereits Weil in den Fleckeisen'schen Jahrb. 1864 S. 213 bemerkt hat; auch kommt Klytämnestra neben der Leiche des Agamemnon und der Kassandra mittelst des Ekkyklem heraus; dies war im antiken Theater ein Ersatz für das Hineingehen; der Chor hat beschlossen ins Haus zu dringen und die Mörder auf frischer That zu ertappen; der Dichter muss einen solchen Beschluss ausführen lassen und er thut es mit dem Ekkyklem. Die letzte Stimme, welche sich nach dem Willen der Majorität (πληθύνομαι) entscheidet, hat nur einen Sinn, wenn alle Mitglieder des Chors ihre Stimmen abgegeben haben. Diese Entscheidung kommt dem Führer des Chors zu; dem nämlichen kommt es auch zu mit ἀλλὰ κοινωcώμεθ᾽ . . ἀcφαλῆ βουλεύματα (V. 1347) die ganze Berathung zu veranlassen. Demnach müssen wir die eigene Ueberlieferung des Aeschylus höher stellen als die Ueberlieferung späterer Grammatiker. So richtig es auch ist, dass in dem Schol. zu den Rittern auf den Agamemnon gerade wegen jener Vertheilung an einzelne Choreuten verwiesen wird, so beweist doch jetzt das Scholion zu Ag., dass der Alexandrinischen Grammatikern nicht etwa eine gleiche Vertheilung unter 15 Choreuten wie die von Hermann vorgenommene vorlag, sondern dass nur jene Stelle mit der Ueberlieferung von 15 Choreuten in besonderen Zusammenhang gebracht und dass der Widerspruch, der sich ergab, so gelöst wurde wie in dem Scholion angegeben ist. Um aber jeden Zweifel zu beseitigen und alle Befangenheit welche aus der Scholiastenüberlieferung zurückbleiben könnte (vergl. Bergk comment. de vita Soph. in seiner Ausg. p. XXVI n. 110) — hat ja dadurch sogar O. Müller sich bestimmen lassen für die Eumeniden eine andere Choreutenzahl als für den Ag. anzunehmen — zu heben, haben wir eine zweite Stelle gefunden, welche noch unzweideutiger ist als die Stelle des Agamemnon. Eum. 582 leitet Athena die Anklage ein (εἰcάγω δὲ τὴν δίκην) und giebt der klagenden Partei, den Erinyen, zuerst das Wort. Darauf erwidert die Führerin des Erinyenchors:

πολλαὶ μέν ἐcμεν, λέξομεν δὲ cυντόμωc.
ἔποc δ᾽ ἀμείβου πρὸc ἔποc ἐν μέρει τιθείc.

Wenn die grosse Zahl in Gegensatz zur Kürze der Rede gesetzt wird, so hat dies nur dann einen Sinn, wenn die einzelnen Mitglieder nach einander sprechen; denn in diesem Fall ist eher ein langes Gespräch zu erwarten. Die Chorführerin sagt also: „es sind unser zwar viele, aber jede wird sich kurz fassen". Wenn dies nicht der Gedanke sein soll, so hat πολλαὶ μέν ἐcμεν absolut keinen Sinn. Ist es aber wirklich der Gedanke, dann muss das folgende Verhör unter die einzelnen Choreuten vertheilt werden und das kann hier zum Glück nur auf eine einzige Weise geschehen:

XOPOY

ἡ α΄. πολλαὶ μέν ἐcμεν, λέξομεν δὲ cυντόμωc. 585
ἔποc δ᾽ ἀμείβου πρὸc ἔποc ἐν μέρει τιθείc.

ἡ β΄. τὴν μητέρ᾽ εἰπὲ πρῶτον εἰ κατέκτοναc.

ΟΡΕΣΤΗΣ.

ἔκτεινα· τούτου δ᾽ οὔτιc ἄρνηcic πέλει.

ΧΟΡΟΥ

ἡ γ'. ἓν μὲν τόδ' ἤδη τῶν τριῶν παλαιςμάτων.

ΟΡΕΣΤΗΣ.

οὐ κειμένῳ πω τόνδε κομπάζεις λόγον. 590

ΧΟΡΟΥ

ἡ δ'. εἰπεῖν γε μέντοι δεῖ c' ὅπως κατέκτανες.

ΟΡΕΣΤΗΣ.

λέξω· ξιφουλκῷ χειρὶ πρὸς δέρην τεμών.

ΧΟΡΟΥ

ἡ ε'. πρὸς τοῦ δ' ἐπείσθης καὶ τίνος βουλεύμασι;

ΟΡΕΣΤΗΣ.

τοῖς τοῦδε θεςφάτοιςι· μαρτυρεῖ δέ μοι.

ΧΟΡΟΥ

ἡ ς'. ὁ μάντις ἐξηγεῖτό ςοι μητροκτονεῖν; 595

ΟΡΕΣΤΗΣ.

καὶ δεῦρό γ' ἀεὶ τὴν τύχην οὐ μέμφομαι.

ΧΟΡΟΥ

ἡ ζ'. ἀλλ' εἴ ςε μάρψει ψῆφος, ἄλλ' ἐρεῖς τάχα.

ΟΡΕΣΤΗΣ.

πέποιθ', ἀρωγὰς δ' ἐκ τάφου πέμπει πατήρ.

ΧΟΡΟΥ

ἡ η'. νεκροῖςί νυν πέπεισθι μητέρα κτανών.

ΟΡΕΣΤΗΣ.

δυοῖν γὰρ εἶχε προςβολὰς μιαςμάτοιν. 600

ΧΟΡΟΥ

ἡ θ'. πῶς δή; δίδαξον τοὺς δικάζοντας τάδε.

ΟΡΕΣΤΗΣ.

ἀνδροκτονοῦςα πατέρ' ἐμὸν κατέκτανε.

ΧΟΡΟΥ

ἡ ι'. τοιγὰρ ςὺ μὲν ζῇς, ἡ δ' ἐλευθέρα φόνῳ.

ΟΡΕΣΤΗΣ.

τί δ' οὐκ ἐκείνην ζῶςαν ἤλαυνες φυγῇ;

ΧΟΡΟΥ

ἡ ια'. οὐκ ἦν ὅμαιμος φωτὸς ὃν κατέκτανεν.

ΟΡΕΣΤΗΣ.

ἐγὼ δὲ μητρὸς τῆς ἐμῆς ἐν αἵματι;

ΧΟΡΟΥ

ἡ ιβ'. πῶc γάρ c' ἔθρεψεν ἐντόc, ὦ μιαιφόνε,
ζώνηc; ἀπεύχει μητρὸc αἷμα φίλτατον.

Damit ist das Verhör zu Ende. Orestes wendet sich an seinen Vertheidiger, der nunmehr die Sache seines Klienten in die Hand nimmt. Das Verhör ist für eine solche Vertheilung vorzüglich geeignet; die Theilnahme der einzelnen Mitglieder des Chors am Gespräch ist zwar minder nothwendig als bei der Berathung im Agamemnon, aber nicht minder passend. Die Führerin leitet das Verhör ein wie der Chorführer im Agamemnon die Berathung einleitet und beschliesst. Wer die einzelnen Chorreden mit einander vergleicht, wird sofort den Wechsel der Personen und besonders bei einigen Reden das Einfallen einer anderen Sprecherin heraushühlen.

Nachdem also festgestellt ist, dass Aeschylus noch in seinem letzten Werke nur einen Chor von 12 Personen gebraucht hat (im Ag. wie in den Eum., also in der ganzen Orestie), so wird die Vermehrung der Choreutenzahl auf 15, welche die Ueberlieferung dem Sophokles zuschreibt, nicht auch auf Aeschylus bezogen werden dürfen. Wenn er den dritten Schauspieler gern annahm, so mochte ihm doch für seine Orchestik die gewohnte Zahl von zwölf Personen zweckmässiger und brauchbarer erscheinen.

Aesch. Eum. 250.

ὑπέρ τε πόντον ἀπτέροιc πωτήμαcιν.

Die Glosse des Hesychius ἀπτέρωτα· ταχέα, αἰφνίδια ist fehlerhaft. Das s. g. α copul. kann nur mit Primitiva zusammengesetzt sein vergl. ἀκοίτηc, ἄλοχοc, ἀδελφόc, ἀγάλαξ, ἀγάcτωρ, ἀθρόοc, ἀπενθήc (nach Schol. zu Eur. Phoen. ἀπενθέα ὅ ἐcτι πολυπενθέα, welches übrigens nur auf der falschen Lesart ἀνεῖc' ἀπενθῆ für ἀνεῖcα πένθει zu beruhen scheint), ἄπυροc (Schol. zu Prom. 880 ἄπυροc· ἡ πολύπυροc vergl. meine Anmerkung z. d. St.), ἀμύζω u. a. Mit ταχέα, αἰφνίδια wird sonst ἄπτεροc erklärt (vergl. die Noten zu Ag. 276) und kann nur ἄπτεροc, nicht ἀπτέρωτοc erklärt werden. Wir haben in der Glosse des Hesychius eine Zusammenziehung zu erkennen: ἄπτερα ⟨π⟩ωτ⟨ήμα⟩τα und dieselbe auf den angeführten V. der Eumeniden zu beziehen.

Soph. Ai. 182.

οὔποτε γὰρ φρενόθεν γ' ἐπ' ἀριcτερά,
παῖ Τελαμῶνοc, ἔβαc
τόccον, ἐν ποίμναιc πίτνων.

Auffallend ist in dieser Stelle der Ausdruck ἔβαc τόccον — πίτνων. Gewöhnlich begnügt man sich mit einer Erklärung wie sie Schneidewin giebt: „statt des zur Ergänzung von τόccον erwarteten ὥcτε πεcεῖν tritt kräftiger das Participium ein". Nur Nauck scheint sich bei dieser Erklärung nicht zu beruhigen; denn er bemerkt zu V. 300: „den Versschluss ἐν ποίμναιc πίτνων hielt Boissonade für ein aus V. 185 entlehntes Supplement; ich glaube vielmehr, der Verfasser von 185 hat diese Stelle ausgeschrieben". Aber ἐν ποίμναιc πίτνων ist an der einen Stelle ebenso passend wie an der anderen, so dass zu einer Verdächtigung dieser Worte weder hier noch dort ein Grund vorliegt. Ich würde auch glauben, dass man sich mit jener Erklärung zufrieden geben müsse, wenn nicht ein nothwendiger Begriff fehlte. Der Chor sagt vorher: „irgend eine zürnende Gottheit, vielleicht Artemis, vielleicht Enyalios, muss Ajas verblendet haben". Wenn der Chor begründend fortfährt: „denn niemals bist du von Verstand und Besinnung auf Abwege gerathen", so fehlt offenbar der Begriff „von selbst". Die Stelle hat also ursprünglich gelautet:

οὔποτε γὰρ φρενόθεν γ' ἐπ' ἀριcτερά,
παῖ Τελαμῶνοc, ἔβαc
αὐτὸc ἐν ποίμναιc πίτνων.

Nach ἔβ | αc scheint zuerst αυ weggefallen, dann das überbleibende τὸc(εν) in τόcον, τόccον übergegangen zu sein.

Soph. Ai. 792.

ΑΓΓ. οὐκ οἶδα τὴν cὴν πρᾶξιν, Αἴαντοc δ' ὅτι,
θυραῖοc εἴπερ ἐcτίν, οὐ θαρcῶ πέρι.
ΤΕΚ. καὶ μὴν θυραῖοc, ὥcτε μ' ὠδίνειν τί φήc.

In der Bedeutung atqui, et sane verlangt καὶ μὴν ein nachfolgendes γέ (vergl. Blomfield Gloss. zu Aesch. Prom. 1018); es muss hier heissen: καὶ μὴν θυραῖόc γ', ὥcτε κτέ.

Soph. Ai. 1008.

ἦ πού με Τελαμών, còc πατὴρ ἐμόc θ' ἅμα,
δέξαιτ' ἂν εὐπρόcωποc ἵλεώc τ' ἴcωc
χωροῦντ' ἄνευ coῦ, πῶc γὰρ οὔχ; ὅτῳ πάρα
μηδ' εὐτυχοῦντι μηδὲν ἵλεων γελᾶν.

Im letzten Verse bietet der Laur. neben ἵλεων die Variante ἥδιον „a. m. saeculi 15". Früher nahm man ἥδιον auf, bis M. Seyffert auf das fehlerhafte eines adverbiell gebrauchten ἥδιον aufmerksam machte (sic struenda sunt verba ὅτῳ μηδ' εὐτυχοῦντι πάρα μηδὲν ἵλεων — nihil hilaritatis —, quibus infinitivus γελᾶν additus tanquam hilaritatis effectus). Woher soll ἥδιον stammen? Dindorf bemerkt dazu: correctoris recentis coniectura est. Das ist nicht glaublich. Wie soll jemand dazu kommen für das wohl verständliche ἵλεων einen ungewöhnlichen Comparativ ἥδιον einsetzen zu wollen? Offenbar ist dieses räthselhafte ἥδιον (in einer Handschrift ἴδιον) nichts anderes als εὔδιον. Ebenso wird El. 839 das unbrauchbare ἀπάταιc anfänglich πάγαιc gewesen und πάγαιc Glossem zu ἕρκεcι sein. Die Ueberlieferung spricht allerdings nicht dafür, εὔδιον als ursprünglich zu betrachten. Doch aber muss die Wiederholung von ἵλεως trotz der Gegenbemerkung Seyfferts bedenklich machen.

### Soph. Ant. 61.

ἀλλ' ἐννοεῖν χρὴ τοῦτο μέν, γυναῖχ' ὅτι
ἔφυμεν ὡς πρὸς ἄνδρας οὐ μαχουμένα.
ἔπειτα δ' οὕνεκ' ἀρχόμεσθ' ἐκ κρεισσόνων.

Man begreift nicht, warum der Dichter nicht nach gewöhnlicher Weise und mit einer Hervorhebung, wie sie dem Sinne der Stelle so angemessen ist, ἔπειθ' ὁθούνεκ' geschrieben haben soll. Wenn ich nun auf Eur. Cycl. 3 πρῶτον μὲν, ἡνίκ'.. ᾠχου τροφούς· ἔπειτά γ' ἀμφὶ γηγενῆ μάχην δορὸς.. ἔκτεινα verweise, wo Hermann ἔπειτά γ' in ἔπειθ' ὅτ' emendiert hat, und dazu bemerke, dass im Laur. in der Regel ὅθ' οὕνεκ' für ὁθούνεκ' geschrieben ist, so glaube ich damit die Verbesserung ἔπειθ' ὁθούνεκ' gerechtfertigt zu haben. Noch eine andere gleichartige Corruptel findet sich im Cycl. und in der Ant. und die Rücksicht auf die Gleichartigkeit giebt uns eine Sicherheit der Emendation an die Hand. Cycl. 273

ἔγωγε τῷδε τοῦ Ῥαδαμάνθυος
πολλὰ πέποιθα καὶ δικαιότερον λέγω

ist das fehlerhafte πολλὰ von Matthiae in πλείω, von Hermann in πλέον, von Kirchhoff in μᾶλλον geändert worden. Ant. 86

οἴμοι καταύδα· πολλὸν ἐχθίων ἔσει

bleibt πολλὸν anstössig, wenn sich auch noch einmal Trach. 1196 die Maskulinform πολλὸν als Anaphora zu πολλὴν μὲν findet. Die Corruptel im Cycl. macht das Bedenken um so begründeter. Porson hat hier μᾶλλον ἐχθίων, Blaydes πολὺ γὰρ ἐχθίων vorgeschlagen: wir werden das Wort zu wählen haben, welches für beide Stellen passt, nämlich μᾶλλον.

### Soph. Ant. 548.

καὶ τίς βίος μοι σοῦ λελειμμένῃ φίλος;

Nauck hegt Verdacht gegen das Wort φίλος und vermuthet σοῦ γ' ἄτερ λελειμμένη. Wirklich ist τίς βίος μοι der kräftige und einzig passende Ausdruck, während durch das Prädikat φίλος die ganze Rede matt wird. Dazu kommt, dass die Redensart, welche uns Eur. Med. 52 πῶς σοῦ μόνη Μήδεια λείπεσθαι θέλει; oder Il. 9, 437 πῶς ἂν ἔπειτ' ἀπὸ σεῖο, φίλον τέκος, αὖθι λιποίμην οἶος; (vergl. Soph. Ai. 511 πῶς σοῦ διοίσεται μόνος;) an die Hand giebt, der Stimmung der Ismene am besten entsprechen würde; denn wenn Antigone sie verlässt, steht sie allein in der Welt. Denken wir nun daran, wie leicht μόνη nach -μένη ausfallen konnte, welcher Ausfall dann durch irgend ein mehr oder weniger passendes Wort ausgefüllt werden musste, so werden wir kein Bedenken tragen die ursprüngliche Hand des Dichters in folgender Weise herzustellen:

καὶ τίς βίος μοι σοῦ λελειμμένῃ μόνῃ.

Soph. Ant. 604.

> cὰν ἄν, Ζεῦ, δύνασιν τὶc ἀν-
> δρῶν ὑπερβαcία κατάcχοι,
> τὰν οὔθ' ὕπνοc αἱρεῖ ποθ' ὁ παντογήρωc
> οὔτ' ἀκάματοι θεῶν
> μῆνεc.

Das handschriftliche τεάν, wofür ich früher schon cὰν ἄν vermuthet habe, muss man sich dann entstanden denken, als in cὰν ἄν die Silbe ἄν nur einmal geschrieben war und das Metrum gelitten hatte. Dass ἄν nothwendig, dass τίc κατάcχῃ nicht richtig ist, sollte nicht mehr bestritten werden. Unter den Vorschlägen, welche für das sinnlose παντογήρωc vorgebracht worden sind, παντοδμάτωρ (Emperius), παντόθηροc oder παντοθήραc (Bamberger), πάντ' ἀγρευτάc (Schneidewin), ὁ πάντα κλίνων oder κοιμῶν (Kayser), πανταγρεύc (G. Wolff) verdienen offenbar diejenigen den Vorzug, welche ein Synonymum von αἱρέω (οὔθ' ὕπνοc αἱρεῖ ὁ πάντα αἱρῶν) in den Text bringen. Wäre nur πάντ' ἀγρευτάc oder πανταγρεύc beglaubigt! Der Ueberlieferung aber kommen wir am nächsten, wenn wir πάντ' ἀγρῶν für παντογήρωc schreiben. Dadurch gewinnen wir obendrein den Vortheil, dass das folgende ἀκάματοι, welches in keiner Weise den Eindruck der Corruptel macht, sich in das Versmass der Antistrophe fügt. Es bleibt noch das sinnlose θεῶν übrig (Hermann οὔτε θεῶν ἄκματοι, Dindorf οὔτ' ἄκοποι θεῶν νιν). Dem Gott Zeus soll die Zeit der Götter nichts anhaben. Und Zeus ist doch der Verwalter der Zeit. Donaldson hat θέοντεc für θεῶν geschrieben. Allein einmal ist der Ausdruck ἀκάματοι θέοντεc μῆνεc bedenklich; zweitens passt für den Zahn der Zeit ein anderes Prädikat als für die Betäubung des Schlafes. Da wir an eine Verkürzung denken müssen, so wird ΘΕΟΝ aus ΦΘΙΝΟΣΙΝ entstanden sein:

> τὰν οὔθ' ὕπνοc αἱρεῖ ποθ' ὁ πάντ' ἀγρῶν οὔτ'
> ἀκάματοι φθίνουcιν
> μῆνεc.

Soph. Ant. 753.

ΑΙΜ. τίc δ' ἔcτ' ἀπειλὴ πρὸc κενὰc γνώμαc λέγειν;
ΚΡ. κλαίων φρενώcειc, ὢν φρενῶν αὐτὸc κενόc.
ΑΙΜ. εἰ μὴ πατὴρ ἦcθ', εἶπον ἄν c' οὐκ εὖ φρονεῖν. 755
ΚΡ. γυναικὸc ὢν δούλευμα, μὴ κώτιλλέ με.
ΑΙΜ. βούλει λέγειν τι καὶ λέγων μηδὲν κλύειν.
ΚΡ. ἄληθεc; ἀλλ' οὐ, τόνδ' Ὄλυμπον, ἴcθ' ὅτι,
χαίρων ἐπὶ ψόγοιcι δεννάcειc ἐμέ.
ἄγ' ἄγε τὸ μῖcοc κτέ.

Der bedeutende Anstoss, welcher in dieser Stelle vorliegt, ist bereits von R. Enger (Philol. XXV S. 344) bemerkt worden. Einmal kann nach den Worten des Hämon βούλει λέγειν τι καὶ λέγων μηδὲν κλύειν die leidenschaftliche Erregung, mit welcher Kreon das ganze Gespräch abbricht, nicht als begründet erscheinen. Zweitens ist μὴ κώτιλλέ με nach den kränkendsten und bittersten Worten εἰ μὴ πατὴρ ἦσθ᾽, εἶπον ἄν c᾽ οὐκ εὖ φρονεῖν geradezu sinnlos; man müsste sich denn bei der Behauptung Dindorfs beruhigen „Sophocli κωτίλλειν de eo dicere placuit qui verbis increpat ut mox δεννάζειν". G. Wolff bemerkt freilich „κωτίλλειν geht auf Haimons gemässigte Form nach den leidenschaftlichen Ausdrücken, doch mit Bitterkeit, denn es bezieht sich besonders auf Weiber". Worin aber soll die Mässigung liegen? Etwa in εἰ μὴ πατὴρ ἦσθα oder in οὐκ εὖ φρονεῖν? Hämon sagt damit doch seinem Vater nichts anderes als „du bist ein Thor". Dieser Vers enthält eine Kränkung für den Vater, wie keine andere Rede des Hämon in der ganzen Stichomythie sie enthüllt, so dass derselbe ans Ende gehört als letztes Wort, nach welchem Kreon nichts mehr hören will. Ganz mit Recht nimmt darum Enger an, dass die Verse 756. 757 den Zusammenhang unterbrechen und ihre rechte Stelle verloren haben. Es fragt sich nur, wo die beiden Verse einzufügen seien. Wir haben zu sehen, welche Rede des Hämon als ein κωτίλλειν betrachtet werden könne. Enger und Nauck setzen die beiden Verse nach V. 749 καὶ coῦ γε κἀμοῦ καὶ θεῶν τῶν νερτέρων ein. Die Behauptung Hämons, dass er das Interesse des Vates vertrete, könne Kreon nicht für aufrichtig halten und spreche desshalb von einem κωτίλλειν „durch glatte Worte beschwatzen". Wenn Hämon auf die Worte des Kreon „du bist ein Bundesgenosse der Antigone, denn deine Rede ist ganz in ihrem Interesse" erwidert „auch in deinem wie in meinem Interesse und dem der unteren Götter", so wird Kreon nicht die Aufrichtigkeit, sondern nur die Richtigkeit der Behauptung in Abrede stellen und besonders den Hinweis auf die unteren Götter nicht als ein κωτίλλειν ansehen. Diese Stellung der Verse kann also nicht richtig sein. Da κωτίλλειν sich vor allem auf die äussere Form der Rede bezieht, auf die feinen netten Worte, mit denen man andere beschwatzt, so wird uns die Rücksicht auf die Entgegnung des Kreon V. 323 κόμψευέ νυν τὴν δόξαν, womit er das Wortspiel des Wächters ἢ δεινόν, ᾧ δοκεῖ γε, καὶ ψευδῆ δοκεῖν zurückweist, die rechte Stelle zeigen. Der V. 757 allein βούλει λέγειν τι καὶ λέγων μηδὲν κλύειν hat ein solches κομψόν an sich, eine gesuchte und gezierte Form, welche Kreon als κωτίλλειν bezeichnen kann, um den Vorwurf γυναικὸς ὢν δούλευμα anzuknüpfen. Denn in γυναικὸς ὢν δούλευμα liegt das Hauptgewicht der Entgegnung; Kreon will sagen „es ist nicht anders zu erwarten als dass ein Frauenknecht, einer der sich mit Weibern abgiebt, so schöne Reden drechsle; an deinen Worten erkennt man was du bist, γυναικὸς δούλευμα". Der Schluss der Stichomythie kommt in Ordnung und nur dann in Ordnung, wenn man einfach die Verse 755.756.757 umkehrt: 757.756.755[1]); dann erhalten wir

KP. κλαίων φρενώcεic, ὧν φρενῶν αὐτὸс κενόс.  754
ΑΙΜ. βούλει λέγειν τι καὶ λέγων μηδὲν κλύειν.  757
KP. γυναικὸс ὢν δούλευμα, μὴ κώτιλλέ με.  756
ΑΙΜ. εἰ μὴ πατὴρ ἦcθ', εἶπον ἄν c' οὐκ εὖ φρονεῖν.  755
KP. ἄληθεc; κτέ.

Soph. Ant. 1165.

καὶ νῦν ἀφεῖται πάντα. τὰc γὰρ ἡδονὰc
ὅταν προδῶcιν ἄνδρεc, οὐ τίθημ' ἐγὼ
ζῆν τοῦτον, ἀλλ' ἔμψυχον ἡγοῦμαι νεκρόν.

Den dritten dieser Verse, welcher in den Handschriften fehlt, hat uns Athenaeus erhalten. Im zweiten bietet der cod. Laur. ἀνδρόc für ἄνδρεc, welches bei Athenaeus steht, der gewöhnliche Text τὰc γὰρ ἡδονὰc ὅταν προδῶcιν ἄνδρεc, οὐ τίθημ' ἐγὼ ζῆν τοῦτον ist durch und durch fehlerhaft. M. Seyffert spricht in seinen Ausgaben des Sophokles manche Behauptung aus, welche einer Einschränkung bedarf; hier aber ist es vollkommen gerechtfertigt, wenn er sagt: quod vulgatur ex Athenaeo τὰc γὰρ ἡδονὰc ὅταν προδῶcιν ἄνδρεc, primum ineptissimam infert sententiam: quis enim homo voluptates prodit, hoc est deserit ac proicit? Immo fortunae casibus ut id faciant praeter voluntatem coguntur. Longe aliud est προδιδόναι ἐλπίδαc. Deinde iustissimam dubitandi causam adfert singularis τοῦτον post pluralem ἄνδρεc, ad quem defendendum aut nihil aut alienissima prolata sunt, velut a Schneidewino. In der That ist es etwas ganz anderes, wenn V. 709 οὗτοι nach dem collectiven ὅcτιc folgt oder wenn es V. 1022 nach οὐδ' ὄρνιc εὐcήμουc ἀπορροιβδεῖ βοάc mit positiver Wendung ἀνδροφθόρου βεβρῶτεc αἵματοc λίποc heisst („weil alle gefressen haben"). Auch der Fall, wo ὅcτιc sich auf einen Plural bezieht, ist anderer Art (vergl. meine Anm. zu Eur. Med. 220), weil dort die Allgemeinheit zu beschränken ist, während man hier bei ὅταν προδῶcιν ἄνδρεc nur an einzelne denkt. Vor allem aber muss der mangelhafte Sinn von τὰc ἡδονὰc ὅταν προδῶ-cιν ἄνδρεc die Corruptel erweisen. Unter solchen Umständen verlangt methodische Kritik, dass man von der Lesart der besten Handschrift ἀνδρόc ausgehe, gerade desshalb weil sie in die Ueberlieferung nicht passt und nicht zu construieren ist. Denn um so mehr können wir überzeugt sein, darin den ursprünglichen Text zu finden, während ἄνδρεc bei Athenäus oder ἄνδρα im Citat des Eustathius sich als Versuch das Wort der Construction anzupassen zu erkennen giebt. Da obendrein der Singular ἀνδρόc durch τοῦτον bestätigt wird, so muss diese Lesart über jeden Zweifel erhaben sein. Wenn nun

---

1) Zu meiner Ueberraschung habe ich jüngst, als ich die Donner'-sche Uebersetzung für den Jahresbericht durchsah, die gleiche Umstellung ohne weitere Bemerkung vorgefunden.

Seyffert mit Beibehaltung von ἀνδρός schreibt: καὶ γὰρ ἡδοναὶ ὅταν προδῶcιν ἀνδρός, so ist der Sinn in Ordnung, niemand aber wird die Construction προδιδόναι τινός für möglich oder durch die Bemerkung Seyfferts „προδοῦναι more Herodoteo (†. Stein ad VII, 187) pro ἐπιλιπεῖν usurpatum" für gerechtfertigt halten. Da προδῶcιν ἀνδρός feststeht, so kann ἀνδρός nur von einem Substantivum abhängig sein. Kein anderes Wort aber entspricht dem Sinne als βίον, so dass sich folgender Text ergiebt:

καὶ νῦν ἀφεῖται πάνθ'· ὅταν γὰρ ἡδοναὶ
βίον προδῶcιν ἀνδρός, οὐ τίθημ' ἐγὼ
ζῆν τοῦτον, ἀλλ' ἔμψυχον ἡγοῦμαι νεκρόν.

Zuerst scheint πάνθ' ὅταν oder vielmehr πάντα ὅταν in πάντα τὰς übergegangen zu sein und das vor προδῶcιν übergeschriebene ὅταν das Wort βίον verdrängt zu haben.

Soph. Trach. 829.

πῶς γὰρ ἂν ὁ μὴ λεύccων
ἔτι ποτ' ἔτ' ἐπίπονον ἔχοι θανὼν λατρείαν.

Diese Stelle kann wenn nicht vollständig, so doch zum Theil in sicherer und methodischer Weise emendiert werden. Die Silben -νον ἔχοι θανών λατρείαν sollen mit den Silben des antistr. V. 840 -μυθα κέντρ' ἐπιζέcαντα übereinstimmen. Da im antistr. V. kaum eine Aenderung möglich, jedenfalls keine Aenderung angezeigt ist, so muss der Fehler in der Strophe gesucht werden. Es ist also die letzte Silbe von ἐπίπονον auf irgend eine Weise zu verlängern. Zu dem Zwecke hat Heath sein γ' hinzugefügt; die anderen Versuche θανὼν ἔχοι, ἐπιπονῶν, ἐπὶ πόνων, ἔτι πόνων, ἐπίπονον λάχοι oder κίχοι oder τρέφοι sind bei Blaydes zusammengestellt. Da weder ἐπιπονῶν noch ἐπὶ πόνων geeignet noch ein Grund ist ἐπὶ auszuwerfen (ἔτι πόνων ἔχοι λατρείαν), so wird das durchaus passende Wort ἐπίπονον durch Position zu verlängern sein. Für die Entscheidung der Sache und Bestimmung des Wortes kommt nun ein zweiter Umstand in Betracht. Das Wort θανών, welches in der Erklärung des Schol. πῶς γὰρ ἂν ὁ μηκέτι ὁρῶν τὸ φῶς παρ' Εὐρυcθεῖ λατρεύοι nicht vertreten ist, muss man auch ὁ μὴ λεύccων für zwecklos und ungeschickt halten, ohne dass man geneigt ist mit Wunder θανών als Glossem zu betrachten. Dies kann man vornehmlich desshalb nicht sein, weil sich aus θανών das für den Sinn so zweckmässige ἄνω entnehmen lässt. Dieses ἄνω konnte durch παρ' Εὐρυcθεῖ erklärt werden. Nehmen wir nun die Forderung die Endsilbe von ἐπίπονον zu verlängern und die Unterbringung von ἄνω zusammen, so ist ein Medium nöthig, welches mit einem Consonanten anfängt. Sofort steht uns δέχοιτ' für ἔχοι zu Gebote. Wie leicht konnte ἐπίπονον δέχοιτ' ἄνω in ἐπίπονον ἔχοι θανών übergehen! Das Verbum δέχεσθαι aber ist hier noch ganz besonders angemessen wegen seiner Beziehung auf ἀναδοχάν: denn der Chor weist nach, dass die Weis-

sagung δωδέκατον ἄροτον ἀναδοχὰν τελεῖν πόνων in Erfüllung gehe: „wahr ist es, sagt er, dass das zwölfte Jahr für Herkules der Uebernahme von Arbeiten ein Ende mache; denn wer könnte todt auf der Oberwelt noch Arbeiten übernehmen". Wir erhalten also
ἔτι ποτ' ἔτ' ἐπίπονον δέχοιτ' ἄνω λατρείαν;
Hiemit stimmt der antistrophische V., wenn man vom ersten Worte absieht und φοίνια wie in V. 831 in φόνια verwandelt, überein:
Νέccου θ' ὕπο φόνια δολόμυθα κέντρ' ἐπιζέcαντα.
Minder sicher ist die weitere Herstellung der Responsion. Hermann liess Νέccου θ' weg und schrieb ausserdem ὑπόφονα δολιόμυθα. Dindorf verwandelt Νέccου θ' ὕπο φοίνια δολόμυθα κέντρ' in θηρὸς ὀλόεντα κέντρ', so dass kaum ein Stein auf dem anderen bleibt. Bedeutsam ist, dass Νέccου θ' ὕπο in der Handschrift in einer besonderen Zeile steht; es hat darum sehr den Anschein, dass Νέccου θ' ὕπο nur Glossem zu μελαγχαίτα τ' sei. Vielleicht dürfen wir noch in dem V. der Strophe das eine ἔτι tilgen und im antistr. V. mit Hermann δολιόμυθα schreiben:
830 ἔτι ποτ' ἐπίπονον δέχοιτ' ἄνω λατρείαν.
840 φόνια δολιόμυθα κέντρ' ἐπιζέcαντα.

Trach. 888.
ἐπεῖδες ὦ ματαία τάνδ' ὕβριν;
Die Erklärung des Wortes ματαία hat manches Bedenken verursacht. Der Scholiast hat es mit ὦ μελέα wiedergegeben; Erfurdt wollte ματαίαν schreiben und dies mit ὕβριν verbinden; Nauck glaubt, dass ματαία einen hier völlig unmotivirten Tadel enthalte und vermuthet ἐπεῖδες μάταν τάνδ', Blaydes hat ὦ μαῖ' ἄρα in den Text gesetzt. Wie ungerechtfertigt eine Aenderung sei, wird sich sofort ergeben, wenn man die Charakterisierung der Amme näher ins Auge fasst. Alle erkennen das eigenthümlich Witzige in den Worten der Amme V. 874 βέβηκε Δηιάνειρα τὴν πανυστάτην ὁδῶν ἁπαcῶν ἐξ ἀκινήτου ποδός an. Diese Eigenthümlichkeit charakterisiert auch ihre Antworten πάντ' ἀκήκοας, δεύτερον κλύεις, cχετλιώτατα πρός γε πρᾶξιν und mit dem gleichen Witze giebt sie auf die Frage des Chors πῶς ἐμήcατο πρὸς θανάτῳ θάνατον ἀνύcαcα μόνα (d. i. μία διπλοῦν θάνατον), welche keine Antwort verlangt, sondern nur ein Ausdruck der Verwunderung ist, indem sie dem Worte πῶς (d. i. τίνι θυμῷ, τίcι νόcοις) einen anderen Sinn („auf welche Weise?") unterschiebt, die so zu sagen vorwitzige Antwort cτονόεντος ἐν τομᾷ cιδάρου, wobei sie sich recht einschneidender Worte bedient. Diesen Witz bei den trübseligsten Dingen nicht eigentlich tadelnd, sondern leichthin berührend sagt der Chor ὦ ματαία („du Thörin"). Es lohnt sich der Mühe hiermit die Worte des Boten Oed. R. 942 zu vergleichen, welcher auf die Frage der Jokaste τί δ'; οὐχ ὁ πρέcβυς Πόλυβος ἐγκρατὴς ἔτι; erwidert: οὐ δῆτ', ἐπεί νιν θάνατος ἐν τάφοις ἔχει, sowie die Antwort eines

Boten bei Shakespeare in König Johann Akt IV, 2 „mein Fürst, ihr Ohr verstopfte Staub: am ersten des April starb eure edle Mutter".

### Soph. Trach. 964.

ξένων γὰρ ἐξόμιλος ἥδε τις βάσις.
πᾷ δ' αὖ φορεῖ νιν ὡς φίλου
προκηδομέναν βαρεῖαν
ἄψοφον φέρει βάσιν.

Diese Worte spricht der Chor, nachdem er die Sänfte erblickt hat, auf welcher der todtkranke Herakles getragen wird (ἀγχοῦ δ' ἄρα κτέ V. 962). Die Worte πᾷ — βάσιν lassen sich nicht construieren. Trennt man πᾷ δ' αὖ φορεῖ νιν; ab, so ist der Gedanke „wie aber tragen sie ihn?", den man kaum in den Worten suchen wird, bedeutungslos und ohne Zweck. Hermann vermuthet φρονεῖ νιν .. φέρειν, Blaydes πέλας φορεῖ νιν χὡς φίλου. Keines von beiden ist ansprechend; φρονεῖ passt nicht für einen solchen Gedanken und in πέλας φορεῖ νιν χὡς .. φέρει βάσιν ist πέλας φορεῖ νιν ebenso unnütz wie πᾷ δ' αὖ φορεῖ νιν; Man erkennt also, dass das eine von den beiden Verba φορεῖ und φέρει unbrauchbar ist und entfernt werden muss. Dies geschieht durch die leichte Aenderung von φορεῖ νιν in φορεῖον. Auch die Worte πᾷ δ' αὖ sind ohne Sinn. In einer Pariser Handschrift steht πᾶς δ' αὖ, aber πᾶς δ' αὖ dürfte kaum genügen. Jedenfalls wird man, da die Worte πᾷ δ' αὖ dem Sinne nicht entsprechen, zur Herstellung der Responsion nicht den strophischen Vers τὸν Διὸς ἄλκιμον γόνον (Triclinius τὸν Ζηνὸς, Nauck besser τὸν Δῖον), sondern mit Hermann und Schneidewin den antistrophischen Vers zu ändern haben. Hermann schreibt πᾶς δέ. Ausserdem muss wohl ἄψοφος geschrieben werden, damit der Accus. βάσιν davon abhängig sein kann; denn βάσιν φέρειν darf auf keine Weise verbunden werden. Wir erhalten also:

ξένων γὰρ ἐξόμιλος ἥδε τις βάσις.
πᾶς δὲ φορεῖον ὡς φίλου
προκηδομέναν βαρεῖαν
ἄψοφος φέρει βάσιν.

### Soph. Trach. 988.

ἆρ' ἐξῄδης ὅσον ἦν κέρδος
σιγῇ κεύθειν καὶ μὴ σκεδάσαι
τῷδ' ἀπὸ κρατὸς
βλεφάρων θ' ὕπνον.

Ich habe bereits früher bemerkt, dass ἐξῄδης nicht mit Cobet in ἐξῄδησθ', sondern in ἐξῄδη γ' zu verwandeln sei (ἐξῄδη ὅσον κέρδος ἦν σε σιγῇ κεύθειν). Ausserdem ist ἀπὸ κρατὸς βλεφάρων τε ein prosaischer und ungeschickter Ausdruck, der nicht vom Dichter herrührt. Denn βλεφάρων ὕπνον ist ein Begriff ähnlich wie es

Pind. Pyth. I 7 κελαινῶπιν δ' ἐπὶ οἱ νεφέλαν ἀγκύλῳ κρατί, γλεφάρων ἁδὺ κλαΐςτρον, κατέχευας heisst. Demnach lautet die Stelle:
ἆρ᾽ ἐξήδη c᾽ ὅcον ἦν κέρδος
cιγῇ κεύθειν καὶ μὴ cκεδάcαι
τῷδ᾽ ἀπὸ κρατὸς
βλεφάρων ὕπνον.

Kritias fr. 1 (p. 598 N.) V. 35.

In dem berühmten Fragment des Kritias, welches den Glauben an die Götter auf die Erfindung eines klugen Mannes zurückführt, heisst es, jener Erfinder habe den Wohnsitz der Götter sehr weise dahin verlegt,

ὅθεν περ ἔγνω τοὺς φόβους ὄντας βροτοῖς
καὶ τὰς ὀνήςεις τῷ ταλαιπώρῳ βίῳ...,
ὅθεν τε λαμπρὸς ἀςτέρος ςτείχει μύδρος
ὅ θ᾽ ὑγρὸς εἰς γῆν ὄμβρος ἐκπορεύεται.

In dem vorletzten Verse könnte ςτείχει richtig sein, wenn μύδρος die Würme, die Sonnenstrahlen bedeutete, nicht aber die glühende Masse. Da kann von einem Herunterkommen nicht die Rede sein, wie nachher beim Regen. Es muss ursprünglich geheissen haben:
ὅθεν τε λαμπρὸς ἀςτέρος ςτίλβει μύδρος.

Agathon fr. 4 (p. 593 N.).

γραφῆς ὁ πρῶτος ἦν μεςόμφαλος κύκλος·
ὀρθοί τε κανόνες ἐζυγωμένοι δύο,
Σκυθικῷ τε τόξῳ τὸ τρίτον ἦν προςεμφερές·
ἔπειτα τριόδους πλάγιος ἦν προςκείμενος·
ἐφ᾽ ἑνός τε κανόνος ἦςαν ἐζυγωμένοι δύο.
ὅπερ δὲ τρίτον ἦν καὶ τελευταῖον πάλιν.

In dieser Beschreibung der Buchstaben ΘΗΣΕΥΣ ist der vorletzte Vers corrupt. Meineke wollte zuerst ἦςαν auswerfen, sah aber dann, dass ἐζυγωμένοι δύο aus dem zweiten V. stammt. Die Nachahmung des Theodectes fr. 6 p. 624 N. hat soviel mit der Darstellung des Agathon gemein, dass wir die Beschreibung des Buchstaben Υ aus den Versen des Theodectes

πέμπται δ᾽ ἄνωθεν ἰςόμετροι ῥάβδοι δύο,
αὗται δὲ ςυντείνουςιν εἰς βάςιν μίαν

dort ergänzen dürfen, indem wir ἦςαν aus dem Anfang von ἰςόμετροι ableiten:

ἐφ᾽ ἑνός τε κανόνος ἰςό⟨μετροι ῥάβδοι⟩δύο.

Moschion fr. 7 (p. 633 N.).

In der Beschreibung des Urzustandes der Erde und der Menschheit heisst es V. 11

οὐδ᾽ ἐργάτης cίδηρος εὐιώτιδος
θάλλοντας οἴνης ὀρχάτους ἐτημέλει,
ἀλλ᾽ ἦν ἀκύμων κωφεύουςα ῥέουςα γῆ.

In dem letzten Verse verbessert Meineke κωφὰ χηρεύουςα γῆ. Nauck vermuthet statt dessen, wie ich glaube, nicht glücklich κώφεςιν βρύουςα γῆ. Die beiden Wörter κωφεύουςα ῥέουςα sind zu verbinden zu κωφά τ' ἐκφύουςα oder richtiger, worauf ῥέουςα hinweist, ἐκτρέφουςα:

ἀλλ' ἣν ἀκύμων κωφά τ' ἐκτρέφουςα γῆ.

Zu ἀκύμων vergl. die Glosse des lex. Seg. p. 6 (adesp. fr. 269 p. 693 N.) ἀκύμων Εὐριπίδης (Androm. 158) ἐπὶ τοῦ μὴ γεννᾶν τέθεικεν ὡςανεὶ ἀγόνου.

### Sosiphanes fr. 1 (p. 638 N.).

Schol. Apoll. Rh. III 533 τὸ παλαιὸν ᾤοντο αἱ φαρμακίδες τὴν ςελήνην καὶ τὸν ἥλιον καθαιρεῖν. διὸ καὶ μέχρι τῶν Δημοκρίτου χρόνων πολλοὶ τὰς ἐκλείψεις καθαιρέςεις ἐκάλουν. Σωςιφάνης ἐν Μελεάγρῳ
μάγοις ἐπῳδαῖς πᾶςα Θεςςαλὶς κόρη
ψευδὴς ςελήνης αἰθέρος καταιβάτις.

Den corrupten zweiten Vers verbessere ich in folgender Weise:

κεύθει ςελήνην αἰθέρος καταιβάτιν.

„Sie zieht ihn vom Himmel herab (αἰθέρος καταιβάτιν vergl. Aesch. Prom. 359 καταιβάτης κεραυνός) und verbirgt ihn" (eigentlich „sie verbirgt den in Folge ihrer Zaubersprüche herabgehenden Mond").

### Patrokles fr. 1 (p. 645 N.).

τί δῆτα θνητοὶ πόλλ' ἀπειλοῦμεν μάτην
δεινοὺς ἐπ' ἀλλήλοιςι πέμποντες λόγους
καὶ πάντα ςυννοοῦμεν ἐκπράξειν χερί,
πρόςω βλέποντες; :

Für ςυννοοῦμεν ist wohl ςυννοούμεθ' zu schreiben.

### Adesp. fr. 180.

bringt Nauck aus Hesych. II p. 284 κνάπτειν κελεύω γλῶςςαν· ςυνέχειν ἐντὸς τῶν ὀδόντων τὴν γλῶτταν bei. Vergeblich fragt man sich, wie κνάπτειν zu dieser Bedeutung kommen soll. Es hat sicher ursprünglich

κάπτειν κελεύω γλῶςςαν

geheissen (vergl. ἐγκάπτειν αἰθέρα, den Athem an sich halten); der Ausdruck aber dürfte eher einem Komiker als einem Tragiker angehören.

### Adesp. fr. 327.

Plut. Mor p. 655 A: ἐν ᾧ καιρῷ φροῦδα τὰ τῆς ἡδονῆς
λήγει δὲ Κύπρις θαλίαι τε νέων,
οὐδ' ἔτι θύρςος φίλος βακχείου.

Nauck schreibt φύλλα für φίλος, bemerkt aber dazu: quid lateat non assequor. Ich vermuthe:

446   N. Wecklein: Studien zu Euripides.

οὐδ' ἔτι θύρσου φίλα βακχεῖα.

Auf βακχεῖα folgte ein Position machendes Wort, welches die letzte Silbe von βακχεῖα verlängerte.

Adesp. fr. 434 (Stob. flor. 5, 127) und 462, 12.

θάλλουcα λύπῃ τοὺc ἄγαν ὑπέρφρονας.

Nauck bemerkt hiezu: verba non intellego. Den rechten Sinn hat bereits Heimsoeth mit βλάπτουcι λῦπαι angegeben; es ist zu schreiben:

cφάλλουcι λῦπαι τοὺc ἄγαν ὑπέρφρονας.

Vergl. Eur. Hipp. 6 cφάλλω δ' ὅcοι φρονοῦcιν εἰc ἡμᾶc μέγα, dazu fr. 462, 11 (Stob. flor. 105, 51):

ὄγκου δὲ μεγάλου πτῶμα γίγνεται μέγα·
πρὸc γὰρ τὸ λαμπρὸν ὁ φθόνοc βιάζεται,
cφάλλει δ' ἐκείνουc οὓc ἂν ὑψώcῃ μέγα.

Hierin ist βιάζεται corrupt; Nauck schreibt dafür βιβάζεται, wobei weder das Passiv noch πρὸc τὸ λαμπρὸν noch der Sinn geeignet ist. Ich vermuthe (wie Aesch Prom. 1010)[1]):

πρὸc γὰρ τὸ λαμπρὸν ὁ φθόνοc λιάζεται.

Vergl. Hec. 98 πρόc c' ἐλιάcθην, Eur. fr. 296 εἰc τἀπίcημα δ' ὁ φθόνοc πηδᾶν φιλεῖ.

Adesp. fr. 451 (Stob. flor. 51, 13).

κρεῖττόν τ' ἀμύνειν· κατθανεῖν γὰρ εὐκλεῶc
ἢ ζῆν θέλοιμ' ἂν δυcκλεῶc γε κατθανών.

Das sinnlose γε κατθανών sucht Nauck durch die Aenderung μὴ κατθανών möglich zu machen. Aber auch so ist μὴ κατθανών ein höchst müssiger und unpassender Zusatz. Der Vers ist lückenhaft, γε κατθανών aber ein Supplement. Der Gedanke und der Sprachgebrauch gestattet die Ergänzung:

κρεῖccόν τ' ἀμύνειν· κατθανεῖν γὰρ εὐκλεῶc
ἐγὼ θέλοιμ' ἂν μᾶλλον ἢ ζῆν δυcκλεῶc.

---

1) Will man Aesch. Ag. 1511 mit Butler δίκαν für δὲ καὶ schreiben, so ist, wenn die Stelle Sinn haben soll, auch vorher ein Verbum des Gehens nothwendig und das gewinnt man nur, wenn man auch βιάζεται in λιάζεται ändert: λιάζεται δ' ὁμοcπόροιc ἐπιρροαῖcιν αἵματοc μέλαc Ἄρηc, ὅποι δίκαν προβαίνων κτέ.

---

Inhaltsverzeichniss.

                                                        Seite.
I. Handschriftliches zu Euripides . . . . . . . . . . . 307
II. Entstellung des Textes durch Glosseme . . . . . . . 311
III. Umstellung von Versen . . . . . . . . . . . . . . 333
IV. Interpolationen . . . . . . . . . . . . . . . . . 350
V. Lücken . . . . . . . . . . . . . . . . . . . . . . 360

VI. Bemerkungen zu einzelnen Stellen . . . . . . . . . . . 363
VII. Zerstreute Bemerkungen über
    1) den Gebrauch von ἠλλάγην und ἠλλάχθην u. a. . . 311
    2) das ζ euphonicum . . . . . . . . . . . . . 366
    3) ἐχρῆν und χρῆν . . . . . . . . . . . . . 367
    4) den Hiatus τί οὐ (οὖν) . . . . . . . . . . 370
    5) ᾱ copulativum . . . . . . . . . . . . . 435
    6) Die Zahl der Choreuten bei Aeschylus . . . . 432
VIII. Behandelt sind folgende Stellen:

### a. Aeschylus:

| | Seite. | | Seite. | | Seite. |
|---|---|---|---|---|---|
| Pers. 452, 609 | 427 | Ag. 1268 | 430 | Cho. 883 | 419 |
| Ag. 132 | 427 | 1511 | 446 | Eum. 250 | 435 |
| 336 | 311 | Cho. 74 | 430 | 585 ff. | 433 |
| 948 f. | 428 | | | | |

### b. Sophocles:

| | Seite. | | Seite. | | Seite. |
|---|---|---|---|---|---|
| Ai. 184 | 435 | Ant. 548 | 437 | Trach. 829 | 441 |
| 794, 1011 | 436 | 604 ff., 756 ff. | 438 | 888 | 442 |
| Ant. 63, 86 | 437 | 1165 ff. | 440 | 965, 988 ff. | 443 |
| 390 | 361 | | | | |

### c. Euripides:

| | Seite. | | Seite. | | Seite. |
|---|---|---|---|---|---|
| Alc. 223 | 323 | Hel. 171 | 319 | Heracl. 785 | 318 |
| 228, 321 | 363 | 178 | 371 | 834 | 379 |
| 569 | 364 | 183 | 319 | 963 ff. | 345 |
| 641 f. | 359 | 238 | 372 | Herc. fur. 63 | 379 |
| 713 | 364 | 325 f. | 358 | 121 f. | 380 |
| 782 ff. | 365 | 345 | 372 | 168 f. | 331 |
| Andr. 38 | 359 | 366 | 320 | 178 | 326 |
| 169 | 365 | 504, 526, 534 | 358 | 383, 422 | 381 |
| 322 | 326 | 792 | 373 | 526 | 362 |
| 361 f. | 329 | 961 | 307 | 762 | 359 |
| 592 (schon | | 1152 | 373 | 835 | 321 |
| Cobet) | 311 | 1290 | 421 | 860 ff. | 347 |
| 650 | 327 | 1346 | 372 | 876 | 382 |
| 813 | 365 | Electr. 150, 158 | 374 | 1161, 1162 | 335 |
| 1054 | 366 | 165 | 323 | 1251 | 429 |
| 1075 | 355 | 413 f. | 374 | 1417 | 382 |
| 1219 | 366 | 649 | 375 | 1419 ff. | 383 |
| 1224 | 318 | 831 | 362 | Suppl. 36 | 332 |
| 1235 | 366 | 863 | 328 | 62 | 383 |
| Bacch. 207, 236 | 368 | 875 | 376 | 136 f. | 357 |
| 247 | 339 | 885 | 358 | 171 | 317 |
| 270 | 329 | 1245 | 376 | 175 | 357 |
| 647 | 330 | Heracl. 132 | 376 | 239 | 321 |
| 855, 856 | 335 | 145 f. | 377 | 393 f. | 346 |
| 860 f., 983, | | 182 | 326 | 649 | 384 |
| 1001, 1005 | 369 | 223 | 331 | 839 | 325 |
| 1331, 1332 | 335 | 366, 396 | 377 | 944 f. | 385 |
| 1353 f. | 363 | 684 ff. | 341 | 1089 | 331 |
| Hec. 1211 | 370 | 756, 769 | 378 | 1118 | 385 |
| Hel. 130 | 371 | 777 | 379 | Hippol. 104 ff. | 344 |

|  | Seite. |  | Seite. |  | Seite. |
|---|---|---|---|---|---|
| Hippol. 343 | 308 | Ion 700 | 312 | Tro. 728 | 415 |
| 526 | 318 | 726 | 400 | 910 f. | 413 |
| 942 | 353 | 789 | 313 | 1093 | 414 |
| 999, 1292 | 386 | 838, 928 | 400 | 1121 | 415 |
| 1367 | 329 | 1014 f. | 401 | 1144 | 329 |
| 1381 | 387 | 1071 | 317 | 1196 | 416 |
| Iph. A. 72, 367 | 387 | 1138 | 401 | 1245, 1247 | 324 |
| 382 | 388 | 1273 | 336 | 1326 | 415 |
| 407 | 328 | Cycl. 93 | 353 | Phoen. 212, 221 | 416 |
| 571 | 388 | 153 f. | 402 | 251 | 417 |
| 734 | 389 | 274 | 437 | 271 | 356 |
| 981—989 | 360 | 361 | 402 | 312 | 310 |
| 1018 | 389 | 370 f. | 328 | 325 f. | 417 |
| 1082 | 329 | 394, 514 | 403 | 375 | 354 |
| 1207, 1348, | | 526 | 404 | 404 | 418 |
| 1395 | 389 | 545, 610 | 405 | 432 ff. | 352 |
| 1594 | 390 | Med. 207 | 316 | 516 | 418 |
| Iph. T. 112 ff. | 390 | 926 ff. | 344 | 649 | 397 |
| 145 | 392 | Orest. 60, 184 | 406 | 725 ff. | 343 |
| 247, 395, | | 309 | 307 | 916, 1040 | 418 |
| 407, 414, | | 497 | 321 | 1158 | 355 |
| 425 | 393 | 632, 712 ff. | 407 | 1190 f. | 362 |
| 514 | 337 | 782 | 335 | 1202 | 383 |
| 540, 593 | 395 | 833 | 409 | 1302 | 310 |
| 782 | 340 | 938 | 331 | 1304 | 419 |
| 876 | 396 | 984 | 409 | 1358 | 356 |
| 1120 | 325 | 1062 | 307 | 1514 ff., 1537 | 419 |
| 1212 | 334 | 1107 ff. | 353 | 1724 | 420 |
| 1239 | 396 | 1129 | 331 | Fragm. 50, 63, 89 | |
| 1309 | 312 | 1395 | 409 | ed. Nauck | 420 |
| 1352 (schon | | 1447 | 410 | 106, 194, 214 | 421 |
| Bergk) | 348 | Rhes. 251 | 410 | 288 | 361 |
| 1394 | 349 | 434 | 327 | 340 | 421 |
| Ion 98 ff. | 397 | 683 ff. | 411 | 429 | 355 |
| 134 | 398 | Tro. 154 | 320 | 475 | 422 |
| 188 | 316 | 237 | 360 | 534 | 362 |
| 325 ff. | 337 | 285 | 412 | 538 | 333 |
| 361 f., 377 | 399 | 332 | 310 | 597, 640, 738 | 422 |
| 518 | 376 | 356 | 314 | 775, 781 | 423 |
| 566 | 399 | 367 | 351 | 803, 860 | 424 |
| 602 | 322 | 466 | 413 | 832 | 356 |
| 685 | 400 | 684 | 414 | 901, 904 | 425 |

d. **Fragmente der Tragiker:**

|  | Seite. |  | Seite. |
|---|---|---|---|
| Agathon fr. 4 p. 593 N. . . | 444 | Patrokles fr. 1 p. 645 . . . | 445 |
| Kritias fr. 1 p. 598 . 361 u. | 444 | Adesp. fr. 180, 327 . . . . | 445 |
| Diogenes von Athen fr. 1 p. 602 | 315 | Adesp. fr. 434, 462, 451 . . | 446 |
| Moschion fr. 7 p. 633 . . . | 444 | Adesp. fr. 458 . . . . . . . | 356 |
| Sosiphanes fr. 1 p. 638 . . | 445 | | |

e. **Theognis:**

|  | Seite. |  | Seite. |
|---|---|---|---|
| V. 653 . . . . . . . . . . | 425 | V. 677 . . . . . . . | 366 |

**Lübker's, Friedr.**, Reallexikon des klassischen Alterthums für Gymnasien bearbeitet. Vierte verb. Aufl. herausgegeben von F. A. Eckstein und Otto Siefert. Vollständig. gr. 8. geh. n. 12 Mark.

**Mayhoff, Carolus**, novae lucubrationes Plinianae. gr. 8. geh. n. 2 Mark 40 Pf.

**Nepos, Cornelius.** Zum Uebersetzen aus dem Lateinischen ins Griechische für obere Gymnasialklassen von Dr. *Richard Volkmann*. Zweite Aufl. gr. 8. geh. 1 Mark 50 Pf.

—— —— Ad historiae fidem recognovit et usui scholarum accommodavit *Ed. Ortmann*. gr. 8. geh. 1 Mark.

**Peteri, Hermanni**, de P. Ovidii Nasonis fastorum locis quibusdam epistola critica. gr. 8. geh. 75 Pf.

**Schaubach, A.**, Wörterbuch zu Siebelis' tirocinium poeticum. 3. Aufl. gr. 8. geh. 45 Pf.

**Siebelis, Dr. Joh.**, Wörterbuch zu Ovid's Metamorphosen. 2. Aufl., besorgt von Dr. Friedrich Polle. gr. 8. geh. 2 Mark 70 Pf.

**Vaniček, Alois**, etymologisches Wörterbuch der lateinischen Sprache. gr. 8. geh. n. 4 Mark 80 Pf.

**Volkmann, Dr. R.**, Geschichte und Kritik der Wolf'schen Prolegomena zu Homer. Ein Beitrag zur Geschichte der Homerischen Frage. gr. 8. geh. n. 8 Mark.

**Wachsmuth, Curt**, die Stadt Athen im Alterthum. Erster Band. Mit zwei Karten. gr. 8. geh. n. 20 Mark.

**Wesener, Dr. P.**, Griechisches Elementarbuch nach den Grammatiken von Curtius und Koch. I. Theil: Das Nomen und das regelmäßige Verbum auf ω. Dritte Aufl. gr. 8. geh. 90 Pf.

**Wiggert, Friedr.**, Vocabula latinae linguae primitiva. Handbüchlein der lateinischen Stammwörter. 17. Aufl. (besorgt von Dr. A. Fledeisen). 8. geh. 75 Pf.

**Wohlrab, Dr. M.**, Aufgabensammlung zur Erlernung der Formenlehre und der einfachsten syntaktischen Regeln der griechischen Sprache. II. Theil. 2. Aufl. gr. 8. geh. 1 Mark.

### Bibliotheca scriptorum Graecorum et Romanorum Teubneriana.

**Ammiani Marcellini** rerum gestarum libri qui supersunt ed. *V. Gardthausen* Vol. I. 8. geh. 3 Mark 60 Pf.

**Ciceronis** orationes selectae XVIII. In usum scholarum ediderunt *A. Eberhard* et *W. Hirschfelder*. 8. geh. 2 Mark.

**Iurisprudentiae** anteiustinianae quae supersunt. Edid *Ph. Ed. Huschke*. Editio tertia. 8. geh. 6 Mark 75 Pf.

**XII Panegyrici Latini.** Recensuit *Aemilius Baehrens*. 8. geh. 3 Mark 60 Pf.

**Porphyrionis, Pomponii**, commentarii in Q. Horatium Flaccum. Recensuit *G. Meyer*, Spirensis. 8. geh. 4 Mark 20 Pf.

**Taciti, C. Cornelii**, libri qui supersunt. Tertium recognovit *Carolus Halm*. 2 Tomi. 8. geh. 2 Mark 40 Pf. Einzeln jeder Bd. à 1 Mark 20 Pf.

**Ulpiani, Domitii**, quae vulgo vocantur fragmenta. Edidit *E. Huschke*. [60 S.] 8. geh. 75 Pf.

### Schulausgaben griechischer und lateinischer Klassiker mit deutschen Anmerkungen.

**Aeschylos Agamemnon.** Von *Robert Enger*. Zweite Auflage, besorgt von *W. Gilbert*. gr. 8. 2 Mark 25 Pf.

**Caesaris** commentarii de bello Gallico. Von Dr. *Albert Doberenz*. 6. Aufl. gr. 8. geh. 2 Mark 25 Pf.

**Ciceronis** de officiis libri tres. Von Dr. *Johannes von Gruber*. 3. Aufl. gr. 8. geh. 1 Mark 50 Pf.

**Demosthenes'** neun philippische Reden. Von *C. Rehdantz*. 2. Heft. 3. Aufl. gr. 8. geh. 3 Mark 30 Pf.

Auch in zwei einzelnen Abtheilungen:

II. Heft, I. Abtheilung: Text und Commentar. 1 Mark 50 Pf.
II. Heft, II. Abtheilung: Indices. 1. Mark 80 Pf.

**Euripides'** ausgewählte Tragödien. Von *N. Wecklein*. 1. Bändchen: Medea. gr. 8. geh. 1 Mark 80 Pf.

**Herodotos.** Von Dr. *K. Abicht*. V. Band. Buch VIII u. IX. Mit 2 Karten. 2. Aufl. gr. 8. geh. 1 Mark 80 Pf.

**Homer's** Ilias. Von *Karl Friedr. Ameis*. 1. Band. 2. Heft. Gesang. IV—VI. 2. Aufl., besorgt von Dr. *C. Hentze*. gr. 8. geh. 90 Pf.

**Horatius Flaccus**, Oden und Epoden. Von *C. W. Nauck*. 8. Aufl. gr. 8. geh. 2 Mark 10 Pf.

**Isocrates'** ausgewählte Reden. Von Dr. *O. Schneider*. 1. Bändchen: Demonicus, Euagoras, Areopagiticus. 2. Aufl. gr. 8. geh. 2 Mark 70 Pf.

**Nepos, Cornelius.** Von Dr. *Johannes Siebelis*. 8. Aufl., besorgt von Dr. *M. Jancovius*. gr. 8. geh. 1 Mark 20 Pf.

**Ovidii Nasonis** fastorum libri sex. Von *Hermann Peter*. 2 Abtheilungen. gr. 8. geh. 3 Mark 60 Pf.

Einzeln:

I. Abth.: Text und Commentar enthaltend. 2 Mark 70 Pf.
II. Abth.: Kritische und exegetische Ausführungen und Zusätze zum Commentar enthaltend. 90 Pf.

**Phaedri fabulae.** Von Dr. *Joh. Siebelis*. Fünfte Auflage von Dr. *Fr. Aug. Eckstein*. gr. 8. geh. 75 Pf.

**Quintiliani, M. Fabii,** institutionis oratoriae liber decimus. Von Dr. *G. T. A. Krueger*. Zweite auf Grundlage des Halm'schen Textes verbess. Auflage. gr. 8. geh. 75 Pf.

**Tacitus**, Annalen. Von Dr. *A. Draeger*. 2. Band. Buch XI—XVI. Zweite Aufl. gr. 8. geh. 2 Mark 25 Pf.

**Vergils** Aeneide. Von *Karl Kappes*. II. Heft: Aeneis IV—VI. gr. 8. geh. 1 Mark 20 Pf. III. Heft: Aeneis VII—IX. gr. 8. geh. 1 Mark 20 Pf.